譯註 詩話抄成·海東詩話

譯註 詩話抄成·海東詩話

車 溶 柱 譯註

景仁文化社

간행에 즈음하여

시화詩話는 시에 대한 논평과 시작과정에 있었던 이야기들을 말한 것이라 하겠으나, 내용면에서는 단순하지 않다. 즉 논평에서도 좋고 나쁘고 하는 것에만 그치지 않고 음운音韻과 구법句法 등이 논의될 수 있고, 또 저작동기와 과정에서는 그 작품만이 가지고 있는 배경과 아울러 당시 사조思潮와 유행도 내용에 따라 이야기될 수 있는데, 이러한 내용은 작품을 이해하는 데 중요한 의미를 지닌다고 할 수 있다. 시화집은 이러한 내용들을 모아놓은 것이다.

우리나라에서 한시漢詩의 시화집詩話集으로 전하는 것 가운데 최초의 것인 고려 중기에 저작된 이인로李仁老의 『파한집破閑集』을 비롯하여 그 후 몇 편의 저작이 있었고, 조선조에는 서거정徐居正의 『동인시화東人詩話』의 뒤를 이어 몇편의 단권單卷과 문인들의 문집에 적지 않게 실려 있다. 이와 같이 흩어져 있는 시화를 일차적으로 수집한 것은 홍만종洪萬宗(1642~1723)의 『시화총림詩話叢林』이라 할 수 있으며, 그 후 임렴任廉(1779~1848)의 『양파담원暘葩談苑』이 있다. 담원談苑은 총림叢林과 중복되는 것도 많지만 중복되지 않는 것도 적지 않게 실려 있으며, 시화초성詩話抄成도 담원談苑에 실려 있는 것이다. 그런데 총림叢林은 근기지역의 사대부 계층의 시화를 중심으로 편찬되었다고 볼 수 있겠으나, 임렴任廉의 담원談苑은 근기지역의 것도 많지만 영호남嶺湖南 출신과 아울러 평민계층 작가와 작품도 적지 않게 포함되었다.

한문학漢文學은 조선조 중기를 지나면서부터 저변이 더욱 확대되었다고 볼 수 있는데, 지금까지 필자가 번역한 몇 권의 시화집詩話集은 대부분 근기지역의 사대부 계층의 인사들이 편찬했고, 선택한 작품도 크게 그 범위에서 벗어나지 못했다. 그러므로 이번에는 근기지역의 사대부계층에서 벗어나 평민계층의 인사와 승려 및 여성들의 작품이 많이 실려 있는 시화집詩話集을 선택하고자 했으나 그것이 생각만큼 쉽지 않았다.

지난날 우리나라에서 한시漢詩는 문인들만이 지었던 것이 아니고 선비들의 필수 교양으로 여겼다. 상대 인물의 한문 수준을 간접적으로 이야기할 때 율시律詩는 한 수 씩 지을 수 있는가 했다. 육이오사변 전까지만 해도 시골에 수연壽宴, 야유회野遊會, 장례葬禮 등이 있게 되면 비록 수준은 높지 않았다 할지라도 축시祝詩, 만시挽詩를 짓는 자들이 적지 않았다. 지금 한학漢學이 단절된 상태에서 한시漢詩의 작자는 물론 이해하는 자도 극히 드물게 되었다. 이러한 상황에서 필자가 시화집詩話集에 관심을 가지는 것은 우리 조상이 남긴 값진 유산인 한시漢詩를 이해하는데 조금이라도 도움이 되었으면 하는 생각에서였다.

우리 고전문학의 출판 사정이 어려움에도 여러 권을 출판해 준 경인문화사 한상하韓相夏 회장會長과 한정희韓政熙 사장社長의 호의에 감사하며, 입력하여 교정까지 보아준 제자 문원철군文元鐵君에 깊은 사의를 표한다.

2018년 10월

月泉精舍에서 車溶柱 識

목 차 _ 譯註 詩話抄成·海東詩話

譯註 詩話抄成

시화초성'詩話抄成'은 만와잡기'晚窩雜記'에 붕당원위朋黨源委와 전·후권으로 나누어 같이 실려 있다고 한다.(조종업趙鍾業 한국시화총편'韓國詩話叢編' 권卷 10) 이로써 보면 만와晩窩는 저자의 아호인 듯하나 성명을 밝히지 않았기 때문에 어느 시대 누구인지 알 수 없다. 그런데 내용에 숙종肅宗 을유乙酉(1705) 운운한 것으로 미루어 볼 때 숙종 이후에 저작된 것임을 알 수 있다.

우리나라 시화詩話들이 작품 비평에 치중했다고 볼 수 있겠으나, 시화초성'詩話抄成'은 작품의 배경 사건에도 관심이 많았기 때문에 대상 작품의 선택에 다른 시화집과 상당한 차이가 있음을 볼 수 있다. 즉 지나치게 작품 중심으로 하지 않고 사건도 매우 중시하여 많은 작가와 작품을 선발했다. 비평은 본문에서는 하지 않고 끝에 세자細字로 간단히 기록한 것이 시화초성詩話抄成의 특징이라 할 수 있다.

시화초성 詩話抄成

태조太祖가 왕위에 오르지 않았을 때(미시微時) 일찍 지은 시가 있었는데 말하기를,

引手攀蘿上碧峰 손으로 칡덩굴 휘어잡고 푸른 봉에 오르니
一庵高臥白雲中 한 암자가 흰 구름 가운데 높게 누웠다.
若將眼界爲吾土 만약 안계가 내 땅이 된다면
楚越江山豈不容. 초楚와 월越나라 강산인들 어찌 수용하지 못하겠는가.

라 했다.

태조太祖가 왜倭를 칠 때 진 앞에 늙은 소나무가 있었다. 삼봉三峰 정도전鄭道傳이 글을 써 아뢰어 말하기를,

蒼茫歲月一株松 긴 세월을 겪은 한 주의 소나무는
生長靑山幾萬重 청산에서 생장함을 몇만 번이나 거듭했을까.
好在他年相見否 잘 있다가 다음에 서로 만나게 될지
人間俯仰已陳蹤. 그때 바라본 인간세계는 이미 묵은 자취일 것이오.

라 했는데, 대개 천명天命이 있는 바를 알고 있었다.

태조가 왜적을 물리치고 돌아오자 최영崔瑩장군이 백관을 이끌고 천수사天水寺에서 채색한 누각을 설치하고 맞이하며 말하기를 "삼한三韓을 다시 창조하게 된 것이 이번 한 번의 싸움에 있었다." 고 했다. 목은牧隱 이색李穡은 축하하는 시를 지어 말하기를,

掃賊眞將拉朽同　장군이 썩은 나무처럼 적병을 쓸었으니
三韓喜氣屬諸公　삼한의 기쁜 기운이 제공들에 속했다오.
忠懸白日天收霧　충성이 해처럼 높으니 하늘이 안개를 거두고
威振青丘海不風　위엄이 해동海東에 떨치자 바다에 바람이 불지 않는다.
出牧葬筵歌武烈　출목出牧하여 장연葬筵에서 무열武烈을 노래했고
凌烟高閣畵英雄　높은 능연각凌烟閣[1]에 영웅들의 화상을 그렸다.
病餘不得參郊迎　병으로 환영하는 교외에 참석하지 못하고
坐詠詩新頌雋功.　앉아 시로써 뛰어난 공을 읊고자 한다.

라 했다.

운곡耘谷 원천석元天錫은 최영崔瑩이 형을 받게 되자 시를 지은 것이 있는데 말하기를,

水鏡埋光柱石頹　거울은 빛이 묻혔고 주춧돌은 무너졌으며
四方民俗盡悲哀　사방 민심은 모두 슬퍼한다오.
赫然功名終歸朽　혁혁한 공명은 결국 썩게 되었으나
確爾忠誠死不灰　확실한 충성은 죽어도 재가 되지 않을 것이다.
紀事青編曾滿秩　청사靑史에 기록할 일들은 일찍 책에 가득했으며
可憐黃壤已成堆　가련하게도 누런 흙은 이미 무더기를 이루었다.
想應杳杳重泉下　생각하면 지하에서도 응당 고요할 것이며
掛眼東門憤未開　동문에 눈동자를 뽑아 걸어도 분이 풀리지 않을 것이다.
獨立朝端無敢干　이른 새벽에 홀로 섰으나 용맹이 없어
直將忠義試諸難.　바로 충의를 가지고 여러 난간을 시험한다.
爲從六道黔黎望　육도六道[2]를 좇아 검은 머리를 바라보게 하며
能致三韓社稷安　삼한三韓의 사직社稷을 안정되게 이루었을 것이다.
同列英雄顔更厚　같은 행렬의 영웅들은 낯이 다시 두터웠으며

---

1) 漢나라 때 공신들의 화상을 그려 凌烟閣에 모셨다고 함.
2) 佛敎에서 地獄, 餓鬼, 畜生, 修羅, 人間, 天上道의 六世界를 말함.

未亡奸佞骨猶寒 남아 있는 간영奸佞들은 뼈가 아직 찰 것이오.
更逢亂日誰爲計 어지러운 날 다시 만나는 것은 누구를 위한 계획이며
可笑時人用事奸 사람들의 하는 일이 간사한 것이 가소롭다.
我今聞訃作哀詩 지금 내가 부음을 듣고 슬픈 시를 짓는 것은
不爲公悲爲國悲 공을 위해 슬퍼함이 아니고 나라를 위해 슬퍼함이오.
天運誰能知否泰 하늘의 운수가 좋고 나쁜 것을 누가 능히 알랴
邦基未了定安危 나라의 기틀이 잡히지 않아 안위가 정해지지 않았다.
銛鋒已折嗟何及 날카로운 칼끝이 꺾어져 슬퍼한들 어찌 미치며
忠怛尙孤恨未支 충성과 놀람으로 아직 외로운 한을 지탱하지 못했다.
獨對山河歌此曲 홀로 산하를 대해 이 곡을 노래하니
白雲流水摠噫噫. 흰 구름과 흐르는 물이 모두 슬프한다.

라 했다

목은牧隱 이색李穡이 여주呂州에 물러나 있을 때 제자가 찾아오자 깊은 골짜기 사람 발걸음이 들어오지 못하는 곳으로 데리고 들어가서 종일 통곡을 하며 말하기를, "오늘은 내 가슴을 약간 넓게 했다."고 말했다. 일찍 지은 시가 있는데 말하기를,

松軒當國我流離 송헌松軒[3]이 나라를 맡게 되자 내가 유리를 하니
夢裏何曾有此事. 꿈속인들 어찌 이런 일이 있으랴.

라 했다. 또 시가 있는데 말하기를,

人情那似物無情 인정이 어찌 사물이 무정한 것과 같으랴
觸境年來漸不平 연내로 지경을 접촉한 것이 점점 불평하다오.
偶向東籬羞滿面 우연히 동쪽 울타리를 보다가 부끄러움이 낯에 가득한 것은

3) 조선조 태조의 雅號.

眞黃花對僞淵明. 참 국화가 거짓으로 도연명을 대하기 때문이다.

라 했다.

목은牧隱 이색李穡이 장단長湍에 유배되었을 때 운곡耘谷 원천석元天錫이 한산군韓山君으로서 참소를 입은 것을 제목으로 하여 지은 시가 있는데 말하기를,

天寶韜光政令苛 천보天寶[4]의 빛을 감춘 것은 정령이 가혹한 탓인데
有誰如琢復如磨 누가 있어 다듬고 다시 가는 듯하랴.
道來夢謁連三夜 도래道來에 삼 일 밤을 연달아 꿈에 보게 되며
記取魂遊作一歌 기록을 취하자 혼이 놀면서 노래를 짓는다.
我國經綸歸大澤 나라를 다스리는 계획이 큰 못으로 돌아갔으며
山河舟楫困風波 산하의 배들도 풍파에 곤했다.
天如未喪斯文也 하늘이 사문斯文을 상실시키지 않을 것 같으면
縱有匡人奈我何. 광인匡人이 있다한들 나에게 어찌하랴.[5]

라 했다. 또 말하기를,

玉自無瑕事已訛 옥은 스스로 하자가 없는데 일이 이미 거짓이며
荊人兩刖定非他 형인荊人의 두 발을 자른 것은 그가 정한 것이 아니다.
海東風月應含憤 해동의 풍월이 분명히 분함을 머금은 것은
天下英雄所嗟共 천하의 영웅이 함께 슬퍼하는 바이다.
萬姓同瞻新日月 많은 사람이 새 일월日月을 함께 볼 것이며
三朝依固舊山河 삼조三朝가 옛 산하에 의해 굳었다.
明知狂眞蒼蒼在 광진狂眞이 매우 밝게 있음을 분명 알았으니

4) 唐나라 玄宗의 연호.
5) 『論語』 子罕篇에 孔子가 衛에서 陳으로 갈 때 匡人들에 곤욕을 당하게 되자 孔子께서 하늘이 斯文을 상실시키려 하지 않을 것 같으면 匡人이 나에게 어떻게 하겠느냐.(天之未喪斯文也 匡人其如予何. 論語, 子罕篇)

寤寐祈傾體氣和. 자나 깨나 몸이 균형을 유지하게 기원한다오.[6]

라 했다.

야은冶隱 길재吉再가 봉계鳳溪 전사田舍에 물러나 있으면서 우왕禑王이 요遼를 공격한다는 말을 듣고 시를 지어 말하기를,

龍首正東傾短檣 용수龍首[7]의 바로 동쪽에 짧은 돛대가 기울었고
水芹田畔有垂楊 물미나리 밭 근처에 수양이 있다.
身雖從死無奇特 몸은 비록 죽음을 좇고자 하나 기특한 것은 없고
志則夷齊餓首陽. 뜻은 이제夷齊를 법해 수양산에서 아사하고자 한다.

라 했다. 남귀정南龜亭은 증시贈詩에서 말하기를,

高麗五百獨先生 고려조 오백 년에 홀로 선생뿐인데
一代功名豈足榮 일대의 공명으로 영광을 어찌 만족하랴.
凜凜清風吹六合 힘이 있는 맑은 바람은 육합六合[8]으로 불어
朝鮮億載永嘉聲. 억 년으로 길이 우리나라의 아름다운 소리가 될 것이다.

라 했으며, 어잠부魚潛夫의 시에는 말하기를,

落落高標吉注書 크고 높게 표시된 길주서吉注書[9]는
金烏山下閉門居 금오산 아래 문을 닫고 살았다.
首陽薇蕨殷遺草 수양산首陽山 고사리는 은殷나라가 남긴 풀이며
栗里田園晋舊墟 율리栗里[10]의 밭과 동산은 진晋나라 옛 터라오.

---

6) 작품에 故事의 인용이 많아 이해에 어려움이 많음을 밝혀둔다.
7) 과거에 장원을 칭찬한 龍頭와는 다른 의미인 듯한데 어떤 의미인지.
8) 천지와 사방을 말함.
9) 注書는 벼슬 이름.

萬古名垂扶大義 대의를 붙들어 이름이 만고에 드리워
至今人過式前閭. 지금도 사람들이 살던 집 지나며 구부린다.
生爲男子誰無膽 남자로 태어나서 누군들 담이 없으랴
立立峯巒揚起余. 서있는 봉우리들이 모두 나를 일으킨다.

라 했으며, 점필재佔畢齋 김종직金宗直의 시에 말하기를,

金烏鳳水恣倘佯 금오산金烏山과 봉수鳳水에 마음대로 거닐었으니
冶隱靑風說更長. 야은冶隱의 맑은 바람에 다시 말이 길어진다.
爨婢猶能詩相杵. 밥 하는 종들도 시로써 서로 다툴 수 있었다니
至今人比鄭公卿. 지금도 사람들은 정공경鄭公卿[11]과 견준다.

라 했으며, 여헌旅軒 장현광張顯光의 시에 말하기를,

竹有當年碧 대나무는 그때처럼 푸르고
山依昔日高. 산도 옛날같이 높다.
淸風猶鬢髮 청풍이 머리털 같은데
誰謂古人遙. 누가 옛 사람을 멀다고 이르나뇨.

라 했다.

덕곡德谷 조승보趙承甫가 감무監務로서 벼슬을 버리고 고향으로 돌아갔다. 그가 일찍 지은 시가 있는데 말하기를,

尋春載酒過孤村 봄을 찾아 술을 싣고 마을을 지나가니
布穀聲中晝掩門 포곡새 우는 소리에 낮인데 문을 닫았다.
雨後殘花浮水出 비 온 뒤에 남은 꽃이 물에 떠내려 오니

---

10) 陶淵明의 고향.
11) 東漢의 鄭玄을 지칭한 것으로 그가 비복들에게까지 글을 가르쳤다 함.

人間無處不桃源. 사람이 사는곳이 도원桃源이 아님이 없다오.

라 했다.[12)]

조운흘趙云仡이 벼슬을 사례하고 상주尙州 무음산霧陰山으로 물러나 살면서 호를 석간서하옹石澗棲霞翁이라 하고 거짓으로 미친 듯하며 자신을 감추고자 했다. 신우왕辛禑王 때 간의대부諫議大夫가 되었다가 또 광주廣州 몽촌夢村으로 물러나 살았다. 어느 날 임렴林廉 무리의 처와 딸들이 멀리 유배가는 것을 보고 지은 시가 있는데 말하기를,

柴門日午喚人開　한낮에 아이 불러 사립문을 열게 하고
步出林亭坐石苔　걸어 숲속에 나와 돌이끼에 앉았다.
昨夜山中風雨急　어젯밤 산중에는 비바람이 사나워
滿溪流水泛花來. 시내에 가득 흐르는 물에 꽃을 띄워 보낸다.

라 했다. 그는 판교板橋 평사平沙에 두 원院을 운영하면서 스스로 원주院主라 하고 떨어진 옷과 짚으로 만든 신을 신어 지나는 사람들이 그가 높은 벼슬을 한 사람임을 몰랐다. 강릉江陵에 있을 때 부기府妓와 서로 웃고 희롱을 했는데, 꿈에 그 부기府妓가 관원官員을 모시고 잔다고 하니 석간石澗이 바로 시를 지어 말하기를,

心似靈犀意已通　마음은 영서靈犀[13)]와 같아 의사를 이미 통했는데
不須容易錦衾同　이불을 같이 하는 것이 쉽지 않을 것이오.

---

12) 끝에 細字로 맑은 바람과 높은 운치는 吉金烏와 더불어 비교할 만하다.(其淸風高韻 與吉金烏比肩) 다음부터 細字로 쓴 것은 註로 하겠음.

13) 신령스러운 물소를 말함. 물소는 그 뿔 속의 구멍을 통해 상대방과 의사전달을 잘한다고 함.

莫言太守風情薄 태수의 풍정이 엷다고 말하지 말라
先入佳人吉夢中. 먼저 가인의 좋은 꿈속에 들었다오.

라 했다.

강회백姜淮伯의 호는 통정通亭이며 양촌陽村 권근權近에게 성리학을 배웠다. 벼슬하기 전에 단속사斷俗寺에 가서 공부하면서 직접 매화나무를 하나 심고 정당매政堂梅라 했다. 남명南溟 조식曺植이 그 매화梅花에 대해 한 절구를 지었는데 말하기를,

寺破僧羸山不古 절도 파했고 중도 파리하며 산도 옛같지 않아
前王自是未堪家 전왕도 이로부터 국가가 견디지 못했을 것이오
化工政誤寒梅事 조화공造化工이 매화의 일을 잘못 정해
昨日開花今日開. 어제 꽃이 피고 오늘에도 피게 했다.

라 했다.

교은郊隱 정이오鄭以吾가 과거를 맡은 책임자로서 시원試院에 가서 꿈속에 시를 얻었는데,

三級風雷魚變甲 삼 급의 바람과 우레에 고기는 비늘이 변했고
一春烟景馬希聲 봄의 풍경에 말은 울음소리가 드물었다.
雖云對偶无相敵 비록 대우對偶로는 서로 적수가 없겠으나
那及龍門上客名. 어찌 용문龍門 상객上客의 이름에 미치겠느냐.

라 했다.[14]

어변갑魚變甲의 벼슬이 직제학直提學이었을 때 신색申穡과 더불어 약속해 말하기를 우리들이 임금을 섬겨 드디어 이름이 알려지

14) 魚變甲은 과연 文科에 장원했고, 馬希聲은 武科에 장원했다고 이른다.

게 되면 돌아가 나이 많은 부모를 모실 것이라 했는데, 집현전集賢殿으로 들어가게 되자 바로 사직하는 글을 올리고 돌아가면서 시를 지었는데 말하기를,

謝病歸來一室幽 병으로 아뢰고 깊숙한 집으로 돌아왔더니
荒凉草樹古池頭 옛 못 머리에 쓸쓸한 초가집이었소.
若余豈避功名者 내가 어찌 공명을 피하려는 자이겠는가
只爲慈親不遠遊. 단지 어머니를 위해 원류를 않으려는 것이오.

라 했다.

김반金泮이 중국 서울에 갔더니 물고기와 용이 있는 족자에 시를 구하는 자가 있어 시를 써 말하기를,

誰畵輕綃幅 누가 가벼운 비단폭에
風濤雲霧濛 파도와 안개를 어둡게 그렸나뇨.
錦鱗飜碧海 비단 비늘은 푸른 바다에서 뒤치며
神物上青空 신물神物은 푸른 공중으로 오른다.
潛見形雖異 감추고 보면 형상은 비록 다르나
飛騰志則同 날라 오르는 뜻은 같다오.
若爲燒短尾 꼬리를 짧게 태울 것 같으면
攀附在天龍. 하늘이 용을 붙들고 있을 것이요.

라 했다.15)

박안신朴安信이 장차 수레에 실리어 시장에 나가 처형이 되고자 했는데, 종에게 기와쪽을 가지고 오게 하여 시를 써 말하기를,

15) 중국 사람이 이 시를 보고 燒尾短先生이라 했다.

數當千載應河清 운수가 천 년이 되어 황하가 맑으니
自謂君王至聖明 스스로 군왕이 성명에 이르렀다 한다.
爾職不共甘受死 너 직위와 함께 죽임을 달게 받지 않으면
恐君留殺諫臣名. 임금께 간신諫臣을 죽였다는 이름 남을까 겁난다.[16]

라 했다.

광묘光廟(세조世祖)가 왕위에 오르기 전에 영의정領議政으로서 부중府中에 잔치를 하게 되었는데, 박팽년朴彭年이 지은 시가 있었다. 말하기를,

廟堂深處動哀絲 궁중 깊은 곳에서 슬픈 음악 들리는데
萬事如今總不知 만사를 지금에 모두 알 수 없다오.
柳綠東風吹細細 동풍에 푸른 버들은 가늘게 흔들리고
花明春日正遲遲 꽃이 피는 봄날은 바로 더디다오.
先王大業抽金櫃 선왕先王의 큰 업을 금궤金櫃[17]에서 찾았으며
聖主洪恩倒玉巵 성주聖主의 넓은 은혜 술잔에 넘친다.
不樂何爲長不樂 즐겁지 않음을 어찌 길이 않다고 하리오
賡歌醉飽太平時. 태평 때 이어 부르는 노래에 취하고 배불렀다오.

매죽헌梅竹軒 성삼문成三問이 중국에 갔을 때 어떤 사람이 백로白鷺 그린 것을 제목으로 하여 시를 청하자 공公이 바로 불러 말하기를,

雪作衣裳玉作趾 눈으로 의상을, 옥으로 발톱을 하고

16) 이 시를 政院에 주게 했는데 左相 成石璘이 적극적으로 간해 유배가 되었다고 한다.
17) 금으로 만든 상자로 국가의 비밀스러운 서류를 넣어두는 곳.

窺魚蘆渚幾多時 갈대숲 물가에 고기를 몇 번이나 노리었던가.[18]
偶然飛過山陰墅 우연히 산음山陰[19]농막을 날아 지나다가
誤落羲之洗硯池. 왕희지王羲之의 벼루 씻은 못에 잘못 떨어졌다오.

라 했다. 또 이제묘夷齊廟에서 시를 지어 말하기를,

當年叩馬敢言非 당년 말을 두드리며 과감하게 잘못을 말할 때는
大義堂堂日月輝 대의가 당당히 햇빛처럼 빛났다.
草木亦沾周雨露 초목도 또한 주나라 비와 이슬로 자랐는데
愧君猶食首陽薇. 그대 수양산 고사리 먹는 것도 부끄럽다오.[20]

라 했으며, 공公이 형장으로 수레에 실려 가며 지은 시에 말하기를,

食人之食衣人衣 사람이 먹는 밥 먹고 입는 옷 입으며
所性平生莫有違 성격이 평생 동안 어김이 없었다.
一死固知忠義在 한 번 죽음에 진실로 충의가 있음을 알고 있는데
顯陵松柏夢依依. 현릉의 송백도 꿈속에서 안타깝게 여긴다.

라 했다.

이개李塏가 형장으로 가는 수레를 타면서 지은 시가 있는데 말하기를,

禹鼎重時生亦大 우임금 솥처럼 무거울 때는 사는 것도 크지만
鴻毛輕處死還榮 기러기 털같이 가벼운 곳에 죽음도 영광이라오.

---

18) 이 句를 짓자 그림을 보이는데 水墨圖였다고 한다.
19) 王羲之의 고향이라고 한다.
20) 중국 사람이 이 시를 보고 忠節이 있을 것임을 알았다고 한다. 아래 시에 顯陵은 文宗의 陵號.

明發不寐出門去　새벽까지 자지 못하고 문을 나서 가니
顯陵松柏夢中青.　현릉의 송백도 꿈속에서 푸르다오.

라 했다. 야사野史에 청보淸甫(이개李塏), 근보謹甫(성삼문成三問)가 범옹泛翁(신숙주申叔舟)과 더불어 국가의 명령을 받고 진관사津觀寺에 가서 공부를 하고 있으면서 지등紙燈에 연구聯句를 하게 되었는데 범옹泛翁이 이르기를,

提携憐不久　　들고 다닌 것이 오래 되지 않았는데
朝日在扶桑.　　아침 해가 동쪽에 있다.

라 했고, 근보謹甫는 이르기를,

狂風吹不滅.　　광풍이 불어도 꺼지지 않는다.

라 했으며, 청보淸甫는 이르기를,

微月照金光.　　희미한 달이 금빛을 비친다.

라 했다.[21)]

하위지河緯地는 대궐을 지날 때는 반드시 말에서 내리며 비록 비가 많이 내려도 길을 피하지 않았다. 단종端宗이 왕위를 계승하고 여덟 공자公子가 강성했다. 그때 박팽년朴彭年이 하위지河緯地에게 도롱이를 빌리게 되었는데 시로써 답해 말하기를,

---

21) 瓦, 金, 玉이 부서지는 조짐인가 했다.

男兒得失古猶今 남아의 얻고 잃음이 옛날도 지금 같았으니
頭上分明白日臨 머리 위에 분명히 백일이 비치리라.
持贈簑衣應有意 가진 도롱이를 주는 것은 분명히 뜻이 있으니
五湖烟月好相尋. 오호의 연기와 달빛에 서로 찾고자 하는 것이라네.

라 했다.[22]

유응부俞應孚가 함길절도사咸吉節度使를 하면서 지은 시가 있는데 말하기를,

將軍持節鎭夷邊 장군이 임명장을 가지고 변방 오랑캐를 막으니
紫塞無塵士卒眠 변방에 티끌은 없고 사졸들은 졸고 있다.
駿馬五千嘶柳下 준마 오천은 버드나무 밑에서 울고
良鷹三百坐樓前. 양응 삼백 마리는 누 앞에 앉았다.

라 했으니, 그의 기상을 볼 수 있다고 했다.

단종端宗이 영월寧越에 있을 때 매양 관풍觀風과 매죽루梅竹樓에 올라 밤이면 사람을 시켜 피리를 불게 하고, 또 단구短句를 읊어 말하기를,

月白夜 蜀魄啾 달 밝은 밤 소쩍새가 우는데
含愁情 倚樓頭 근심을 머금은 감정으로 누 머리에 의지했다.
爾啼悲 我聞苦 너가 슬프게 우니 나도 듣고 괴롭다
無爾聲 無我愁 너 우는 소리 없으면 나도 슬픔이 없을 텐데.
寄語世上苦勞人 세상에 괴로운 사람에 말하노니
愼莫登春三月子規樓. 조심해서 봄 삼월에 자규루에 오르지 마오.[23]

---

22) 대개 당시 세태를 슬퍼한 것이다.
23) 다른 한 본에는 子規啼 明月樓라 했다.

라 했는데, 나라 사람들이 듣고 눈물을 흘리지 않는 사람이 없었다. 또 시에 말하기를,

一自寃禽出帝宮 원통한 새가 한 번 궁중에서 쫓겨나자
孤形隻影碧山中 외로운 형상과 그림자는 푸른 산속에 있다.
暇眠夜夜眠無暇 밤마다 잠은 한가하다 하나 한가함이 없고
窮恨年年恨不窮 해마다 한을 다했다고 하나 다함이 없다.
聲斷曉岑殘月白 새벽 산에 소리는 끊어졌으나 남은 달은 밝고
血流春谷落花紅 봄 골짜기에 피가 흘러 떨어진 꽃을 붉게 한다.
天聾尙未聞哀訴 하늘이 귀가 어두워 슬픈 호소 아직 듣지 못하는데
胡乃愁人耳獨聽. 어찌 수인愁人의 귀로 홀로 듣게 하느뇨.

라 했다. 단종端宗이 해를 당한 후 영월쉬寧越倅가 연달아 일곱 사람이 갑자기 죽었다. 박충원朴忠元이 죽을 죄가 있어 그곳 쉬倅로 내쳐나갔는데, 제문祭文을 지어 말하기를,

宗室之胄 왕실王室의 높은 사람으로
幼冲之辟 어린 나이에 임금이었다.
適丁否運 마침 불운을 당해
遜于僻邑 외진 읍으로 피했다.
一片靑山 한 조각 푸른 산에서
萬古寃魄 만고에 원통한 넋이라오.
庶幾降臨 내려와 다달아
式歆芬苾. 향을 맡으소서.

라 했는데, 이 제사를 지낸 뒤로부터 환이 없었다고 한다.

백호白湖 임제林悌가 '수성지愁城誌'를 지었는데 말하기를 "슬프고 괴롭다. 차마 말을 할 수 없는 것은 제왕齊王이 송백松柏에서 나

그네가 되었고, 의제義帝[24]는 강중江中에서 죽은 것이다. 나라도 옮겨졌으니 죽게 된 것이 족足하다고 하겠으나 충신忠臣의 눈물을 차마 어찌하며, 다하지 못한 열사烈士가 있음을 어찌하랴" 했다.

또 원자허몽유록元子虛夢遊錄을 지었는데 말하기를 원자허元子虛라는 자는 강개慷慨한 선비였다. 중추仲秋의 저녁 자리에 누워 자고 있었는데 몸이 갑자기 가볍게 들리는 듯하더니 강둑에 이르렀다. 때는 밤중이 가까운데 달빛은 낮과 같고 갈댓잎과 단풍 숲이 초연해 긴 세월로 불평한 기운이 있는 듯했다. 이에 절구 한 수를 지어 말하기를,

恨入江波咽不流　한이 강 물결에 들어가 막혀 흐르지도 못하며
荻花楓葉冷颼颼　갈대꽃 단풍잎에 찬바람이 분다.
分明認是長沙岸　분명히 장사長沙의 언덕으로 인정되는데
月白精靈何處遊.　달이 밝으니 정령은 어느 곳에서 놀고 있을까.

라 하고 주변을 찾아다니며 살펴보았는데 갑자기 지팡이 소리가 들리더니 갈대꽃 깊은 곳에 한 사람의 남자가 나타나 폭넓은 수건과 시골 사람의 옷을 입었는데 늠름해 수양首陽의 풍채가 있었다. 그는 원자허元子虛 앞에 와서 읍을 하며 말하기를 "자허子虛가 어찌 늦게 오는가 우리 임금님이 모시고 오게 하신다." 하므로 뒤를 따라 갔더니 강가에 있는 정자에 한 사람이 난간에 의지해 앉았는데 입고 있는 의관이 임금과 같았다. 그리고 옆에 다섯 사람이 모시고 있는데 얼굴 모습이 당당하고 기상이 힘이 넘쳐 가슴에는 말

---

24) 위의 齊王은 한고조 때 張良의 봉작이었는데 사양하고 받지 않았다함. 義帝는 項羽가 楚懷王을 假帝와 같은 의미로 迎立하여 義帝라 했다고 함.

을 두드리고(고마叩馬) 바다를 밟을 뜻과(도해蹈海)마음으로는 하늘을 잡고 해를 받들 충성을 가지고 있어 참으로 어린 아이를 부탁할 만하며 넓은 지역을 맡길 수 있겠다. 자허子虛가 끝자리에 꿇어앉았으며 자허子虛 위에는 폭건자幅巾者가 있었다. 서로 더불어 고금의 흥망을 논했는데, 폭건자幅巾者가 매우 탄식하며 말하기를 "요순堯舜과 탕무湯武는 만고의 죄인이다. 여우처럼 아첨해 선위禪位를 취하려는 자들이 빙자하여 신하로서 임금을 대신하겠다고 하는 자에게 명분을 주었다고" 하니 임금이 곧 정색을 하며 말하기를 "그것이 무슨 말이냐. 요순堯舜과 탕무湯武 같은 성인聖人이 그와 같은 시기를 만나면 옳고 사군四君과 같은 성덕聖德이 없고 그러한 때가 아니면 옳지 않다." 하고 임금이 술잔을 잡고 오열이 되어 여섯 사람을 돌아보며 말하기를 "어찌하여 각자 그 깊숙하고 원통한 뜻을 말하지 않는가." 하고 바로 노래해 말하기를,

江流咽咽兮 無有窮	흐르는 강물에 목이 막힘이여 다함이 없도다.
我恨長兮 與之同	내 한이 길어 더불어 함께 하겠다.
生爲千乘兮 死作孤魂	태어날 때는 천승千乘[25]이었는데 죽어서는 고혼이 되었다.
新乃僞主兮 帝乃陽尊	새로 된 위주는 거짓으로 높인 의제義帝라오.
故國人民兮 盡輸楚籍	고국의 인민들이여 모두 초의 국적으로 옮겼다.[26]
六七臣同兮 魂庶有托	육칠의 신하와 함께 함이여 혼은 의탁할 곳이 있겠다.

---

25) 옛날 중국에서는 국력을 수레의 수로 평가했는데, 중앙정부는 萬乘이라 했으니 千乘은 諸侯國 정도를 말한 것이다.

26) 楚漢 때 項羽의 나라이름이 楚였는데, 당시 고국의 인민들을 모두 그곳으로 실려 갔다했다.

今夕何夕兮 共上江樓　오늘이 어떤 저녁이냐 함께 강루에 올랐다.
波光月色兮 我使心愁　물결과 달빛이여 내 마음을 근심스럽게 하도다.
悲歌一曲兮 天地悠悠.　슬픈 노래 한 곡이여 천지처럼 길다.

라 하여 노래를 끝내자 각자 절구絶句 한 수 씩 읊었다. 첫째 앉은 자는 박팽년朴彭年이다. 그의 시에 말하기를,

深恨才非可托孤　재주가 어린 임금 부탁 받을 것이 아님을 깊게 한하며
國移君辱更捐軀　나라도 옮기고 임금도 욕되며 다시 몸도 버렸다오.
如今俯仰慚天地　지금처럼 천지를 살펴보아도 부끄러울 것 같으면
悔不當時早自圖.　당시 일찍 죽지 못한 것이 후회된다오.

라 했고, 두 번째 앉은 자는 성삼문成三問이었다. 그의 시에 말하기를,

受命先朝荷寵隆　선조先朝로부터 명을 받아 높은 사랑을 입었는데
臨危肯惜捐微躬　어려움을 당해 몸 버리는 것을 아끼랴.
可怜事去名猶烈　가련하게도 일은 갔으나 이름은 오히려 매워
取義成仁父子同.　의를 취하고 인을 이룬 것은 부자가 같다오.

라 했다. 셋째 앉은 자는 이개李塏였는데 그의 시에,

壯節寧爲爵祿浧　장한 절의를 차라리 벼슬로써 더럽히려면
金章猶抱採薇心　금장金章[27]도 오히려 고사리 캐고 싶은 마음 가졌을 것이오.
殘軀一死何須說　쇠잔한 몸이 한 번 죽는 것을 말하면 무엇하랴
痛哭當年帝在郴.　통곡했던 그 해 임금은 침郴에 있었다오.[28]

---

27) 금으로 만든 인장. 높은 직위를 말함.
28) 項羽가 楚 懷王을 義帝로 높였다가 뒤에 郴으로 보내면서 도중에 시해했

라 했다. 넷째 자리는 하위지河緯地였는데 그의 시에,

微臣自有膽輪囷　미신微臣은 스스로 담이 구부러짐이 있거늘
那忍偸生見喪淪　어찌 살기 위해 차마 상륜喪淪[29]을 보랴.
將死一詩言也善　죽으면서 지은 시의 말이 좋지만
何能慚愧二人心.　어찌 두 사람 마음이 부끄럽지 않으리오.

라 했다. 다섯째 자리는 유성원柳誠源이었는데 그의 시에,

哀哀當日意何如　슬프게도 당일 생각이 어떠했을까
死耳寧論身後譽　죽을 따름인데 어찌 죽은 뒤의 명예를 논하랴.
最是千秋難洗恥　긴 세월 가장 씻기 어려운 부끄러움은
集賢曾草賞功書.　일찍 집현전에서 상공賞功의 글을 초한 것이오.

라 했다. 복건자幅巾者는 남효온南孝溫이었는데, 길게 읊으며 말하기를,

擧目山河異昔時　눈을 들면 산하도 옛날과 달라졌고
新亭共作楚囚悲　신정新亭에서 함께 초수楚囚[30]의 슬픔에 젖었다.
心驚興廢肝膽裂　흥폐에 마음이 놀라 간담이 찢어지고
憤切忠邪涕泣垂　충사忠邪에 매우 분해 눈물이 난다.
栗里淸風元亮老　율리栗里의 맑은 바람에 원량元亮은 늙었고[31]
首陽寒月伯夷飢　수양산首陽山 찬 달빛에 백이伯夷는 굶주리었다.

다. 이 시에서는 단종의 사살을 결부시킨 것이다.

29) 침몰되어 잃어버리는 것.

30) 楚나라 사람이 晋나라에 잡혀 있으면서 초나라 갓을 쓰고 고국을 잊지 않고 생각하며 있었다고 한다.

31) 栗里는 陶淵明의 고향이며, 元亮은 도연명의 字.

一篇野史堪傳後 한 편의 야사野史가 후세에 잘 전하게 되면
千載應爲善惡師. 분명히 긴 세월로 선악의 스승이 되리라.

라 했는데, 읊기를 다하자 자허子虛 차례였다. 자허子虛가 슬프게 읊으며 말하기를,

往事憑誰問 지난 일을 누구에게 의지해 물으랴
空山土一丘 빈산에 한 언덕의 흙이라오.
恨深精衛死 한이 깊어 정위精衛[32]는 죽었으며
魂斷杜鵑愁 혼이 끊어져 두견杜鵑[33]은 근심한다.
故國何時返 고국으로 언제 돌아가랴
江樓此日遊 오늘은 강루江樓에서 논다오.
悲凉歌闋數 슬프게 부르는 노래도 자주 그치며
殘月荻花秋. 남은 달빛에 갈대꽃은 가을이라오.

라 하고 읊기를 다하자 자리에 앉았던 자들이 모두 눈물을 흘리었다. 얼마 되지 않아 한 사람의 범 같은 선비가 들어왔는데 얼굴은 대추 빛 같고 눈은 별처럼 빛났으며 문산文山[34]의 의리와 중자仲子의 맑음을 가져 위풍이 늠름했다. 임금 앞에서 뵈옵고 다섯 사람을 돌아보며 말하기를 "저 썩은 선비들과 더불어 일을 하면 성공할 수 없다 ."하고 바로 칼을 뽑아 슬프게 노래를 하니 그 노래에 말하기를,

風蕭蕭兮 木落波寒 바람이 소소히 불어 나뭇잎이 찬 물결에 떨어진다.

---

32) 새의 이름. 전해오는 말은 炎帝의 딸이 동해에 빠져죽어 그 넋이 이 새가 되어 西山에 있는 돌과 흙으로 동해를 메우고자 했다 함.

33) 소쩍새의 다른 이름.

34) 宋나라 때 元의 침입을 막기 위해 싸우다가 포로가 되어 절사한 文天祥의 아호 밑에 仲子는 알아보지 못했다.

撫劍長嘯兮 星斗欄干	칼을 어루만지며 길게 휘파람 부니 별들은 난간에 있다.
生全忠孝 死作義魂	살아서는 충효를 온전히 했고 죽어서는 의혼이 되었다.
襟懷何似 一輪江月	가슴에 품은 것이 어떤가 강에 뜬 둥근 달과 같다오.
嗟不可與慮始兮 腐儒何責.	슬프다. 처음에 같이 하지 않았으면 했는데 썩은 선비가 무슨 책임이 있는가.

라 하여 노래를 다하지 않았는데 달은 어둡고 구름은 근심을 하게 하며 비는 쏟아지고 바람은 차다. 빠른 우레 소리에 모두 빨리 흩어지고 자허子虛도 놀라 깨니 꿈이었다.

[35]남주南趎의 촉영부燭影賦에,

天曰理人倫一時幷夷	하늘이 말하기를 인륜으로 다스리면 일시에 오랑캐를 병합하며
地下人鬼哭	地下에서 귀신도 웃으며
人間公論明.	인간세계에 공론이 밝을 것이다

라 했다.

서인庶人 경찬홍庚纘弘 시에 말하기를,

行人莫唱子規詞	지나가는 사람아 자규사子規詞를 부르지 말라
此曲當年未盡悲	이 곡이 그때 슬픔을 다하지 못했다.
惟有六臣長夜淚	오직 긴 밤에 육신의 눈물은 있으나
魯陵松柏灑無枝.	노릉魯陵[36]의 나무들은 뿌릴 가지가 없다오.

35) 이 구는 이해가 쉽지 않다.

36) 端宗의 능호는 莊陵인데 이 시가 복위되기 전에 지었기 때문에 魯陵이라 한 것이 아닌가 한다.

라 했다. 천녀賤女 이원李媛의 시에 말하기를,

一片青山葬我君 한 조각 푸른 산에 우리 임금 장사하고
哀詞吟斷魯陵雲 슬픈 노래 노릉魯陵의 구름에 끊어졌다.
妾身亦是王孫女 이 몸도 왕손의 딸로서
此地鵑聲不忍聞. 이곳 두견새 우는 소리 차마 듣지 못하겠다.

라 했다.

숙종肅宗 무인년戊寅年에 전현감前縣監 신규申奎가 복위復位를 청하며 올린 글에 말하기를 때도 옮겨지고 일도 지나갔으며 언덕도 이미 평지가 되었고 다북대가 우거졌으며 여우와 토끼가 뛰어놀고 있다. 봄바람에 두우새 소리는 길이 시인의 싯구에 들어가고 한식에 보리밥을 시골 늙은이들도 먹는다 한다. 하늘도 거칠고 땅도 늙었는데 슬픈 한은 안정되기가 어려울 것이라 했다.

매월당梅月堂 김시습金時習은 세 살 때 시를 지었다. 맷돌로 보리를 찧는 것을 보고 말하기를,

無雨雷聲何處動 비는 오지 않는데 우레 소리는 어느 곳에서 나며
黃雲片片四方分. 누런 구름이 조각조각 사방으로 나누었다.

라 했다. 다섯 살 때 줄글(촉문屬文)을 지었다. 허조許稠 정승이 그를 찾아 노자老字로 구句를 지어보라 하니 그 말에 응해 말하기를,

老木開花心不老. 늙은 나무에 꽃이 피니 마음은 늙지 않았다.

라 했다. 세상에 전하는 말에 신숙주申叔舟가 태공太公과 엄자릉嚴

子陵의 조어도釣魚圖를 보이니 시습時習이 시를 지어 말하기를,

風雨蕭蕭拂釣磯 비바람이 소소히 고기 낚는 돌을 흔들며
渭川魚鳥已忘機 위천의 고기와 새들도 이미 기미를 잊었다.
如何老作鷹揚將 어찌하여 늙은이를 응양장鷹揚將[37]으로 하여
終使夷齊餓採薇. 마침내 백이伯夷 숙제叔齊를 고사리 캐며 굶게 하나뇨.[38]

라 했으며, 또 말하기를,

桐江江上釣烟波 동강桐江의 안개 속에 고기를 낚아
生計蕭條一箇簑 생계가 쓸쓸하고 한적하며 도롱이도 한 개였다.
漢殿若無星象動 한漢의 궁중에 만약 별의 형상이 움직이지 않았다면
千秋定不累名加. 긴 세월로 이름이 얽히지는 않았을 것이다.[39]

라 했다. 불우헌不憂軒 정극인丁克仁은 을해년乙亥年에 물러나 태

---

37) 周 武王이 殷나라를 칠 때 太公이 周나라의 병졸을 이끌고 용감하게 싸워 이겨왔기 때문에 그에 붙여진 이름.

38) 伯夷叔齊는 형제로서 孤竹君의 아들이었는데 아버지가 죽을 때 숙제를 계승하게 했다. 뒤에 형인 백이는 아버지 유언을 따라야 한다 하고 동생은 형을 두고 할 수 없다 하며 하지 않았다 한다.

39) 위의 시는 太公을, 이 시는 嚴子陵을 중심으로 한 작품이다. 子陵의 성은 嚴이며 어렸을 때 後漢의 光武帝와 같이 글을 배우며 매우 친했는데 광무제가 임금이 되자 깊숙한 산골로 들어가서 낚시를 하며 자취를 감추었다. 광무제는 백방으로 찾아 宮中으로 초치하여 같이 자게 되었는데, 子陵이 자신의 발을 광무제의 배 위에 올려놓은 적이 있었다. 다음날 占星官이 들어와서 客星犯御座甚急이라 하자 광무제가 웃으며 내 친구 아무라고 했다.(위의 내용은 『通鑑』에 있는 말을 그대로 옮겼음) 위의 시는 이러한 내용을 소재로 하여 당시 현실을 파악하고자 한 것이다.

인태仁으로 돌아가서 후학後學들을 가르쳤다. 일찍 지은 시가 있는데 말하기를,

長占靑山又白雲 길이 청산을 점령하고 또 백운까지 하며
不憂軒上事天君 불우헌 위에서 천군을 섬긴다.
飢飡渴飮閑中味 주리면 밥 먹고 목마르면 물 마셔 한중에 맛이 있으며
明月淸風可與云. 밝은 달 맑은 바람과 더불어 이를 만하다.

라 했으며, 삼탄三灘 이승소李承召가 고향으로 돌아가는 공을 보내면서 지은 시에 말하기를,

草堂留在故山隈 초당은 고향 산모퉁이에 남아 있으며
翠竹蒼松手自栽 푸른 대와 소나무들은 직접 가꾸었다오.
不待唐生疑已決 당생唐生[40]을 기다리지 않고 망설임을 이미 결정해
歸心火迫政難裁. 가고픈 마음 불처럼 급해 제지하기 어렵다오.

라 했다.

중종中宗 계유년癸酉年에 소릉昭陵 복위를 명령하자 음애陰崖가 만시輓詩를 올렸는데 그 시에 말하기를,

扶日升黃道 해를 받들어 황도黃道[41]에 올렸으니
乘雲事異宜 구름을 타는 일이 마땅하게 나누어졌다.
理當歸有極 이치는 마땅히 태극太極이 있는 곳으로 돌아가고
天合照無私 하늘은 모든 것에 사사로움이 없이 비추다.
宗社開新慶 종묘와 사직에 새로운 경사가 열리며

---

40) 어떤 인물인지 알아보지 못했다.
41) 黃道는 태양이 지구를 중심으로 운행하는 것처럼 보이는 큰 원을 말함.

乾坤定舊儀　이 세상에 옛 법이 정해진다.
微臣陪素仗　미신微臣이 의장儀仗을 모시게 되었으니
和淚寫哀詞.　눈물로 애사哀詞를 쓴다.

라 했다.

한명회韓明澮가 한남漢南에 정자를 지어 이름을 압구狎鷗로 해 자신의 공을 한충헌韓忠獻[42]에 비길 것이라 하고 늙으면 강호江湖로 돌아갈 것을 생각했으나 벼슬과 녹을 돌아보고 가지 않고 있었다. 최경지崔敬止 판사判事의 시에 말하기를,

三接慇懃寵渥優　세 번 받은 은근한 사랑은 융숭했으며
有亭無計得來遊　정자는 있어도 놀러갈 계획이 없다오.
胸中自有機心動　가슴 속에 스스로 지닌 기심機心은 움직이나
宦海前頭可狎鷗.　벼슬하기 앞서 갈매기와 친해지랴.

라 했다.[43]

신숙주申叔舟가 원수元帥되어 변방 호적胡賊을 토벌할 때 호적이 밤을 타고 침범해 오자 병졸들이 많이 시끄러웠다. 숙주叔舟가 움직이지 않고 누워 참모들을 오게 하여 절구絶句 한 수를 지어 불러주었는데 그 시에 말하기를,

虜中霜落塞垣寒　노중虜中에 서리 떨어져 새방이 차가운데
鐵騎縱橫百里間　철기가 백 리 사이를 이리저리 달렸다.
夜戰未休天欲曉　밤에 싸움은 쉬지 않고 새벽이 되려는데

42) 宋나라 韓琦의 시호로서 국가에 많은 공적을 남긴 인물인데, 한명회가 자신을 韓琦에 비기고자 한 것이다.

43) 韓明澮가 미워하여 그 시를 쓴 현판을 달지 않았다 한다.

臥看星斗正闌干. 누워서 바라보니 북두성은 바로 얽히었다.

라 했다.[44)]

김질金礩의 호는 쌍곡雙谷이며 좌상左相으로 상락부원군上洛府院君이었다. 병자년丙子年에 육신六臣의 무리들과 더불어 노산군魯山君 복위를 계획했으나 일이 성공하지 못할 것을 생각했다. 원정猿亭 최수성崔壽城이 상락군장대上洛君莊坮의 시에 차운하여 지은 시에 말하기를,

十尺坮前碧玉流 열 자 높이의 대臺 앞에 푸른 물이 흐르며
昔聞金氏此遨遊 들으니 옛날 김씨가 이곳에 놀았다 한다.
朝廷身世兼山水 조정에 벼슬하고 산수山水도 겸했으며
富貴生涯少恨憂 한평생 부귀로 한과 근심이 적었다.
事業可凌投閣老 사업은 각로閣老도 업신여기고 던질 만하며
壯心還笑却秦儔 장심은 도리어 진주秦儔를 물리치고 웃는다.
始終忠臣當傳史 처음부터 끝까지 충신은 마땅히 역사에 전하며
走卒猶知上洛侯. 어린 아이들도 오히려 상락후上洛侯를 알 것이오.

세조世祖가 금강산에 행차하고 돌아오면서 단발령斷髮嶺에 이르러 축발祝髮을 하고자 하니 여러 신하들이 간해 그쳤다고 하는데, 이 말은 상고할 것이 없다. 사암思庵 박순朴淳의 시에 말하기를,

薜蘿通御氣 은자의 복색은 임금의 기운과 통하고
飛禽識龍章 나는 새도 뛰어난 용모를 안다.
俗語空多誤 흘러 다니는 말이 그릇된 것이 많으니

---

44) 장수들이 그의 자세가 안정된 것을 알고 그것을 힘입어 크게 이겼다고 했다.

東巡是省方.　　동순東巡하면서 바야흐로 살필 것이요.

라 했다.

만절당晩節堂 박원형朴元亨의 벼슬이 정승으로 높은데 이르렀고(태극台極) 몸가짐을 맑고 검소하게 했다. 아들 성성成性이 높지 않을 때 생일을 만났는데 술로써 부모에 헌수獻壽를 했다. 그리고 깊은 밤에 아들을 불러 앞에 오게 하고 시를 입으로 불러 말하기를,

今夜燈前酒數巡　오늘밤 등불 앞 술을 및 잔 돌렸는데
汝年三十二青春　너 나이 서른두 살의 청춘이다.
吾家舊物惟淸白　우리 집 오래된 물건이 오직 청백淸白이니
好把相傳無限人.　잘 가졌다가 많은 사람에게 서로 전하라.

라 했다.[45]

최숙정崔淑精이 경릉敬陵(덕종능호德宗陵號) 제관祭官으로서 재실齋室 벽에 쓴 시에 말하기를,

笙鶴朝天去不還　저 소리 같이 우는 학은 하늘로 조회하러 가서 오지 않았고
城西十里卽緱山　성 서쪽 십 리는 바로 구산緱山이라오.
烟霞時鎖松杉路　안개는 때때로 솔과 삼나무 길을 덮었고
雲霧深藏虎豹關　구름과 안개는 호표관虎豹關을 깊게 감추었다.
此日蘋蘩明可薦　오늘 나물은 분명히 추천할 수 있으나
當年弓釖杳難攀　당년의 활과 칼은 아득해 잡을 수가 없다.
傷心杜宇聲聲苦　슬픈 마음에 소쩍새 우는 소리 듣기 괴로워

45) 술을 마시는 사이에 자식을 가르치는 뜻이 있으니 자식을 가르치는 법이라 하겠다 했다.

淚洒春風點點班. 봄바람에 눈물을 뿌려 점점이 아롱진다.

라 했는데, 성종成宗이 행차하여 보고 감탄했으며 이로 인해 최숙정崔淑精은 갑자기 높은 벼슬에 올랐다.

남이南怡 장군은 빠르고 용명이 뛰어났으며 일찍 지은 시가 있는데 말하기를,

白頭山石磨刀盡 백두산 돌은 칼로 갈아 다할 것이며
豆滿江水飮馬無 두만강 물은 말을 먹여 없게 할 것이다.
男兒二十未平國 남아가 이십에 나라를 평정하지 못하면
後世誰稱大丈夫. 후세에서 뉘가 대장부라 일컫겠는가.

라 했다.[46)]

추계楸溪 윤효손尹孝孫이 아이었을 때 글 짓는 데 능했다. 그의 아버지는 정부의 녹사錄事였다. 이른 새벽에 박원형朴元亨 상공相公 댁에 가서 공문을 전해주게 되었는데 문을 지키는 사람이 상공相公이 자는 것으로 받지 않아 늦게 돌아와 곤하게 여겼다. 효손孝孫이 아버지가 가지고 가는 글 끝에 써 말하기를,

相國酣眠日正高 상국相國이 해가 높게 떴을 때까지 자고 있어
門前刺紙毛已生 문 앞의 자지刺紙에 이미 털이 났다오.
夢中若見周公聖 꿈에 만약 주공周公 성인聖人을 보게 될 것 같으면
須問當年吐握勞. 당시 토하고 잡았던 괴로움을 왜 했느냐 묻고 싶소.

46) 말의 뜻이 질서를 벗어나 제멋대로 하고자 하기 때문에 화를 면하기 어려울 것이라 했다.

라 했다. 그의 아버지가 살펴보지 않고 올려 보냈더니 상공相公이 불러 들어오게 하여 물으므로 그의 아버지가 살펴보지 않았던 것에 놀라고 겁내어 글씨를 살펴보니 아들 글씨였다. 사실대로 말하자 상공相公이 탄식하며 장려했다.

삼괴당三魁堂 신종호申從濩가 일찍 기생 상림춘上林春의 집을 지나다가 지은 시가 있는데 말하기를,

第五橋頭楊柳斜 다섯 째 다리 머리에 버들이 빗겼으며
晩來風日轉淸和 늦게 오는 날씨는 맑고 화창하다.
緗簾十二人如玉 누런 주렴 열두 폭에 사람은 아름다워
靑瑣詞臣信馬過. 궁중의 문신이 말을 타고 자주 지난다.

라 했다.[47]

점필재佔畢齋 김종직金宗直은 나이 열여섯에 과거에 응시하여 백룡부白龍賦를 지었는데 떨어졌다. 뒤에 괴애乖崖 김수온金守溫이 읽어보고 말하기를 이글이 다음 날 문형文衡이 될 솜씨라 하고 그 글은 가지고 임금에게 아뢰었다. 세조世祖가 기이하게 여겨 영산훈도靈山訓道에 임명했다. 한강 제천정濟川亭 기둥에 시가 있는데 말하기를,

雪裏寒梅雨後山 눈 속에는 찬 매화 비 온 뒤의 산은
看時容易畵時難 볼 때는 쉽지만 그릴 때는 어렵다오.
早知不入時人眼 일찍 사람의 눈에 들어오지 않을 것을 알았다면
寧把臙脂畵牧丹. 차라리 연지를 가지고 목단을 그렸을 것이다.

---

47) 풍류가 깨끗하다고 이를 만하다. 이 작품은 실려 있는 책에 따라 기승양구가 다르다 했다.

라 했다.[48)]

김일손金馹孫이 사초史草를 감수하면서 그의 스승 점필재佔畢齋 김종직金宗直의 조의제문吊義帝文을 실었다. 그 글에 이르기를 정축년丁丑年 시월에 내가 밀성密城으로부터 오면서 답계역踏溪驛에 자게 되었는데 꿈에 신인神人이 칠장복七章服을 입고 흔연히 와서 스스로 말하기를 초楚 회왕懷王 손심孫心인데 서초패왕西楚覇王 항적項籍에 죽인 바 되어 빈강郴江에 빠졌다고 하며 인해 갑자기 보이지 않았다. 내가 꿈을 깨어 놀라며 말하기를 회왕懷王은 남초南楚의 사람이고 나는 동이東夷의 사람이다. 지역으로 서로 거리가 만여 리나 되며, 세월의 선후가 천 년이나 되는데 꿈에 와서 감동을 주는 것은 이것이 무슨 조짐이냐. 역사를 살펴보아도 물에 빠졌다는(침강沈江) 말이 없는데 항우項羽도 모르게 죽이고 그 시체를 물에 던진 것이 아닌가. 이것은 알 수 없다 하고 드디어 글을 지어 조문吊問해 말하기를 운운云云했다.[49)]

점필재佔畢齋 김종직金宗直이 이조참판吏曹參判을 하자 한훤당寒暄堂 김굉필金宏弼이 시를 올려 말하기를,

> 道在冬裘夏飮氷　도道가 있어 겨울에는 갖옷 여름에는 얼음 마시며
> 霽行潦止豈專能　개면 가고 장마에 그침이 어찌 잘하는 것인가.
> 蘭如從俗終當變　난초도 속된 때를 따르면 종당에 변하는데
> 誰信牛耕馬可乘.　누가 소와 말을 갈고 타는 것이라 믿겠는가.

---

48) 이 시 지은 사람의 성명을 쓰지 않았는데 乖崖 金守溫이 보고 이 시는 바로 白龍賦를 지은 솜씨라고 했다.

49) 燕山君 戊午年에 柳子光, 李克墩 무리들이 世祖를 비방하는 글이라 하여 士禍를 일으켰다 했다.

라 해니 점필재佔畢齋가 화시和詩에 이르기를,

分外官聯到伐氷 분수 밖의 높은 벼슬에 올랐으니
匡君救俗我何能 바로 잡고 구하는 일에 어찌 능하겠는가.
終教後輩嘲汚拙 마침내 후배들에게 옹졸하다는 소리를 듣게 되었으니
勢利區區不足乘. 세리勢利를 구구하게 좇지 않으련다.

라 했다.50)

일두一蠹 정여창鄭汝昌은 평생에 시 짓는 것을 좋아하지 않았으며 다만 한 편이 세상에 전하고 있는 것이 있는데, 그 시에 말하기를,

風蒲獵獵弄輕柔 바람은 엽렵하게 부들을 가볍게 희롱하며
四月花開麥已秋 사월의 화개花開에 보리는 이미 가을이다.
看盡頭流千萬疊 두류산 천만 첩을 두루 보고
孤舟又下大江流. 외로운 배로 또 큰 강 흐르는 곳으로 내려간다.

라 했다.51)

정성근鄭誠謹 승지承旨가 우리말의 노래 곡을 만들었는데 애군愛君의 뜻과 합치되므로 내가 그 소리를 뽑아 사詞와 합치시켰다. 그 하나에 말하기를,

---

50) 寒暄堂이 이러한 일이 있은 뒤로부터 스승과 사이가 좋지 않았다.(自後貳於佔畢)
李退溪가 말하기를 寒暄의 시의 뜻은 나무라고 풍자하는 의미를 지니고 있다. 도가 행하지 않을 것 같으면 숨어 時中의 義를 잃지 않아야 할 것이라 했고, 佔畢齋는 시의 뜻은 임금을 욕보여 조소를 받는 것이 마땅하다고 했다.

51) 가슴에 한 점의 티끌이 없음을 생각할 수 있게 한다고 했다.

以我思子心　　내가 자네를 생각하는 마음에서
子無我心似　　자네는 내 마음과 같음이 없다.
子心苟可似　　자네의 마음이 진실로 같을 것 같으면
天下寧有是思之縱難能　　천하에 어찌 이러한 생각이 비록 잘하기 어렵다할지라도 있겠는가
無疾猶可.　　병 없음이 오히려 가할 것이네.

라 했으며,[52] 그 둘에 말하기를,

桃李媚恩光　　복숭아와 오얏도 은광恩光을 좋아해
競此色婉娩　　이 빛을 순하게 경쟁한다.
老菊終亦花　　늙은 국화도 또한 꽃인데
寂歷誰省玩　　쓸쓸하게 지내니 누가 살펴보겠는가.
霜風掃卉空　　서리 바람이 풀을 쓸어 비었으니
孤芳托秋苑.　　외로운 꽃향기는 가을 정원에 의지한다.

라 했는데, 그 음이 처량하고 고우며 그 말이 원망하고 곧아 시인의 남긴 뜻이 있다.

추강秋江 남효온南孝溫은 마음이 깨끗해 한 점의 티끌이 없었다. 성종成宗 때 그의 나이 열여덟이었는데 글로서 소릉昭陵 복위를 청했다가 받아들이지 않아 세상 일을 단념하고 하는 일에 관심을 가지지 않고 무릇 산수山水의 좋은 곳에 가지 않은 곳이 없었다. 그의 견흥시遣興詩에 말하기를,

蒯生友安期　　괴생蒯生[53]은 안기생安期生[54]과 친구였으며

---

52) 형식도 定型이 아니고 내용도 어려움이 있어 간단히 번역만 시험해 보았다.
53) 蒯生의 이름은 通이며 楚나라 項羽의 謀士였음.

知爲不世翁 알지만 세상일은 하지 않는 늙은이다.
竪兒看大楚 더벅머리 아이로 초楚나라를 찾았으며
蟻封視沛公 개미집으로 한漢 패공沛公[55]을 보았다.
如何說齊王 어쨌든 제왕齊王을 설득하여
顧欲作元功 으뜸 공을 세우고자 돌아보았다.
苦非桀狗辯 걸구桀狗[56]의 변명이 아니었다면
幾陷大辟中. 아마 큰 형벌에 빠졌을 것이다.

라 했고, 또,

匹夫楊三孫 필부匹夫인 양삼손楊三孫[57]은
生當漢武帝 한漢 무제武帝 때 살았다.
方事西北夷 바야흐로 서북 오랑캐의 일로
擧世苦驅馳 온 세상이 싸우는 일로 괴로웠다.
緩帶食萬戶 허리띠를 늦추고 많은 녹을 먹는 것은
顧乃學友離 돌아보면 학우가 떠났기 때문이다.
平生識祈侯 평생에 기후祈侯를 알아
裸葬得如斯. 이와 같이 관장裸葬을 하게 되었다.[58]

라 했으며, 또,

54) 秦나라 말 漢나라 초기의 인물로서 현실세계를 떠나 신선이 되었다고 함. 安期生이라 함.

55) 劉邦을 沛公이라 했음. 밑에 齊王은 漢 高祖가 통일한 후 공이 많은 韓信에게 내린 봉작.

56) 沛公이 천하를 통일하자 蒯通을 잡아 죽이고자 하니 蒯通이 옛날 桀의 개가 堯를 보고 짖는 것은 어질지 않기 때문에 짖는 것이 아니고 주인이 아니기 때문에 짖는다고 하여 처형이 되지 않았다 한다.

57) 어떤 인물인지 알아보지 못했다.

58) 이 작품에서 다음 몇 수까지는 중국의 故事에서 많이 인용되어 난해하기 때문에 간단히 옮기는 것으로 그치고자 함. 裸葬을 下棺할 때 땅에 술을 붓고 降神하는 예를 말함.

嗣宗爲亡魏	사종이 위魏를 망하게 하여
虎媚視文帝	호미가 문제를 노려보았다.
猖狂引鞠生	창광이 국생을 끌어
六旬托末契	육순이 되면서 계의 말석에 의탁했다.
却得僞主婚	위주와 혼인을 물리치게 되어
大節昭萬歲	큰 절의가 길이 비치었다.
賊曺責無禮	적신 조모曺某의 무례함을 꾸짖었으나
可笑不自計.	스스로 계획하지 못했음이 가소롭다.

라 했으며, 또,

四十七奏疏	마흔일곱 살에 올린 주소奏疏는
欲廣靈脩聰	영험을 넓히고 총명을 닦고자 한 것이다.
終年四字論	종년에 한 사자론四字論은
不啻耳過風	귀로 바람이 지나는 것 뿐만 아니다.
賴用蒯通策	계통蒯通의 꾀를 따른 것에 힘입어
末路號遯翁	말로에 호를 둔옹遯翁이라 했다.
寒泉一間舍	찬 샘물 옆에 한 칸의 집은
端合證參同.	참동계參同契와 잘 합친 것을 증명한 것이다.

라 했으며, 또,

胡元駈大宋	호족胡族인 원元나라가 대송大宋을 몰아내
西京迷黃塵	서경西京이 누런 티끌로 혼미해졌다.
魯齋許文正	노재魯齋 허문정許文正은
披髮爲其臣	그들의 신하가 되고자 머리털을 헤쳤다.
欲將堯舜道	요순堯舜의 도를 가지고
强教板屋人	판자집의 사람들을 강하게 가르치고자 했다.
方圓不能周	모나고 둥근 것이 두루하지 못해

畢境無新民. 결국 백성을 새롭게 함이 없었다.

라 했다. 또 증승시贈僧詩에,

人世沈沈地獄深 인간의 세계가 침침해 지옥처럼 깊고
跏趺何事念觀音 가부좌跏趺坐를 하고 무슨 일로 관음觀音을 염하나뇨
求名宦海風波惡 환해宦海에 이름을 구하려 하나 풍파가 사나우며
把釣秋江瘴濕侵 추강에 낚시를 하니 장기가 들어와 옷이 젖었다.
欲理性情違世教 성정性情을 다스리고자 하나 세교에 어긋나고
某營生產負初心 무엇을 경영해 생산하려 하니 초심을 등진다.
不如手執參同契 참동계參同契[59]를 손으로 잡고
歸臥蕭蕭楓樹林. 소소히 소리 나는 단풍 숲으로 돌아가 눕는 것만 같지 못하오.

라 했다.

망헌忘軒 이주李冑는 세상을 구제할 만한 재능도 있었고 시의 격도 굳세고 옛스러웠다. 중국 서울에 가면서 통주루通州樓에 올라 지은 시에 말하기를,

通州天下勝 통주通州는 천하에서 아름다워
樓觀出雲霄 누대가 구름 속에 솟았다.
市積金陵貨 저자에는 금릉金陵의 화물들이 쌓였고
江通楊子潮 강물은 양자강 조수와 통한다.
孤雲秋落渚 외로운 구름은 가을 물가에 떨어지고
獨鶴暮歸遙 학만은 늦게 요동으로 돌아간다.
鞍馬身千里 말을 타고 몸은 멀리 떨어져 있어
登臨故國遙. 오르니 고국이 까마득하다.

59) 漢나라 위백양魏伯陽이 지었다는 책 이름. 道教와 가깝지 않은가 짐작한다.

라 했다.[60)]

주계정朱溪正 심원深源은 비단 이학理學에만 밝을 뿐만 아니라 또한 시도 잘 지었다.

一犁春雨杏花殘 보습 깊이만큼 내린 봄비에 살구꽃이 상했고
處處人耕白水間 곳곳에 사람들은 물 있는 논을 갈고 있다.
獨立蒼茫江海上 넓고 아득한 강해상에 홀로 서서
不勝惆悵望三山 삼산을 바라보니 슬픔을 이길 수 없다.

라 했고 또,

樹陰濃淡石盤陀 나무 그늘 짙고 맑은데 반석은 기울었고
一徑縈回透洞河 한 가닥 길은 얽히고 돌아 골짜기 물로 들어간다.
陣陣暗香通鼻觀 끊어졌다 계속되는 은은한 향내 코를 통해 보며
遙知林下有殘花. 멀리 숲 밑에 남은 꽃이 있음을 알았다.

라 했다. 허암虛庵 정희량鄭希良은 연산군 원년에 과거에 급제하여 한림翰林이 되었으며 음양학陰陽學에 능해 스스로 자신의 운명을 점쳐 말하기를 모간某干에 있을 것 같으면 말할 수 없을 정도로 흉할 것이라 하고 매양 현실 세계에서 도망갈 생각이 있었다.[61)]

---

60) 중국 사람들이 이 시를 현판을 해 걸면서 獨鶴暮歸遙先生이라 한다 했다.

61) 鄭希良은 甲子年에 화를 만나 高陽에서 부모 선산을 지키고 있으면서 말하기를 甲子의 화는 戊午의 화보다 심하다고 했다. 오월 오일에 걸어 나가 오랫동안 돌아오지 않아 집안 사람들이 찾았더니 그의 젖은 신발이 사장에 있는 것을 찾아 반드시 물에 빠졌을 것이라 했다. 그때 공의 나이 삼십사 세였고 아들이 없었다. 그의 처가 그의 남은 옷을 묻고 집에서 나간 날에 제사를 지냈다. 公의 집안사람인 海平君 鄭耆叟가 찾아보기를 청했더니 그가 미쳐 도망갔는데 찾아 무엇하겠느냐 하며 거절하여 그의

어떤 사람이 묘향산妙香山에 있으면서 한 사람의 중을 보았는데 복장은 비록 춥고 남루한 것을 입었으나 자못 일반 스님과는 달랐다. 다른 날 찾아보니 머문 곳에 없었다. 혹 이르기를 머리를 기르고 방사方士가 되어 자취를 감추었다고 했다. 가천역加川驛 벽에 두 수의 절구를 남겼는데 이르기를,

鳥窺頹院穴　　새는 무너진 집의 구멍을 엿보고
人汲夕陽泉　　사람은 석양에 우물에서 물을 길어온다.
山水爲家客　　산수를 집으로 하는 나그네는
乾坤何處邊.　　건곤 어느 곳 변두리리오.

라 했고, 또 이르기를,

風雨驚前日　　풍우風雨에 전날 놀랐고
文明負此時.　　문명文明을 이때 등졌다.
孤笻遊宇宙　　지팡이만으로 우주를 돌아다니며
嫌閑幷休詩.　　한가함을 혐의하면서 아울러 시까지 짓지 않는다.

라 했는데, 용재容齋 이행李荇이 보고 말하기를 "반드시 허암虛庵이 지은 것이라" 했다. 원주院主가 말하기를 "장삼을 입은 사람이 조금 전에 이곳을 지나며 썼다."고 했다.

금정국金正國의 『사재척언思齋摭言』에 말하기를 복자卜者 김륜

흔적이 끊어졌다.
그때 士禍가 있어 士林들이 처형된 사람이 많아 집에 가지고 있던 史草가 남아있는 것이 없어 『燕山君日記』 修正廳에서 史草를 매우 급하게 찾고자 했는데, 공의 집안 자제들이 벽속에 있는 史草를 찾아 주었으므로 修正日記에 상당한 도움이 되었다. 아마 士禍가 있을 것을 알고 감추어둔 것이 아닌가 했다.

金倫이 젊어서 향산香山에 놀러가서 방외方外의 인사를 만났는데 그의 이름은 이천년李千年이라 했다, 그를 따라 다니며 점하는 것을 배우다가 돌아가고자 하니 이천년李千年이 시를 써주며 말하기를,

八十山中老	팔십 살의 산중에 있는 늙은이는
三彭已掃除	삼팽三彭[62]을 이미 쓸고 제거했다.
人間應不夢	인간 세계에는 분명히 꿈을 꾸지 않으며
鶴伴意無餘	학을 짝할 만큼 뜻이 여유가 없다.
雪榻蟾光冷	눈 내린 자리에 달빛이 차고
雲窓日影疎	구름이 가린 창에 그림자가 성기다.
誰知無累鑑	누가 얽이지 않고 밝음을 알겠는가
萬代自淸虛.	긴세월로 맑고 깨끗하다오.

라 했으며,[63] 또 단계丹溪에 이르러 준 시에 말하기를,

偸閑一醉是天遊	한가함을 얻어 한 번 취함은 천유天遊인데
箇裏江楓挽客留	개중에는 강변의 단풍도 손을 머물게 끈다.
啄木峯高天若近	탁목봉啄木峯 높은 곳은 하늘이 가까운 듯하며
秀林亭下地疑浮	수림정秀林亭 밑의 땅은 뜬 듯하다.
二郎魂魄千年事	이랑二郎의 혼백은 천 년의 일이요
九曲江聲萬古流	아홉 구비의 강물 소리는 먼 옛날부터 흐른다.
胸海久牽塵累擾	넓은 가슴이 오랫동안 티끌에 이끌리어 시끄러웠는데
丹溪此日洗吾愁.	오늘 단계에서 내 근심을 씻는다.

라 했다.[64]

---

62) 사람의 신체에 해로운 세 가지의 벌레.

63) 이 시 끝에 丁卯暮春旣望 松竹處士 思齋 稿라 했다.

64) 이 시 끝에 黑蛇의 해에 思齋가 金倫에게 보낸 편지에 일찍 李千年의 五行

난재懶齋 채수蔡壽는 과거에 장원했고 벼슬도 뛰어 승지承旨가 되었으니 이른바 한 번에 첫째로 용호방龍虎榜에 올랐고, 십 년에 몸이 봉황지鳳凰池[65]에 이른 자이다. 공公의 손자 휴암休庵이 다섯 살이었는데 난재懶齋가 안고 누워 한 구를 불러 말하기를,

孫子夜夜讀書不. 손자는 밤마다 글을 읽지 않는다.

라 하니, 휴암休庵이 바로 대해 말하기를,

祖父朝朝飮酒猛. 조부는 아침마다 술을 많이 마신다오.

라 했다. 또 난재懶齋가 눈 속으로 안고 가다가 말하기를,

犬走梅花落. 개가 달아나니 매화꽃이 떨어진다.

라 하니, 휴암休庵이 대해 말하기를,

鷄行竹葉成. 닭이 가니 대나무 잎이 이루어진다.

라 했다.

농암聾巖 이현보李賢輔는 참판으로서 물러나 고향으로 돌아가서 벽에 귀거래도歸去來圖를 그리고 농암聾岩 위에 몇 칸의 집을 지어

을 기록하여 申景光 參判에게 보였는데 申參判도 점을 좋아하여 達官의 四柱를 기록해 두었는데 希良의 사주도 그 속에 있었다. 金倫이 보고 놀라며 이것은 우리 스승 李千年의 八字라 했다.

65) 궁중에 있는 못을 말함.

현단을 애일당愛日堂이라 하고 물러나 쉬면서 부모 받들고 생활하는데 여유가 있었다. 일찍 시가 있었는데 말하기를,

龍壽山前溢水隈 용수산龍壽山 앞 물이 넘치는 모퉁이에
菟裘將築計非蕪 면구菟裘66)를 쌓고자 하니 계획이 거칠지는 않다오.
東華十載添霜鬢 십년 동안 벼슬하면서 흰 살쩍머리만 더했으니
滿壁空成歸去圖. 벽에 가득한 귀거도는 공연히 이루어졌다오.

라 했다. 모재慕齋 김안국金安國이 차운次韻하여 말하기를,

童幼歡迎勸引壺 아이들도 환영하며 술을 권하고
更欣三逕未荒蕪 다시 기쁜 것은 삼경이 거칠지 않았다오.
如今眞箇成歸去 지금 참으로 귀거도歸去圖를 이루었으니
不負龍山滿壁圖. 용산龍山 벽에 가득한 그림을 등지지 않았다.

라 했다.

소총篠叢 홍유손洪裕孫은 남양南陽 현리縣吏의 아들이다. 점필재佔畢齋 문인인데 그에 대해 글은 장자莊子, 시는 황산곡黃山谷, 재능은 제갈량諸葛亮, 행동은 동방삭東方朔이라 했다. 일찍 김시습金時習과 더불어 방외方外의 사귐으로 했고 추강秋江 남효온南孝溫과 같이 금강산에 놀러가서 절벽에 시를 지어 써 말하기를,

生先檀帝戊辰歲 단군檀君 무진보다 먼저 태어나서
眼及箕王號馬韓 기왕이 마한이라 이름한 것을 보았다오.
留與永郎遊紫府 머물며 영랑과 더불어 자부에 놀다가

66) 魯나라 땅 이름. 노나라 隱公이 숨어 살았던 곳이기 때문에 은거하는 곳을 말함.

偶牽春酒下人間. 우연히 봄술에 이끌리어 인간 세계에 내려왔다.

라 했다.[67)]

안정安亭 신영희辛永禧는 홍유손洪裕孫, 남효온南孝溫과 더불어 죽림우사竹林羽士가 되었는데, 문장과 행동이 일시의 영수領袖였다. 우의시寓意詩가 있는데 말하기를,

男僕掃庭除　　남자종은 뜰을 쓸고
女僕掃堂閨　　여자종은 마루와 방을 쓴다.
丈夫掃邊塵　　장부는 변두리의 먼지를 쓸고 있는데
志不在門楣　　뜻은 문설주에 있지 않다.
高臥斗屋下　　작은 집 아래 높게 누워
掉我胸中旗　　내 가슴속의 깃발을 흔든다.
野人非丈夫　　시골 사람은 장부가 아니라고 하는데
丈夫各自奇.　　장부는 각자 스스로 기이하다오.

라 했고, 또,

走馬下急板　　달리는 말은 급하게 널판으로 내려가고
呼鷹入雲際　　구름까지 올라간 매를 불렀다.
下馬雪消處　　눈 녹은 곳에 말에서 내려
踞石時少憩　　돌에 걸터앉아 조금 쉬고자 한다.
僕夫開冷飯　　종이 찬밥을 벌여 놓았는데
支火湯沸細　　불에 약간 끓였다.
家在十里餘　　집은 십 리 밖에 있는데
山腰夕陽麗.　　산허리에 석양이 빛난다.

---

67) 南秋江은 仙語라 했다고 한다.

라 했고, 또,

花枝插破笠　　꽃가지를 부서진 삿갓에 꽂고
垢袂飜舞臂.　　팔에 때 묻은 소매로 춤을 춘다.

라 했다.

월호月湖 정은貞恩은 음률이 세상에서 으뜸이었다. 그의 성률이 슬퍼하거나 개탄하는 것은 길가는 사람도 또한 울었다. 학문을 하게 되면 이理가 앞서야 하고 시를 하게 되면 격格을 먼저 해야 한다고 했다. 그의 춘첩시春帖詩에 말하기를,

細剪紅箋架　　붉은 쪽지를 가늘게 잘라 세우고

라 했고, 소춘小春에 마상馬上에서 불러 말하기를,

桑乾牛吐舌.　　상건桑乾[68]에서 소는 혀를 토한다.

라 했는데[69] 짓는 바가 모두 이와 같았다.

고순高淳이 일찍 글을 올려 당시의 정치를 논했다가 망령스럽다는 이름을 얻어 자신이 호른 망유妄有라 하고 농병聾病이 있기 때문에 지은 시가 있는데 말하기를,

小閣春風靜　　작은 집에 봄바람이 고요해
清談摠有餘　　맑은 이야기가 모두 여유가 있다.

68) 물 이름으로 알고 있는데, 여기서는 모르겠다.
69) 후미에 細字로 貞恩秀泉副正也라 했다.

聾人無一味　　　말은 듣지 못하는 사람은 조금도 맛이 없어
垂首獨看書.　　머리 숙이고 홀로 책을 본다오.

라 했으며, 어느 날 꿈에 아버지와 더불어 시를 지었는데,

華髮蒼蒼減昔年　빛난 머리털의 푸르름이 옛날보다 감했으며
孤身寂寂守山前　외로운 몸은 쓸쓸하게 앞산을 지킨다.
莫言白骨無知感　백골을 감각이 없다고 말하지 말라
聞汝吟詩我不眠.　네 시 읊는 소리 들으면 나는 자지 않는다.

라 했다.

연산군燕山君 때 문무文武의 벼슬하는 사람과 유생儒生들을 수레에 가득 타게 명령했다. 대개 수레로써 가는 것은 시를 지어 상을 주며 경회지慶會池 위의 난간에 채색으로 맺어 놓고 말하기를 만세삼산萬世三山이라 하고 자호自號하여 경천위지 헌천화도經天緯地 憲天和道라 했다. 전하殿下가 시를 지어 말하기를,

壯氣仙峯聳碧宵　장한 기운의 선봉이 푸른 하늘에 우뚝 솟았는데
神鰲靈鶴應時調　신령스러운 자라와 학이 응당 때를 맞추리라.
群英感讌忠悃洽　뭇 영웅들이 잔치에 감동해 충성이 잘 화합하며
孤鬼幽囚譎腑焦　외로운 귀신과 幽囚는 장부가 탔다고 속인다.
霧閣壯姿龍舸廻　무각의 장한 자태에 용이 탄 큰 배가 돌며
雲樓歌管鳳聲遙　운루의 노래 소리는 멀리서 들리는 봉황의 소리라오.
是非遊玩勞民力　시비와 유람은 백성의 힘만 괴롭히니
都爲朝鮮表壽饒.　모두 조선을 위해 수하고 배부름을 표한다.

라 했는데, 대개 귀어鬼語다. 고귀유수휼부초孤鬼幽囚譎腑焦는 어찌

다른 날 예언이 아니겠는가. 또 일찍 절구絶句를 지었는데 말하기를,

時許羣英宴畵亭 때는 뭇 영웅들이 화정에서 잔치하는 것을 허락하고
閑憑花鳥覺昇平 꽃과 새들의 한가함을 의지해 승평을 느낀다.
何徒爭喜鴻私厚 어찌 넓고 사사로운 두터움과 기쁨을 다투리오
咸欲思忠獻以誠. 모두 충성을 생각해 정성을 드리고자 한다.

라 했으며, 또 말하기를,

重賢寬許會層臺 현자를 중히 여겨 층대의 모임을 쉽게 허락했는데
春滿長安叱撥催 봄이 장안長安에 가득해 질발叱撥[70]을 재촉했다.
不啻醉怜閑夜月 다만 한가한 밤 달빛 아래 취할 뿐만 아니라
歸牽歌管可重徊. 노래하는 사람 이끌고 갔다가 다시 돌아오리라.

라 했다. 『패관잡기稗官雜記』에 뒷날 曺伸이 차운하여 말하기를,

撤人廬舍捴爲亭 사람들 집을 거두어 모두 정자를 짓고
來却青紅作運平 와서 청홍을 물리치고 운평을 지었다.
(내용이 난해함)
盡誅元勳屠諫輔 원훈과 아울러 돕고 간하는 신하를 모두 죽이고
只留皀隸表忠誠 단지 복종하는 사람만 남겨 충성을 나타내고자 했다.

萬人盡死築蔥臺 많은 사람들은 총대를 쌓는데 죽고
舞罷迓祥賜錦催 춤을 파하자 상서를 맞이하려 비단을 재촉해 주었다.
忸怩欲尋諸弟骨 부끄러워 여러 아우들의 뼈를 찾고자 하다가
却放海上暫徘徊. 문득 바다로 쫓겨 잠깐 배회했다오.

70) 이 부분을 앞에 옮겨와 이 시는 전체적으로 난해하지만 결구에 나오는 인물은 알아보지 못했기 때문에 더욱 이해를 하기 어렵다. 大宛에서 기르는 말(馬) 종류의 이름이라 하며 唐나라 때 조공으로 들어왔다고 함.

라 했다. 『소문쇄록謏聞鎖錄』에 말하기를 근간 서울에 경박한 사람들이 거리에 방을 붙여 각자 그 이름 아래 그 사실을 기록했는데, 무릇 조정에 벼슬하는 사람들을 조소하고 업신여김을 당한 자가 삼십 삼 인이나 되었다. 그 이름을 용가방龍家榜이라 하여 한 때 많이 전했다. 이에 시가 있는데 말하기를,

京師新出龍家榜　서울에 새로 용가방龍家榜이 나오니
好事直同猪觜關　호사자들은 바로 저자관猪觜關과 같다고 한다.
善謔可無多口累　잘 지껄이는 것이 말이 많은 것과 상관이 없다 해도
惱他張元與劉歆.　장원張元과 유신劉歆과 같은 번뇌일 것이요.[71]

라 했다. 송宋나라 원우元佑 년간에 왕경량王景亮이 사족士族의 이름없는 사람들과 조직을 만들어 사대부士大夫들을 조소하고 업신여겼는데 그것을 저자관猪觜關이라 했다.

정광필鄭光弼 수부守夫가 연산군燕山君 때 김해金海로 유배가 되었는데 시를 지어 말하기를,

積謗如山更見原　헐뜯어 하는 말이 많은데 다시 용서함이 보이니
此生無計答天恩　이 몸이 임금 은혜 갚을 계획이 없다오.
十登峻嶺雙垂淚　높은 재를 열 번 오르니 두 눈에 눈물이 나고
三渡長江獨斷魂　세 번 긴 강을 건너며 홀로 넋을 끊는다.
漠漠高山雲潑墨　까마득한 높은 산에 구름이 짙게 끼었고
茫茫大野雨飜盆　끝없이 넓은 들에 비가 동이에 넘친다.
暮投臨海東城外　늦게 바닷가의 동성 밖에 이르니
草屋蕭蕭竹作門.　풀로 덮은 집은 쓸쓸하고 대로 문을 만들었다.

---

71) 이 시는 전체적으로 난해하지만 결구에 나오는 인물을 알아보지 못했기 때문에 더욱 이해를 하지 못했다.

라 했다.

고죽孤竹 최경창崔慶昌 이 남곤南袞의 고택故宅을 지나다가 지은 시가 있는데 말하기를,

門前車馬散如烟 문 앞에 많은 거마車馬 연기처럼 사라졌으니
相國繁華未百年 상국相國의 번화 백년도 가지 못했다.
村巷寥寥過寒食 마을 골목이 조용하게 한식을 보내고
茱萸花發故墻邊. 수유화만 옛 담장 가에 피었다.

라 했다. 남곤南袞이 일찍 유자광전柳子光傳을 지었는데 감정과 태도를 곡진하게 다루었기 때문에 어떤 사람이 지은 시를 보였는데 그 시에 말하기를,

畢竟肺肝誰得似 필경 패와 간을 누가 비슷하게 얻었을까
不知身作傳中人. 자신이 전속의 인물임을 알지 못했다.

라 했다.

심정沈貞이 정자를 양천陽川에 짓고 호를 소요逍遙라 하고 눌재訥齋 박상朴祥에게 시를 청했더니 그 시에 말하기를,

落葉藏秋壑 낙엽은 가을 골짜기를 덮었고
斜陽映半山. 사양이 반산을 비추었다.

라 했는데, 여기와 다르게 전하는 것으로 이르기를,

半山排案俎 반산半山(王安石의 호)은 제기로 차린 상을 물리치고
秋壑闢樽盃. 秋壑은 술 항아리를 열었다.

라 했는데, 대개 가사도賈似道가 왕안석王安石을 나무란 것이다.[72] 장유張維의 『계곡집谿谷集』에 말하기를 사람들이 유정柳亭 장옥張玉이 박눌재朴訥齋의 한恨하는 것에 미치지 못할 것이라 했는데, 생각해 보면 일반적으로 말하기를 풍자는 함축을 귀하게 여긴다고 한다. 장공張公의 소요정서逍遙亭序에 옥을 받들고 다른 해 첨가되는 옥잔에 더 스며드는 것을 버린다는 것을 사람들은 병으로 여기면서 벼슬은 인간세계에서 정승을 했고 이름은 천상세계의 신선과 연결이 되었다고 했으니, 대개는 당唐나라 이림보李林甫와 이기李杞 같은 인물을 말한 것이다. 하물며 심정沈貞은 꾸짖기를 많이 했다. 특히 말을 곱게 했기 때문에 쉽게 알지 못했을 뿐이다.[73]

기묘명현己卯名賢들이 금부禁府에 가두어져 있던 밤에 넓은 하늘에 구름은 없고 달빛이 뜰에 가득했다. 서로 술을 마시며 이별을 말할 즈음에 원충元冲(김정 자金淨 字)의 시에 말하기를,

重泉此夜長歸客　먼 곳으로 돌아가는 손에게 이 밤이 긴데
空留明月照人間. 명월이 인간세계를 비추게 부질없이 머물렀다.

라 했고, 대유大柔(김구 자 金絿 字)가 이어서 고시古詩를 읊으니 그 시에 말하기를,

埋骨白雲長已矣　묻힌 뼈와 흰 구름은 길 뿐이며

72) 沈貞이 처음에는 알지 못했다가 뒤에 비로소 알고 화를 내며 태워버렸다고 했다. 賈似道는 宋나라 때 사람. 魏 周公의 봉작을 받았던 인물로 권력을 장악했음. 王安石과의 관계는 알아보지 못했다.

73) 위의 張維 谿谷集의 인용문은 原文과 대조를 해보지 못했기 때문에 쉽게 말할 수 없으나, 문장이 어렵지 않으면서 이해에 쉽지 않은 바가 있다.

空餘流水向人間. 공연히 흐르는 물만 남아 인간으로 향한다.

라 하고, 또 읊어 말하기를,

明月長天夜, 밝은 달이 긴 하늘에 있는 밤이오

라 하니, 원충元冲이 화답해 말하기를,

嚴冬惜別時. 엄한 겨울에 이별하기 아까운 때라오.

라 했다.

항재恒齋 유운표柳雲杓가 호백湖伯으로 나가면서 단양丹陽을 제목으로 지은 절구 한 수가 있는데 말하기를,

拾盡凶頑石 흉하고 모진 돌은 다 주워 버리니
平鋪清淨流 맑은 물이 평평하게 펼쳐 흐른다.
捕風囚海若 바람을 잡아 가둔 바다에
然後放吾舟. 그런 뒤에 내 배를 내놓을 것이네.

라 했는데, 간악한 무리들이 전해 외우면서 말하기를 "유운표柳雲杓가 청류淸流에 용납될 수 없는 것은 이 시가 있기 때문이라" 했다.

정암靜庵 조선생趙先生이 처음 사지司紙로 임명이 될 때 시를 지어 비웃는 자가 있었는데 그 시에,

一部小學須勤讀 일부 소학을 꼭 부지런히 읽으면
司紙功名自然來. 사지에 공명이 자연이 오리라.

라 했다.[74)]

선생先生이 유배되어 있으면서 죽음이 다다랐을 때 자리를 바로 하고 앉으며 품은 생각을 써 말하기를,

愛君如愛父	임금 사랑을 아버지 사랑처럼 했으며
憂國若憂家.	나라 근심을 집 걱정과 같이 했다.

라 하고, 또 말하기를,

白日臨下土	밝은 햇빛이 하토에 다다라
昭昭照丹衷.	밝고 밝게 참된 마음을 비치리리.

라 했다.[75)] 눌재訥齋 박상朴祥이 길에서 정암靜庵의 시체가 고향으로 돌아가는 것을 만나 시를 지어 말하기를,

無等山前曾把手	무등산 앞에서 일찍 만난 적이 있었는데
牛車草草故鄕歸	달구지에 실려 쓸쓸하게 고향으로 돌아가는구나.
他年地下相逢處	다음날 저세상에서 서로 만나게 되면
莫說人間謾是非.	이 세상의 시비는 말하지 않기로 하세.

라 했다.

---

74) 저자는 끝에 細字로 此時先生方居窮處約 而人心若是 況後日得君行道乎 先生之生 何其不振也오라 하여 불운함을 말했다.

75) 드디어 약을 마셨는데 오히려 세상을 떠나지 않으므로 부졸府卒이 달려들어 목을 자르고자 하니 선생이 말하기를 임금께서 내 머리를 보전하게 했는데 너가 감히 이같이 할 수 있느냐 하고 더욱 독한 술을 마시고 누웠었다.

충암冲庵 김정金淨이 신사년辛巳年에 다시 논의되어 사사賜死가 되었는데, 충암이 그 명령을 듣고 안색이 변하지 않으며 술을 가져오게 하여 통쾌히 마시고 형제들에게 연로한 어머니 잘 모시게 하고, 또 절명사絶命辭를 지어 말하기를,

投絶國兮 作孤魂	절국絶國을 던짐이여 외로운 혼이 되었다.
遺慈母兮 隔天倫	어머니를 남김이여 천륜天倫이 막혔도다.
遭斯世兮 殞余身	이러한 세상을 만남이여 이 몸이 죽었다.
乘雲氣兮 歷帝閽	구름 기운을 타는 것이여 궁중 문을 지났다.
從屈原兮 高逍遙	굴원屈原을 좇음이여 높게 소요하다.
長夜冥兮 何時朝炯	긴 밤이 어두움이여 어느 때 아침이 밝으랴.
丹衷兮 埋草萊	거짓 없는 정성이여 풀들에 묻었다.
堂堂壯志兮 中道催	당당한 장한 뜻이여 중도에 꺾이었다.
嗚呼千秋萬歲兮 應我哀.	오호 천추만세여 응당 내가 슬프다.

라 했다. 공公이 제주濟州로 유배가면서 소나무 아래 쉬면서 절구絶句 세 수를 지었는데 말하기를,

欲庇炎程暍死民	더운 길에 따비질하다 더위 먹고 죽은 백성
遠辭巖壑屈長身	골짜기를 멀리 사양하고 긴 몸을 굽힌다.
村斧日尋商火煮	시골 도끼로 날마다 불로 다릴 나무뿌리 찾는데
知公如政亦無人.	바른 것처럼 공을 아는 사람도 또한 없다오.

海風吹去悲聲遠	해풍이 지나가자 슬픈 소리도 멀어졌고
山月高來瘦影踈	산 위 높게 뜬 달빛에 그림자만 성글었다.
賴有直根泉下到	곧은 뿌리가 구천九泉에 이르게 되었다면
雪霜標格未全除.	눈서리도 높은 가지는 꺾지 못하리라.

枝條摧落葉鬖髿 가지는 꺾어지고 잎은 풀어 늘어졌으며
斥斧餘身欲臥沙 도끼에 찍혀 남은 등치가 사장에 눕게 되었다.
望斷棟樑人世用 세상에 동량되기는 바랄 수 없지만
査牙堪作海仙槎. 바다 건너는 신선의 노나 되고 싶다오.

라 했다.

노천老泉 김식金湜은 겨묘사화己卯士禍 때 체포하려는 것이 날로 급하자 공은 산골을 따라 지리산智異山으로 가고자 했는데, 거창居昌 고제원高梯院에 이르러 바위에 절구 한 수를 써 말하기를,

日暮含天黑 해가 저물자 하늘까지 어두우려 하고
山空寺入雲 산이 비자 절이 구름 속으로 들어간다.
君臣千載義 군신은 오랫동안 의리였는데
何處有孤墳. 어느 곳에 외로운 무덤이 있게 될까.

라 했다.

송재松齋 한충韓忠이 서울에 있을 때 점을 물었더니 점하는 사람이 회문체回文体로써 말하기를,

少年才藝倚天摩 소년으로서 재예는 하늘에 의지해 연마했는데
手把龍泉幾許磨 손으로 용천검을 잡고 몇 번이나 갈았느냐.
石上梧桐將發響 돌 위의 오동에서 소리가 날 듯하고
音中律呂有時和 소리에 가락이 때때로 조화를 이룬다.
口傳三代詩書教 입으로 전해 삼대로 시서詩書를 가르치고
文起千秋道德波 글로 긴 세월 도덕의 물결을 일으킨다.
皮幣已成賢士價 가죽 폐백이 이미 현사賢士의 값을 이루었으니
賈生何獨謫長沙. 가생賈生이 어찌 홀로 장사長沙에 유배되었는가.[76]

라 했는데, 운이 돌아 유배가고 죽고 한 것이 처음부터 이와 같았다.

복재復齋 기준奇遵이 옥당玉堂에 입직을 하면서 꿈에 여행 중에 문밖에서 한 편의 시를 읊었는데 말하기를,

異域江山故國同　다른 지역의 강산이 고국과 같아
天涯垂淚倚高峰　멀리 떨어져 고봉에 의지해 눈물 흘린다.
潮聲漠漠河關閉　조수 소리는 아득한 바다의 통로를 닫았고
古木蕭蕭城郭空　고목은 쓸쓸하게 성곽을 비게 했다.
野路細分秋草衰　여러 갈래의 가는 길에 가을 풀은 쇠했고
人家多在夕陽中　집들은 저녁 햇빛 가운데 많이 있다.
孤帆萬里無回棹　멀리 가는 배 다시 돌릴 수 없어
碧海茫茫信不通.　넓고 푸른 바다에 소식이 통하지 않는다.

라 했다.[77]

원정猿亭 최수성崔壽城이 열아홉 살에 명산을 두루 보고 가는 곳마다 소나무를 잘라 거문고를 만들어 타다가 버리고 가면서 시를 지어 남기고 미련 없이 떠나는 고상한 뜻이 있었다. 또 글씨와 그림을 잘 그려 기이한 재주를 가졌다. 남곤南袞이 일찍 산수화山水畵에 시를 충암沖庵 김정金淨에게 지어주기를 부탁했는데 마침 공公이 보고 그 위에 시를 써 말하기를,

落日下西山　　지는 해가 서산으로 넘어가니

76) 賈生은 賈誼로 前漢 文帝 때 학자였는데 잘못한 것이 없음에도 長沙로 유배되었다.

77) 꿈을 깨자 벽에 써 두었다. 뒤에 穩城으로 유배를 가게 되었는데 吉州에 이르러 도중에서 본 바가 꿈속에서 본 경치가 많았기 때문에 놀라며 깨달아 사람의 일은 미리 정해져 있음을 알았다 했다.

孤烟生遠樹　　외로운 연기가 먼 나무에서 오른다.
幅巾三四人　　넓은 수건 쓴 삼사 인에
誰是輞川主.　　누가 망천輞川의 주인일까.

라 하니 남곤南袞이 좋지 않게 여겼다. 기묘년己卯年 후에는 과거를 보지 않고 일찍 그의 숙부叔父 세절世節에게 말하기를 "세상이 이와 같은데 억지로 벼슬해 무엇을 구하고자 하느냐." 하고, 또 시를 주며 말하기를,

日暮滄江上　　해가 저문 서늘한 강상에서
天寒水自波　　하늘이 차니 물에 스스로 파도가 인다.
孤舟須早泊　　외로운 배를 꼭 일찍 머물러 두라
風浪夜應多.　　밤에 풍랑이 응당 많을 듯하오.

라 했다.[78] 수성壽城의 친구인 최규형李逵亨의 무리들이 주렴으로 그의 시체를 거두어 밤에 그 옆에 지키고 있었더니 꿈에 원정猿亭이 조정암趙靜庵, 김충암金冲庵, 송재松齋 한충韓忠과 시를 읊고 있더니 송재松齋가 말하기를,

亂風爭走壑　　어지러운 바람이 골짜기로 다투어 달리며
落日暗歸林　　지는 해는 모르게 숲으로 돌아간다.
怊悵人間事　　슬픈 것은 인간의 일인데
青山獨至今.　　청산에 지금까지 홀로라오.

---

78) 세절世節이 그의 동료들에게 말하기를 壽城이 자신에게 물러나라고 권한다며 그의 시까지 전해 주어 壽城을 싫어하는 자들이 南袞에게 알려주었다. 남곤이 宋祀連을 推官으로 하여 죽였다고 했다. 위의 輞川은 경치가 좋은 곳으로 王維가 있었다고 한다. 윗시의 輞川에는 중국의 지명으로 당나라 시인 王維의 別業이 있었다고 하며 왕유가 그곳에서 지은 輞川二十首가 유명하다.

라 하니 원정猿亭이 읊으며 말하기를,

玄室誰相訪　　현실玄室[79]을 누가 서로 방문하랴
清猿獨可親　　맑은 원숭이는 홀로 친할 만하다.
自從籬谷後　　스스로 염곡籬谷을 좇아온 뒤에
遙憶蓋骸人.　　멀리서 뼈 덮는 사람을 생각할 것이오.

라 했다.

음애陰崖 이용낙선생李容洛先生은 두 창두蒼頭[80]가 있었는데 그들이 시가 든 봉투를 가지고 왔다. 그 시에 말하기를,

城市風塵豈被身　시내에 일어나는 일들을 어찌 몸에 입을 것인가
鹿門高節正驚人　녹문鹿門의 높은 절의가 바로 사람을 놀라게 한다.
陰崖地下精靈在　음애陰崖가 저세상에서도 정령이 있을 것인데
應笑王良屑屑頻.　왕량王良[81]이 자주 침착하지 못한 것에 웃으리라.

라 했는데, 선생先生이 실의에 빠진듯하더니 이상한 사람이구나 했다.

항자恒齋 유운柳雲이 일찍 서호지방西湖地方의 어사御史가 되어 공주公州에서 아름다운 기생을 천침시켜주겠지 하고 고대했으나 밤이 지났다. 판관判官은 겁이 나서 기생을 천침시켜주지 않았다고 한다. 이에 벽에 시를 써 두었는데 말하기를,

公山太守怯威稜　공산태수는 위엄에 겁이 있어
御史風流識未曾　어사의 풍류를 일찍 알지 못했다.

79) 王世子의 梓宮을 묻는 곳.
80) 下人하고 같은 의미로 쓰는 말.
81) 어떤 인물인지 알아보지 못했다.

空館無人消永夜　여관에 사람 없이 긴 밤을 보냈으니
南來行色淡如僧.　남쪽에 와서 행색이 중처럼 깨끗하다오.

라 했다.

모재慕齋 김안국金安國이 중종中宗 신묘년辛卯年에 일본日本 사신 붕중弸中이 왔을 때 공公이 선위宣慰로 충원되어 시로써 서로 수창했다. 붕중弸中이 주역周易으로서 제목을 하고 염塩, 첨尖, 겸鎌을 운으로 하여 부르니 공公이 부르는 소리에 능해 말하기를,

大羹元不和梅塩　대경은 워래 소금으로는 맛을 알맞게 못하나니
至妙難形筆舌尖　지극히 묘한 것은 뾰족한 붓으로 그리기 어렵다오.
靜裏默觀消長理　고요한 가운데 소장하는 이치를 점검해보니
月圓如鏡又如鎌.　달이 거울처럼 둥글었다 다시 낫 같다오.

라 하니, 붕중弸中이 무릎을 치며 탄복했다. 붕중弸中이 입으로 불러 말하기를,

氷消一点還成水.　한 점 얼음이 녹아 다시 물이 되니.

라 하니, 공公이 말하기를,

木立雙株更作林.　나무가 쌍으로 섰다가 다시 숲이 되었다.

라 했다.

모재慕齋가 여강驪江 이호梨湖에 있으면서 지은 시에 말하기를,

恩休恩逸意相同 쉬고 숨은 은혜의 뜻은 서로 같아
弟在西湖兄在東 아우는 서호 형은 동쪽에 있다오.
拱北丹心無彼此 북쪽에 이바지하는 단심은 피차가 없으니
時時稽首向蓬瀛, 때때로 머리 굽히고 궁중을 향한다오.

子休正感君恩重 자네는 쉬고 있으니 임금 은혜 무겁게 느낄 것이고
我逸含恩亦復然 나는 은혜 머금고 숨었으니 또한 그렇다오.
休逸百年何所似 오랫동안 쉬고 숨었으니 같은 바가 무엇이랴
衢謠華祝堯舜天. 요순堯舜의 하늘 아래 거리에 노래하고 비는 것이라오.

逸逸休休弟與兄 숨고 쉬는 아우와 형은
熙熙皥皥樂餘生 화합하고 밝은 것으로 남은 인생을 즐기리라.
聖恩自是天同大 이로부터 임금 은혜 하늘처럼 커
顚蘖猶沾雨露榮. 넘어진 싹은 오히려 우로의 영광에 젖으리라.

라 했는데, 사재思齋가 차운次韻하여 말하기를,

芬榮休逸彼恩同 쉬고 숨은 영광에 은혜가 서로 같으니
敢恨鴒原隔西東 할미새가 언덕이 동서로 막았다고 한을 하랴.
閑到暮年尤覺味 한가하게 저문 나이에 이르러 더욱 맛을 느끼니
人間還爲一壺蓬 인간이 도리어 봉래산蓬萊山이 되었다오.

弟休兄逸餘無願 아우는 쉬고 형은 숨어 남은 원이 없는데
行止寧須問計然 가고 머무는 것에 어찌 꼭 계획을 물으랴.
來往相誇休逸外 휴일 외에 오고 가며 서로 자랑하면서
含恩長頌太平天. 은혜를 머금고 태평한 하늘을 길이 칭송하리라.

休弟心情同逸兄 쉬는 아우 심정이 숨은 형과 같아
一窩安樂送餘生 한 집에서 안락하게 여생을 보낸다오.

居閑更覺君恩重　한가하니 다시 임금 은혜 무거움을 알았는데
莫說君恩只官榮. 임금 은혜 단지 벼슬한 영광만은 말하지 않는다.

라 했다.[82)]

공公이 증승시贈僧詩에 말하기를,

三年廢把東臺酒　삼년 동안 동대의 술을 마시지 않았더니
明月滄江定怪嗔　밝은 달 푸른 강이 괴이하다며 꾸짖는다.
爲問山僧休亦笑　묻노니 산승도 또한 비웃지 않는다면
償愆須及白花春. 허물을 갚는다면 꽃 피는 봄으로 꼭 미치게 하리라.

라 했다.,

사재思齋 김정국金正國이 항상 시에 대한 안식이 있음을 스스로 자부했다. 모재慕齋 김안국金安國이 영백嶺伯이었을 때 한 교생校生으로 송씨宋氏인 자가 시에 능하다는 말을 듣고 월파정月波亭에서 불러보고 시를 짓게 했더니 이에 사운四韻을 써 말하기를,

金碧樓明壓水天　금벽루는 밝아 하늘과 물을 누르는데
昔年誰搆此峯前　옛날 누가 이 봉 앞에 정자를 지었을까.
一竿漁夫雨聲外　낚싯대 잡은 어부는 빗소리 밖에 있고
十里行人山影邊. 십 리에 행인은 산 그림자 주변으로 간다.

入檻雲生巫峽嶢　난간을 들어가니 구름은 무협의 높은 봉에서 뜨고

---

82) 尤庵 宋時烈이 말하기를 慕齋가 道를 행할 수 없음을 알고 또 南袞 沈貞이 결국 화를 일으킬 것을 알았기 때문에 우물쭈물하여 몸을 보호했으니 明哲하다고 할 것이다. 그러나 慕齋를 至善에 이르렀다고 하면 胡廣에 들어가지 못한 자가 몇이나 될까 했다.

逐波花出武陵烟 꽃은 파도를 좇는 무릉의 연기 따라 나간다.
沙鷗但聽陽關曲 사장의 백구는 다만 양관곡陽關曲[83]만 듣고
那識愁心送別筵. 어찌 수심에서 송별하는 자리를 알랴.

라 했는데, 모재慕齋가 크게 칭찬하며 상을 주고 돌아와서 思齋에게 이야기했더니 사재思齋가 말하기를 "이 시는 반드시 귀어鬼語이며 불로 익힌 밥을 먹는 사람이 지은 것이 아니라 했는데 과연 그렇다."고 했다 한다.[84]

구봉龜峯 신명인申命仁은 스스로 풍류광객風流狂客이라 호를 하고 칠림漆林 윤수尹壽, 현헌玄軒 목세칭睦世秤, 원정猿亭 최수성崔壽城과 서로 어울리었다. 산인山人 월간月澗이 시를 구하고자 바로 써 이르기를,

松窓岑寂日西遲 송창에 봉우리는 고요하고 해는 서쪽으로 천천히 지려는데
世路風波不自知 살아가는 길 풍파를 알 수 없다오.
一壑淸泉鳴歷耳 골짜기에 맑은 샘물 울며 흘러가는데
蒲團坐待月明時. 포단에 앉아 밝은 달뜨기를 기다린다.

라 했는데, 월간月澗이 탐라耽羅에 이르러 충암冲庵에게 이 시를 보였더니 충암이 감탄함을 마지 않았다고 했다.[85]

---

83) 唐나라 시인 王維의 시 宋元二使安西를 陽關曲이라 하기도 함. 이 시가 좋기 때문에 送別할 때 많이 부른다고 함.

84) 宋氏는 처음에 글을 몰랐는데 妖女를 얻어 그녀의 가르침으로 인해 시로서 이름이 있었다. 뒤에 그집 사람들이 보내고자 하니 그 妖女가 손바닥에 글을 써 보이면서 말하기를 花婦今爲洛水神 世間皆是薄情人이라 하고 드디어 가버렸는데 宋은 전처럼 글을 몰랐다고 했다.

85) 원문을 들어둔다. 澗至耽羅見冲庵 冲庵嘆賞不已.

야천冶川 박소朴紹의 시가 있는데 말하기를,

無心每到多忘了 무심함은 매양 다 잊어버리는데 이르게 되고
着意還應不自然 뜻을 밀착시키면 도리어 자연스럽지 못하다오.
緊漫合意功必至 긴장하고 느린 것이 뜻과 합쳐야 반드시 공을 이루나니
寔能除得妄中緣. 제하고 얻는 데 능한 것이 망중妄中에 인연이라오.

라 했고, 또,

名利前頭路幾千 명예와 이익 앞에 길이 얼마나 많은가
却來江上有漁船 물리치고 강에 오니 어선이 있다.
一心似水收吾內 내 마음을 물과 같이 거둘 수 있다면
萬事如雲只付天. 만사를 구름 같이 하늘에 부치리라.

라 했다.

조변趙忭은 정암靜庵의 집안 손자였다. 신사년辛巳年 옥사獄事 때 형刑을 입어 강진康津으로 유배되어 십구 년 만에 방환되었다. 평생 동안 장단지가 아파 뼈를 부수어 다섯 쪽이나 들어냈다. 나이 팔십이었을 때 여러 손자들이 수연 잔치를 차렸는데 오히려 건강해 일어나 춤을 추며 시를 지어 말하기를,

兄年八十弟稀一 형은 나이 팔십 아우는 칠십 하나인데
身世重逢己卯春 이 몸이 기묘년 봄을 두 번 만났다오
往事悠悠多感慨 지난 일은 길이 느낌이 많으니
不須論與有情人. 정이 있는 사람과 더불어 꼭 논하지 않으면 한다.

라 했다.

남주南趎가 처음 과거에 장원하자 남곤南袞이 한 번 보기를 원해 갔더니 분盆에 심은 소나무를 가리키며 시를 짓게 하자 바로 응해 말하기를,

一朶盆莖弱	한 가지 분재의 줄기가 약하나
千秋雪意豪	긴 세월로 눈에 뜻이 강하다오.
誰能伸汝曲	누가 능히 너 굽은 것을 펴 주랴
直拂暮雲高.	다만 저문 구름처럼 높게 떨치면 하오.

라 하니 남곤南袞이 화를 내며 끊어 버렸다. 그의 누이도 또한 시에 능했는데 눈을 제목으로 하고 홍록紅綠으로 운韻을 하자 이르기를,

落地聲如蚕食綠	땅에 떨어지는 소리 누에가 뽕 먹는 소리 같고
飄空狀似蝶窺紅.	공중에 날리는 형상 나비가 꽃을 엿보는 듯하다.

이라 했다.

삼가정三可亭 박수량朴守良이 기묘년己卯年에 다시 돌아와서 강호江湖 박공달朴公達과 더불어 술을 마시는 것을 즐거움으로 했다. 연산군燕山君 때 조정에서 단상短喪을 하게 하자 공公은 삼년 동안 여묘廬墓를 했다. 일찍 권철權轍 상국相國에 시를 주어 말하기를,

窮前千日千相見	전에 궁할 즈음 천 일에 천 번을 보았는데
達後一年一得書	벼슬 높은 후에는 일 년에 한 번씩 편지를 받았다.
癡夢不知窮達異	어리석은 꿈이 궁달窮達의 다른 것은 알지 못하고
有時有款少年如.	시간이나 정성이 있으면 소년과 같다오.

라 했다.

충암冲庵 김정金淨이 풍암楓岩을 유람갔다가 공公의 집을 찾았더니 집이 가난하여 손으로 남의 새끼를 꼬며 고용(傭)하고 있었다. 충암冲庵이 처음에 주인인지 모르고 있다가 드디어 가깝게 앉아 친했으며, 충암冲庵이 며칠 자고 가면서 척촉躑躅으로 만든 지팡이를 주며 시로서 말하기를,

萬玉層崖裏	만첩의 옥 같은 바위 속에
九秋霜雪枝	깊은 가을 눈서리에 자란 가지라오.
持來贈君子	가지고 와서 그대에게 주노니
歲暮是心知.	해가 저물면 이 마음 알리라.

라 했다.

격재格齋 최산두崔山斗가 신무화神武禍에 사인舍人으로 동복同福에 유배가게 되었는데, 들리는 바 그 고을 사마司馬 선생先生이 잔치를 하는데 여러 선비들이 모이지 않았다고 한다. 공公이 그 술을 다 마시고 돌아오면서 감나무 잎을 따서 그 잎에 시를 써 말하기를,

桑椹靑紅柹葉肥	뽕나무 오디는 붉고 감나무 잎은 살져
小園風景屬芳菲	작은 동산의 풍경이 향기로움에 속하겠다.
欲知司馬樽中盡	사마司馬의 술두루미가 빈 것을 알고자 하면
看取先生醉後歸.	선생이 취후에 돌아가는 것을 보라.

라 했다.

영천자靈川子 신잠申潛이 문장에 능하고 그림과 글씨도 잘해 사람들이 삼절三絶이라 일컬었다. 기묘년己卯年에 과거에 합격하여 한림원翰林院에 들어갔는데 파과罷科가 되자 홍패紅牌는 거두어 가

고 마침 백패白牌는 잃어버렸다. 절구絶句 한 수를 읊어 말하기를

紅牌已收白牌失 홍패紅牌는 거두어 갔고 백패白牌는 잃었으니
生員及第捴虛名 생원 급제는 모두 헛된 이름이 되었다.
從此嵯峨山下住 이로부터 차아산 밑에 머물 테니
山人二字孰能爭. 산인山人 두 자와 누가 능히 다투랴.

라 했다.

병진정사록丙辰丁巳錄에 말하기를 병신년丙申年 사이에 어떤 사람이 갈원葛院 벽에 시를 써 말하기를,

羣小滿朝誣太平 뭇 소인이 조정에 가득해 태평이라 속이니
此身端合早歸耕 이 몸도 일찍 돌아가 밭 가는 것이 알맞겠다.
愛君不敢輕休退 임금을 사랑해 감히 가볍게 물러나지 못하고
苦受蚊虻甕裏鳴. 독 속에 모기 우는 소리 괴롭게 듣겠다.

라 했다.[86)]

진우陳宇 장원壯元이 상상上庠에 있으면서 당시 정치의 득실을 말하다 김안로金安老의 미움을 받아 비방한 죄로 사형을 논하게 되자 절구絶句를 읊어 말하기를,

漠漠皇天不我明 넓고 넓은 하늘이 나에는 밝지 못해
浮雲流水付吾生 뜬 구름과 흐르는 물을 내 삶에 주었다.
平生素抱無人識 평생에 가진 것을 아는 사람이 없어
獨得淸朝寃鬼名. 홀로 맑은 조정에 억울한 이름만 얻었다.

86) 이 사람도 반드시 조정에 있으면서 동지가 아닌 사람이 지은 것이라 했다.

라 했다.[87)]

하서河西 김인후金麟厚가 여섯 살이었을 때 손이 하늘을 가리키며 시제詩題를 하니 공公이 운韻을 청해 말하기를,

形圓至大又窮玄 모양이 둥글고 크며 또 넓고 검어
浩浩空空繞地邊 넓고 텅 비어 땅 변두리를 둘렀다.
覆燾中間容萬物 덮고 비치는 중간에 만물을 수용하는데
杞人何事恐顚連. 기인杞人[88)]이 무슨 일로 무너질까 겁내는가.

라 했다.

조원기趙元紀가 호남관찰湖南觀察이었을 때 공公은 겨우 여덟 살이었다. 불러보고 기이하게 여겨 무릎위에 올려놓고 연달아 말하기를,

信宿完山 飽梨園之風景. 완산完山에 이틀 자며 이원의 풍경에 배불러 했다.

라 하니 공公이 바로 응해 말하기를,

留滯豊沛 饜梅亭之月色. 풍패豊沛[89)]에 머물러 있으며 매정의 달빛을 싫어했다.

라 했다. 조관찰趙觀察이 말하기를,

---

87) 李悌胤公은 陳과 同年의 친구였다. 陳이 처형이 되고자 했 때 李悌胤이 홀로 술을 마시다가 陳公이 시장에서 처형이 되자 李公도 통곡을 하며 돌아갔다 했다. 위의 上庠은 고대 중국에서 대학과 같은 기관을 말함.
88) 중국 杞나라 사람들은 하늘이 무너질까 걱정했다는 것을 말함.
89) 漢 高祖 劉邦의 고향 지명.

兒郎筆法 李杜王羲輩. 아이의 필법筆法은 바로 이두李杜와 왕희지 王羲之의 무리.

라 하니, 공公이 말하기를,

先生處事 召吉延壽群. 선생先生의 처사는 소길召吉과 연수延壽의 무리라 했다.[90]

라 했다.

공公이 매양 봄과 여름의 계절이 바뀔 때면 답답해하며 즐거워하지 않았다. 행향行香을 가게 될 때를 만나면 바로 집에 들어가서 통곡했다. 생각한 바에서 조신생편吊申生篇을 지은 것이 있는데 그 시에 말하기를,

君年方向立	자네 나이는 삼십을 향하려 하고
我年欲三紀	나는 삼십육 세가 되고자 했다.
新歡未遽央	새로운 즐거움을 급히 넓히지 못한다면
一別如强矢	한 번 이별이 강한 화살 같으리라.
我心不可轉	내 마음을 돌릴 수 없는데
世事東流水	세상일은 동쪽으로 흐르는 물이라네.
盛年失偕老	젊은 나이에 짝을 잃어
目昏衰髮齒	눈도 어둡고 머리카락과 이빨도 쇠했다.
涽涽幾春秋	흐린지 얼마의 봄과 가을이었을까
至今猶不死	지금도 오히려 죽지 않았다.
柏舟在中阿	백주柏舟[91]가 언덕 가운데 있으며

90) 여기에 나오는 인물들은 성이나 이름만을 말했기 때문에 알아보지 못했다.
91) 「詩經」의 篇名. 국가에 仁人은 불우하고 소인이 군왕 옆에 있는 것을 의미한 것이라 함. 또 남편이 죽은 여인에게 재혼을 권했으나 끝까지 거절

南山薇作止　　남산에서 고사리 농사도 중지해야겠다.
却美周王妃　　문득 주왕비周王妃를 부러워하는 것은
生離歌卷耳.　　살아 이별하는 노래를 부른다.

라 했다.

제자弟子에 초사楚辭와 송사宋史를 배우는 자가 있었는데 악비전岳飛傳에 이르게 되자 문득 통곡하고 붓을 잡으며 말하기를,

楚騷前歲喟憑心　지난 해 초소楚騷[92]에 크게 한심하며 마음을 의지했고
宋史今朝淚滿襟　오늘 아침에 송사宋史에 눈물이 옷깃에 가득하다.
異代興亡那繫我　다른 세대의 흥하고 망함이 어찌 나를 얽으랴.
自然相感謾悲吟.　자연히 서로 느끼며 또 슬프게 읊는다오.

라 했다.

공公이 일찍 시를 제자들에게 주어 말하기를,

天地中間有二人　하늘과 땅 중간에 두 사람이 있으니
仲尼元氣紫陽眞　공자孔子의 원기元氣와 주자朱子의 진眞이요.
潛心勿向他岐惑　잠심해 다른 가지의 유혹에 가지 말고
慰此衰殘一病身.　이것으로 쇠잔한 병든 몸을 위로하오.

라 했다.

공公이 구句를 얻었는데 들어보면,

하는 심정을 柏舟로써 반영했다고 함. 아래 卷耳도 詩經 周南의 篇名. 后妃가 없는 군왕을 생각하는 내용임.

92) 楚나라 屈原이 지은 離騷體의 글이며 끝에 운이 있다.

映山紅映斜陽裏. 영산홍은 석양 속에 비친다.

라 했는데, 대구對句를 얻지 못했다. 청연靑蓮 이후백李後白이 아이였을 때 바로 대對를 말하기를,

生地黃生細雨中. 생지황은 가는 비 속에 난다.

라 했다.

공公이 세상을 떠난 지 수 년 후에 이웃사람 세억世億이라는 자가 병으로 세상을 떠났다가 하루만에 다시 소생했다. 그리고 그의 아들에게 말하기를 기운이 끊어질 때 어떤 사람의 친절한 지시에 따라 하나의 관청 같은 큰 문의 당상堂上 나아갔더니 정승 같은 사람이 앉았다가 세억世億을 보고 이곳에 오게 된 이유를 묻고 불러 말하기를 금년은 너의 연한年限이 아니고 너가 잘못 왔을 따름일 뿐이다. 나는 김모金某라 하고 종이에 써주며 말하기를 세억世億은 그의 이름이고 자가 대년大年이라 하고 구름을 밀치고 멀리 자미선紫薇仙을 불러 칠십칠 년 후에 서로 다시 볼 것이라 하고 인간 세계 헛되게 전하지 말라 했다.93)

소재穌齋 노수신盧守愼이 인묘仁廟의 만시挽詩에 말하기를,

廟表全心德	묘호廟號는 전체 마음의 덕을 나타냈고
陵名百行源	능 이름은 백 가지 행동의 근원이 된다.
衣冠圖不見	의관은 그림도 보이지 않고
社稷欲無言	사직社稷은 말을 하고자 않는다.

93) 世億은 글을 몰랐다고 하는데 전하고 있다. 世億은 칠십칠 세에 세상을 떠났다.

天靳逾年壽　　하늘은 나이가 많은 것을 아끼었고
人含萬古寃　　사람들은 길이 원통함을 머금었다.
春坊舊僚屬　　춘방春坊[94]에 있었던 옛 관료들 가운데
唯有右司存.　　오직 우사서右司書만 있다오.

라 했다. 또 시가 있는데 말하기를,

三年短制心嫌漢　삼 년으로 짧게 한 것은 마음으로 한나라를 불평했고
五月居廬禮過勝　오월로 초막에 있는 것은 예가 지나쳤다.

라 했다.

북창北窓 정렴鄭磏이 만국晩菊을 보고 읊은 시에,

十九卄九皆是九　십구 일과 이십구 일은 모두 구이고
九月九日無定時　구월 구일은 정한 때가 없다.
多小世人都不識　얼마의 세상 사람들은 다 알지 못하고
滿庭惟有菊花知.　뜰에 가득하게 국화가 있으야만 알 뿐이다.

라 했다. 그의 동생 작碏이 화시和詩에 말하기를,

世人最愛重陽節　세상 사람들이 중양절을 가장 사랑하며
未必重陽引興長　꼭 중양이 아니면 흥을 길게 끌지 못한다고 한다.
若對黃花傾白酒　만약 국화를 대해 탁주를 마실 수 있을 것 같으면
九秋何日不重陽.　구추의 어느 날인들 중양이 아니리요.

라 했으며, 또 그의 동생 현礥은 해주목사海州牧使가 되어 부용당芙

---

94) 조선조 때 世子의 侍講院을 달리 부르는 명칭.

蓉堂 현단을 보고 말하기를 "쪼개 나무나 해서 불을 피우겠다." 하고 스스로 절구 한 수를 지어 말하기를,

荷香月色可淸宵 연꽃 향기와 달빛이 맑은 밤에 어울리며
更有何人吹玉簫 다시 어떤 사람이 퉁소를 불고 있다.
十二欄干無夢寐 열두 난간 잠이 없는 밤에
碧城秋思正迢迢. 벽성碧城의 가을 생각이 멀고멀다오.

라 했다.95)

임억령林億齡이 옳지 못한 것을 보면 비분하고 탄식하며 절의가 있었다. 을사년乙巳年 화가 일어날 때 그 동생 백령百齡이 형 억령億齡의 말을 듣지 않았다.96) 석천石川(억령億齡의 호)이 벼슬을 버리고 남쪽으로 돌아가면서 시에 말하기를,

好在漢江水 한강물아 잘 있어
安流莫起波. 편안히 흐르며 물결을 일으키지 마오.

라 했다. 금천수錦川守가 되었을 때 백령百齡에게 원종공권原從功卷을 보내자 석천石川이 산골짜기에 가서 제문祭文과 같이 불에 던져 버리고 지은 시가 있다. 그 시에 말하기를,

竹老元逃削 대가 늙으면 깎일까 도망가고
松高不受封 소나무가 높으면 봉작을 받지 않는다.
何人與同調 누구와 더불어 같이 하겠는가

95) 임진왜란 때 왜군이 걸려 있는 시들으 태워버리고 이 시만 남겨 두었으니 되놈도 역시 시를 안다고 하겠다 했다.
96) 百齡은 乙巳年 禍를 낸 奸人이었다고 한다.

窮谷白髮翁.	깊은 골짜기에 백발옹이라오.

라 했다.

송암松庵 유관柳灌이 인묘仁廟 처음에 정승이 되었고 명종明宗 을사년乙巳年에 화를 입었다가 뒤에 억울함이 씻어졌다. 이산해李山海의 시에 말하기를,

覆盆天日照	덮은 동이에 하늘의 해가 비치고
泉路聖恩新	황천黃泉길에 임금님의 은혜가 새롭다.
乙巳年遺直	을사년이 남긴 곧은 신하며
三韓國大臣	이 나라의 대신이었다.
烟霞銅雀暮	동작동銅雀洞이 저물자 안개가 끼었고
花木孝陵春	효릉孝陵에 봄이 되니 나무에 꽃이 피었다.
一水盈盈隔	물이 넘쳐 막혔는데
精靈倘渡津.	정령은 진실로 나루를 건넜을까.

라 했라,

금호錦湖 임형수林亨秀는 문장에 능했고 활을 잘 쏘았으며 풍채가 아름다워 당시 국기國器로 일컬었다. 퇴계退溪 이황李滉이 공公의 관서행록關西行錄의 시[97]에 말하기를,

狂胡射月遼東塞	미친 되놈이 요동 변두리에서 달을 쏘고자 하니
壯士搜兵樂浪墟	장수가 낙랑터로 병사를 모운다.
指顧威靈驅虎豹	지시하는 위엄은 범을 모는 것 같고
風流談笑發詩書	담소하는 풍류는 시서에서 나온다.

97) 中宗은 明나라가 建州를 치고자 하면서 우리나라에 徵兵을 요구함을 듣고 李芑를 都元帥, 張彥良을 副, 林亨秀를 吏郎으로 從事를 했다.

海帆病得龍王藥 바다 배에서 병을 얻으면 용왕의 약을 얻고
江閣吟窺帝子居 강변 집에서 읊으며 천신天神의 사는 집을 엿본다.
唾手功名歸燕頷 공명에 힘을 내어 귀인貴人으로 돌아오고 싶은데
太平容我老樵漁. 태평은 나를 늙은 어초漁樵꾼으로 용납한다.

라 하니, 공公이 답을 부쳐 말하기를,

高義吾君我未知 오군吾君의 높은 의리 내 알지 못했는데
書來請款溢言餘 보낸 글에 관곡하게 청한 것이 말 밖에 넘친다.
本知卞玉能成刖 본디 변옥卞玉[98]이 발을 베게 될 줄을 알았으며
未必羊腸可覆車 양장羊腸이 수레를 엎어지게 할 것은 몰랐다.
浮世宦情今已苦 뜬 세상에 벼슬 생각은 지금도 괴롭고
買山歸計未應疎 산을 사서 돌아갈 계획도 응당 성글지 않다오.
江梅開落誰相問 강변의 매화가 피고 지는 것을 누구에 서로 물으랴
萬里空傳尺素書. 먼 길에 글만 헛되게 전하게 되었다.

라 했다.

규암圭菴 송인수宋麟壽의 집이 남산 골짜기 깊은 곳에 있었는데, 임당林塘 정유길鄭惟吉이 방문했더니 공公이 시를 지어 말하기를,

玉人乘月訪幽居 옥인玉人이 달밤에 깊숙한 곳에 사는 사람 찾아
柴戶推來樹影踈 사립문을 열고 오니 나무 그림자가 성글다.
山釀蹔開千日酒 산에서 빚은 천일주를 조금 열었으며
盤肴偶得八稍魚 술상에 안주는 우연히 팔초어八稍魚[99]를 얻었다.
狂詩不欲傳驚俗 시에 미쳤으나 세상에 놀랄만한 시는 전하고 싶지 않고

98) 卞은 卞和로서 周나라 때 楚王에게 구슬을 바친 사람. 卞玉은 和壁이라 하기도 함.
99) 文魚의 다른 이름.

清話方知勝讀書 이야기가 독서보다 좋은 것을 알았다.
明日送君山下路 내일 산 밑의 길로 자네를 보내면
小堂寥寂似逃虛. 소당이 고요해 도망가서 빈 집 같을 것이오.

라 하니 임당林塘이 차운하여 말하기를,

衙罷歸來訪索居 공무를 파하고 돌아오면서 사는 곳을 찾았더니
一庭秋月正扶踈 뜰에 가을 달빛이 사방으로 비친다.
朝陽方見鳴祥鳳 조양朝陽[100]에 상서로운 봉황이 우는 것을 보겠고
大壑還須縱巨魚 대학大壑에는 놓았던 큰 고기가 돌아왔다.
松蓋當門仍迎客 소나무가 덮고 있는 문에서 손을 맞게 되고
竹窓留雪好看書 죽창에 쌓인 눈으로 책을 보기 좋겠다.
孤舟不盡山陰興 고주孤舟로 산음山陰의 흥을 다하지 못했으니
縱登雲梯擬跨虛. 구름 사닥다리를 타고 허공에 앉은 것에 비기리라.

라 했다.

송강松江 정철鄭澈 이 백휴암白休庵의 만시輓詩에 말하기를,

孤忠一代無雙士 충성은 일대에 같은 선비가 없었고
獻納三更獨啓人 삼경에 군왕께 홀로 여쭈었던 사람이오.
山嶽降精生此老 산악이 내린 정기로 이 늙은이가 태어났으니
歸天應復作星辰. 하늘로 돌아가면 응당 다시 별이 되리라.

라 했다.

송계松溪 권응인權應仁은 문장으로 세상에 이름이 있었다. 그의

---

100) 아침 해가 먼저 비치는 산. 鳳鳴朝陽. 진기하고 뛰어난 행위를 칭찬하는 말. 아래 山陰은 王羲之가 살던 곳.

산거山居를 제목으로 한 율시律詩에 말하기를,

結屋依青嶂	집을 푸른 산봉우리 둘러싼 곳에 지었고
携瓶盛碧溪	병으로 푸른 냇물을 담아왔다.
逕因穿竹細	길은 가는 대밭을 뚫었고
籬爲見山低	울타리는 산이 보이게 낮게 했다.
枕石巾粘蘚	돌을 베었더니 수건에 이끼가 묻었고
栽花屐印泥	꽃을 가꾸면서 나막신 자국이 진흙에 남았다.
繁華夢不到	꿈에서도 번화한 곳은 이르지 못하지만
閑味在幽棲.	한가한 맛이 깊숙하게 사는 곳에 있다.

라 했다.

소재蘇齋 노수신盧守愼이 금란상金鸞祥의 만시輓詩에,

珎島通南海	진도珎島는 남해南海로 통했고
丹陽近始安	단양丹陽은 시안始安과 가깝다.
風霜十載外	십년을 밖에서 풍상을 겪었고
雨露兩朝間	두 임금 사이의 우로에 젖었다.
白髮驚春晩	백발은 봄이 늦은 것에 놀랐고
青雲保歲寒	천춘은 세월이 차가운데도 보전했다.
東風丈夫淚	동풍에 장부의 눈물을
一洒在桐山.	동산에 한 번 뿌리고 있다.

라 했다.

미암眉巖 유희춘柳希春이 을사년乙巳年에 유배되어 있었는데, 노수신盧守愼이 시를 부쳐 말하기를,

南海八十偏親在	남해南海에 팔십의 편친偏親을 두고

塞北三千獨子行 새북塞北 삼천리를 자네만 홀로 떠났다.
縱有丹靑不能畵 물감이 있어도 그릴 수 없는 것은
賴敎吾說此間情. 내 어찌 이들 사이의 정을 말하랴.

라 했다. 미암眉巖이 종성鍾城에 십구 년을 있었는데, 그의 부인이 문장에 능했다. 혼자 찾아 가면서 지은 시에 말하기를,

行行遂至磨天嶺 가고 가며 드디어 마천령에 이르니
東海無涯鏡面平 끝없는 동해가 거울처럼 편편하다.
萬里婦人何事到 먼 길을 부인이 무슨 일로 왔나뇨
三從義重一身輕. 삼종三從[1]의 의리는 무겁고 일신은 가볍다오.

라 했다.

기촌企村 송순인宋純仁은 을사년乙巳年에 유배가 되었는데 이기李芑가 정승에서 파직되자 다시 관직에 임명되었다. 그는 고향에 소나무와 대나무를 심고 정자를 지어 편액扁額을 면앙俛仰이라 했다. 어떤 사람이 정자 운韻에 차운하여 말하기를,

氣量江河吸衆川 기량氣量은 강하江河가 뭇 냇물을 마시는 듯하고
高懷應在古人前 높은 생각은 분명히 옛사람 앞에 있다오.
忠輸魏闕形容老 위궐魏闕[2]에 충성을 다하느라 형용이 늙었고
夢繞菟裘歲月連 꿈에 긴 세월로 연달아 면구菟裘[3]에 둘러싸이다.
松竹一亭饒勝槩 송죽松竹이 있는 정자에 좋은 경치로 만족하며

---

1) 부인이 지켜야 할 도리, 즉 어렸을 때는 부모를, 출가하면 남편을, 남편이 세상을 떠난 후에는 자식을 좇아야 한다는 것.
2) 궁중에 대궐의 正門.
3) 魯나라의 땅 이름이라고 하며, 隱公이 살았기 때문에 은자들이 사는 곳을 말함.

湖山百里足風烟　호산湖山의 백리에 풍연風烟도 협족하다.
此間合着儒仙住　이 사이에 유선儒仙에 합착한 사람이 머무니
盛事他年畵圖傳.　좋은 일이 뒷날 모두 그림에 전하리라.

라 했다.

을사년乙巳年에 화를 입은 사람들이 신설伸雪된 후[4]에 대곡大谷 성운成運의 시에 말하기를,

事往嗟何及　지난 일을 슬퍼한들 어찌 미치리오
懷賢涙滿衣　어진 이를 생각하면 눈물이 옷에 가득하다.
波乾龍爛死　물이 마르면 용이 타서 죽게 되고
松倒鶴高飛　소나무가 넘어지자 학이 높게 난다.
地下無恩怨　저세상에는 은혜와 원망이 없다는데
人間說是非　인간 세계에서는 시비를 말한다.
仰瞻黃道日　황도黃道[5]의 해를 우러러 바라보면
誰得掩光輝.　누가 밝은 빛을 가릴 수 있으랴.

라 했다.[6]

석주石州 권필權韠의 시에 말하기를,

從來戊己可傷魂　내려오면서 무기사화戊己士禍를 혼을 상할 만했는데
乙巳年間事更屯　을사년간乙巳年間의 일은 다시 어렵다.
千古留名兩學士　길이 이름을 남길 이는 두 학사요
九原含痛一王孫　저세상에서 아픔을 머금은 분은 한 분의 왕손이라오.

---

4) 明宗 말년이었다고 한다.
5) 지구에서 보면 태양이 일 년 동안에 지구를 한 바퀴 도는 것을 말함.
6) 乙巳年에 희생된 가족들이 이 시를 들으며 통곡했다 한다.

是非袞袞終難定 시비는 계속되어 결국 정하기 어렵고
毁譽紛紛未易論 훼예는 시끄러워 쉽게 논하지 못하겠다.
安得長風掃陰翳 어찌 긴 바람을 얻어 가리는 그늘을 쓸고
高懸日月照乾坤. 일월을 높게 달아 건곤을 비치게 하리라.

라 했다.[7)]

화담花潭 서경덕徐敬德은 온전히 격물格物 궁리窮理를 연구하면서 장횡거張橫渠의 설說을 많이 주장하고 정자程子와 주자朱子와 더불어 약간 같지 않기 때문에 퇴계退溪가 유자儒者의 올바른 맥이 아니라고 했다. 공公이 일찍 지은 시가 있는데 말하기를,

讀書當日志經綸 글을 읽던 그날에는 뜻이 경륜經綸에 있었는데
歲暮還甘顔氏貧 나이 저물자 도리어 안씨顔氏의 가난을 달게 여겼다.
富貴有爭難下手 부귀는 다툼이 있어 접근하기 어렵겠고
林泉無禁可安身 숲속은 금함이 없으니 몸을 편안히 하겠다.
采山釣水堪充腹 나물 캐고 고기 낚으니 먹는데 견딜만하고
咏月吟風足暢神 풍월을 읊조리면 정신이 매우 화창하다.
學到不疑眞快活 학문은 의심이 없는데 이르면 참으로 쾌활하니
免敎虛作百年人. 한평생 헛된 가르침은 면하고 싶다오.

라 했다.

용문龍門 조욱趙昱의 나이 십여 세에 문사文士들을 따라 한강漢

7) 두 선생은 晦齋 李彦廸과 退溪 李滉이라 했다.
明宗 乙巳년의 忠順堂 會議를 할 때 僞勳에 參錄하는 것을 晦齋는 굳게 사양해 얻지 않았고, 退溪는 鳳城君啓에 참여했다. 혹 말하기를 退溪 參啓는 무슨 말인가 하니 말하기를 그것을 감히 알 수 있느냐 했다. 뒤에 文谷 金壽恒이 石洲의 이 시를 뽑을 때 尤庵 宋時烈이 그 시 위에 如此如此라 했기 때문에 文谷이 놀라 이 시를 버렸다고 한다 했다.

江에 가서 배를 타면서 지은 시에 말하기를,

青山面面立　　푸른 산은 면면히 서있고
漢水悠悠流　　한강물은 여유가 있게 흐른다.
峨洋山水間　　높은 산 넓은 바다의 사이에
誰是知音者.　　누가 지음자知音者일까.

라 했다. 신무문神武門의 화가 일어나자 글을 올려 부당함을 말하고자 했는데, 올리기 전에 제자였기 때문에 잡혀 갔다가 나이 적다고 풀려났다. 사辭를 지어 슬퍼했는데 들어보면,

雨雪交紛兮 陰霧凝　　비와 눈이 어지럽게 내림이여 안개를 얼게 했다.
平路險隘兮 山崚嶒　　편편한 길이 험하고 좁음이여 산이 울멍줄멍하다.
下土茫茫兮 不見日　　대지大地의 망망함이여 해가 보이지 않다.
鳳飄飄兮 焉可憑　　봉이 휘날림이여 어디에 의지하랴.
蓬蒿棘林兮 萬里思飛騰.　　다북대의 가시나무숲이여 먼 길 날기를 생각한다오.

라 했다. 그리고 문헌서원文憲書院을 지나는데 그곳 선비들이 심원록尋院錄에 이름을 써주기를 청하자 공이 절구絶句 한 수를 지었는데 그 시에 말하기를,

客路棲棲久未還　　객지에서 서성거리며 돌아가지 못했으나
天教看盡海西山　　하늘이 해서의 산들을 모두 보게 한다.
不須姓名留書院　　성명을 꼭 서원에만 머물게 할 것이 아니라
贏得狂名滿世間.　　미친 이름이 세간에 가득하게 얻었으면 하오.

라 했다.

일재一齋 이항李恒이 학문을 강하게 되면 선비들이 많이 모였다. 공公의 시가 있는데 말하기를,

昔共山齋樂　　옛날 산재에서 함께 즐거워했는데
今逢水石隈　　지금 만나려면 물과 산처럼 높다.
潛龍臥幽屈　　숨은 용은 깊숙한 굴에 누웠고
飛鶴上雲臺　　학은 운대 위로 날고 있다.
泯跡工夫大　　자취를 감추는 데는 학문이 커야 하고
當官敎化恢　　벼슬을 하려면 교화가 넓어야 한다.
論談情不盡　　이야기로 정이 다하지 않았는데
臨去更徘徊.　　가고자 하니 다시 배회한다오.

라 했다. 송순宋純이 차운하여 말하기를,

簪簦陪高躅　　비녀와 대자리로 높은 분을 모셔
相携坐水隈　　서로 이끌고 물 흐르는 모퉁이에 앉았다.
秋山明錦繡　　가을산은 비단을 밝게 하고
古寺隱樓臺　　옛 절은 누대에 가리었다.
未見深源理　　깊은 뿌리의 이치는 보지 못했고
難將事業恢　　장차 사업이 커지기는 어렵겠다.
何嘗投紱去　　어찌 일찍 도장 끈을 던지고 가고자 하느냐
歲暮共徘徊.　　해가 저물면 같이 배회하세.

라 했다.

대곡大谷 성운成運의 시가 그 사람됨과 같아 한가하고 깨끗했다. 그의 시에,

春服旣成雙袖短 봄옷이 이미 이루어졌는데 양 쪽 소매가 짧고
古琴便手七絃長 거문고는 손에 편하게 일곱 줄이 길다.
十年嘗盡山中藥 십 년 동안 산에 약을 모두 맛보았으니
客到時聞口齒香. 손이 오면 때때로 이빨에서 향내가 나게 된다.

라 했으며, 송조남명送曺南冥 시에 말하기를,

冥鴻獨自海南飛 하늘에 기러기는 홀로 해남海南을 향해 날아가니
正値秋風落木時 바로 가을바람에 나뭇잎 떨어지는 때였다.
滿地稻粱鷄鶩啄 땅에 가득한 벼와 기장을 닭과 집오리가 먹는데
碧天雲外自忘機. 푸른 하늘 구름 밖에 스스로 기미를 잃고 있다.

라 했다. 그의 조카 성윤成允과 같이 상주尙州 원통산圓通山에 살면서 매화를 심어 소요하는 장소로 하며 지은 시에 말하기를,

梅花莫嫌少 매화가 적다고 혐의하지 마오
花小風味長 꽃은 적으나 풍미는 길다오.
乍見林外影 잠깐 숲 밖의 그림자를 보니
時聞月下香. 때때로 달빛 아래 향기가 난다.

라 했다.

급고汲古 이홍남李洪南은 문장이 크고 아름다우며 일찍 동서 임당林唐 정유길鄭惟吉과 알성시謁聖試에 갔더니 표제表題가 청찬동국명신언행록請纂東國名臣言行錄이었다. 급고汲古의 수구首句에 사이학仕而學 학이사學而仕 언고행言顧行 행고언行顧言이라 하니 임당林唐이 웃으며 말하기를 "고관考官이 진군자進君子 퇴소인退小人하는 것을 보고자 한다." 하니 공公이 바로 고쳤는데 임당林唐이 그

것을 빼앗아 장원壯元을 하고 공公은 이등이 되었다 한다.

금호錦湖 임형수林亨秀가 회령會寧으로부터 바뀌어 돌아와서 공公에게 부치고자 쓴 답시를 보고 말하기를,

虎觀初聯袂　　호관虎觀[8]에서 처음 소매를 연했고
龍沙復據鞍　　용사龍沙[9]에서 다시 안장에 의지했다.
山戎遙破膽　　멀리 산에 있는 되놈의 담을 파했고
父老近承顏　　부로들을 가까운 데서 뵈옵게 되었다.
北極催前席　　북극北極은 앞자리를 재촉하고
東風別小蠻　　동풍에 소만小蠻[10]과 이별했다.
朝廷今倚重　　조정에서 지금 무겁게 의지하니
爭賀范公還.　　범공范公[11]이 돌아온 것을 다투어 하례한다오.

라 했다. 일찍 압구정押鷗亭[12]에서 지은 시에 말하기를,

逢時勳業擬擎天　때를 만나 훈업이 하늘에 들어 올릴 만큼 비겼는데
堆積黃金抵死憐　쌓인 황금이 밀려 죽게 되어 불쌍하다.
自欲押鷗鷗不押　갈매기와 친하려 하나 갈매기가 싫어하니
忘機何似海翁全.　기미를 잃음이 어찌 해옹海翁의 온전함만 같으리오.

라 했다. 모재慕齋 김안국金安國이 공公에게 신월新月을 시제로 하여 운韻을 불렀더니[13] 바로 지어 말하기를,

---

8) 白虎觀의 略稱이라고 하며, 漢나라 때 이곳은 經學을 중심으로 연구한 곳이라 한다.
9) 풀이름이라 하며, 땅이름도 된다고 한다.
10) 唐나라 기생의 이름이며 白居易의 小室로 춤을 잘 추었다고 한다.
11) 北宋 때 宰相으로 유명했던 范仲淹이 아닌가 한다.
12) 韓明澮의 정자라 했다.
13) 이때 公의 나이 열한 살이었다 한다.

半壁依俙出海魚 희미한 반쪽 구슬이 해어海魚에서 나왔으니
薄將光彩照浮蛆 얇은 광채를 가지고 어찌 뜬 구더기를 비추랴.
這袍玉兎無多智 저 안고 있는 옥토는 지혜가 많지 않아
擣藥辛勤不滿輿. 고생하며 약을 다듬었으나 수레에 차지 않는다.

라 했다.[14)]

옥계玉溪 노진盧禛이 퇴계退溪 이황李滉, 남명南溟 조식曺植, 갈천葛川 임훈林薰, 일재一齋 이항李恒 등 여러 명사들과 같이 놀며 서로 사이가 좋았다. 임갈천林葛川의 만시輓詩에 말하기를,

間氣栽培賦與奇 간기間氣[15)]로 재배하고 기이한 재능까지 주었으니
如公稟質世間稀 공과 같은 품질은 세상에서 드물다오.
學沿伊洛源猶遠 학문은 이락伊洛[16)]을 좇았지만 근원을 더 멀며
道際文明勢自違 도道는 문명의 형세와 스스로에 어기었다.
堯舜君臣心未遂 요순堯舜의 임금과 신하를 마음에 이루지 못했고
溫良孝悌業空垂 온량溫良함과 효제孝悌는 학업學業으로 크게 드리웠다.
若余曾托忘年契 내가 만약 일찍 망년의 계로 의탁했다면
此日芷焚歎不支. 오늘 백지白芷[17)]를 태우는 탄식을 지탱하지 못하리라.[18)]

라 했다.

---

14) 선생이 크게 칭찬했다고 한다.
15) 세상에서 썩 드문 기품.
16) 宋나라 때 周茂叔에서부터 兩程에 이르기까지의 學統을 말함.
17) 한약 이름이라고 한다.
18) 結의 兩句는 말의 연결이 잘 되지 않은 듯한데, 번역이 잘못된 것인지도 모르겠다.

율곡栗谷 이이李珥는 일곱 살에 지은 화석정시花石亭詩에 말하기를,

林亭秋已晩　　임정林亭에 가을이 이미 늦었으니
騷客興無窮　　소객騷客의 흥이 다함이 없다.
山吐孤輪月　　산에는 외롭게 둥근 달이 뜨고
江含萬里風　　강은 먼 곳에서 불어오는 바람을 머금었다.
遠水連天碧　　멀리서 흐르는 물은 하늘과 연결되어 푸르고
霜楓向日紅　　단풍잎은 해를 향해 붉었다.
塞鴻何處去　　변방의 기러기는 어느 곳을 가나뇨
聲斷暮雲中.　　소리가 저문 구름 가운데서 끊어진다.

라 했다.

선생은 일찍 부모를 잃고 밤낮으로 부르고 울다가 우연히 불교 서적을 보면서 사생死生의 설說에 감동하여 금강산金剛山에 들어가서 있다가 얼마 되지 않아 이치에 가깝고 참된 것은 어지럽히는 것을 파악하고 그러한 학문을 버리고 오도吾道에 마음을 온전히 하였다. 이십삼 세에 퇴계선생退溪先生을 찾아뵈옵고 의리義理에 대한 논변論辨을 했고 헌시獻詩에 말하기를,

溪分洙泗波　　시내는 주사洙泗[19]의 물결을 나누었고
峯秀武夷山　　봉은 무이산武夷山[20]처럼 빼어났다.
活計經千卷　　생활하는 계획은 경전 천여 권이오
生涯屋數間　　사는 것은 몇 칸의 집이었다.
襟懷開霽月　　가슴에 품은 것은 갠 달처럼 맑게 열렸고

---

19) 洙泗는 孔子와 孟子의 출신 지역의 물 이름이므로 孔孟의 학문을 洙泗學이라 한다.
20) 朱子의 생장지 주변에 있는 산 이름. 경치가 좋다고 하며, 주자를 상징적으로 말하기도 한다.

談笑止狂瀾　　담소는 어지럽고 복잡하여 그치게 했다.
小子求聞道　　소자小子가 도道를 구하려 묻는 것이며
非偸半日閑.　　반일의 한가함을 얻고자 함이 아니오.

라 했다.

선생이 해백海伯이 되어 순찰을 하면서 황주黃州에 이르렀는데 주기州妓 유지柳枝가 천침을 하게 되었는데 선생이 한 번도 가까이 하지 않고 시를 주어 말하기를,

弱質愁低眉　　약질이 눈썹 밑에까지 근심이 있어
秋波不肯回　　추파秋波에도 쉽게 돌지 못했다.
空聞波濤曲　　파도 곡만 부질 없이 들리고
未夢雲雨臺　　운우의 대를 꿈꾸지 못했다.
爾長名應擅　　너는 성장하면 이름이 응당 떨칠 것이고
吾衰閤已開　　나는 노쇠해 도장 문이 이미 열렸다.
國香無定主　　뛰어난 미인이 정한 주인이 없어
零落可憐哉.　　떨어진 것이 가련하다오.

라 했다.

선생先生이 이미 율곡栗谷 강촌江村으로 돌아왔는데 밤에 어떤 사람이 사립문을 두드리므로 보니 바로 유지柳枝였다. 말하기를 "공公의 착한 이름을 사람들이 모두 높이 여기고 사모하고 있는데 하물며 방노房奴였던 저는 말할 것이 있겠읍니가. 색色을 보고 무심無心한 것은 더욱 탄식하는 바이니 뒤의 기약은 다시 하기 어렵기 때문에 이에 멀리서 왔읍니다."고 했다. 선생이 절구 한 수를 써 주었는데 말하기를,

天姿綽約一仙娥 아름다운 자태는 선녀로 충분히 약속되어
十載相知意態多 십 년 동안 서로 알면서 생각이 많았다오.
不是吾兒腸木石 나도 창자가 나무와 돌이 아니었는데
只緣年老謝芬華. 단지 나이 많아 빛난 향기를 사양한다오.

라 했다.

사암思菴 박순朴淳이 영평永平 촌사村舍로 돌아가서 글을 올려 사직하겠다고 했으나 선조宣祖께서 부드럽게 말하며 허락하지 않았다. 박순朴淳이 처음 강촌江村에 있을 때 임금이 중사中使에게 술을 주어 보냈다. 공公이 그 자리에서 절구絶句 한 수를 지어 말하기를,

答恩無路寸心違 은혜에 답할 길이 없어 좁은 마음이 어겼는데
收拾殘骸返野扉 남은 뼈를 수습하고자 시골집으로 돌아가고자 한다.
一點終南看更遠 한 점의 종남산을 다시 보기 멀어지니
西風吹淚蔽蘿衣. 서풍이 눈물을 불어 담쟁이덩굴 옷을 적신다.

라 했다. 임금도 그의 시를 보고 돌아갈 결의를 알고도 여러 번 불렀으나 모두 사양했다.

율곡栗谷이 임금 앞에서 "임금님 시에서 근심하고 답답해하는 뜻이 있으니 어찌하여 즐거워하지 않으심이 이와 같습니까" 하고 물으니 임금이 "어느 시가 그렇더냐" 하자 율곡이 외워 말하기를,

孤抱難攄獨倚樓 외롭게 어려움을 안고 홀로 누에 의지하니
心中百感不勝愁 마음속의 많은 감정으로 근심을 이기지 못하겠다.
月明古殿香烟盡 옛 궁전에 달은 밝고 향 연기는 다되었으며
風冷踈枝夜雪留 성긴 가지에 바람은 차고 밤에 눈이 남았다.
身似相如多舊病 몸은 상여相如[21]같이 옛 병이 많고

心如宋玉苦悲秋 마음은 송옥宋玉[22]처럼 슬픈 가을이 괴롭다.
凄凄庭院無人語 쓸쓸한 정원 뜰에 사람 소리 없고
雲外鍾聲只自悠. 구름 밖의 종소리만 스스로 한가하다오.

라 했으니, 인군人君이 사람을 얻어 벼슬에 임명하게 되면 편안하고 화기롭게 기뻐해야 할 것인데 다만 사장詞章에 마음을 집착하였으니 어찌 학문에 방해가 있지 않겠습니까 하니 임금이 부끄러운 표정이 있으며 한동안 머리를 숙였다. 율곡栗谷이 밖에 나와 동료들에게 일러 말하기를 "주상主上께서 이러한 작품을 짓는 것은 아름다운 조짐이 아니다. 반드시 사실로 나타남이 있을 것이니 나는 보지 못하겠지만 그대들은 볼 것이라." 했다.[23]

남사고南師古는 풍수風水, 천기天機, 복서卜筮, 상법相法에 정통하지 않음이 없었다. 나이 많아서 천문학교수天文學教授로 서울에 있었다. 그때 태사성太史星에 흉한 무리가 끼이자 관상정觀象正 이번신李翻身이 스스로 당하겠다고 하니 남사고南師古가 웃으며 말하기를 스스로 당하는 자가 있을 것이라 하고 급하게 고향으로 내려가다가 도중에서 세상을 떠났다. 손곡蓀谷 이달李達이 시로써 울며 말하기를,

鸞馭飄然若木津 난새를 타고 표연히 약목진若木津[24]으로 가버리니

---

21) 중국 前漢 때 유명한 문인 司馬相如.
22) 중국 春秋時代 유명했던 문인 屈原의 제자.
23) 주위 사람이 어찌 西遷이라 하나뇨 하고 물으니 答하기를 이십 년 후면 반드시 남쪽에서 근심이 있을 것인데 남쪽의 근심이 바로 西遷이라 했다고 한다.
24) 해가 지는 곳을 若木이라 하니 若木津은 해가 지는 쪽에 있는 나루가 아닌가 한다.

君平簾下更何人 군평君平의 주렴 밑에 다시 어떤 사람일까.
床東弟子收遺稿 책상 동쪽에서 제자들은 유고遺稿를 거두니
玉洞桃花萬歲春. 옥동의 복숭아 꽃은 긴 세월로 봄이라오.

라 했다.

선조宣祖 임진에 왜병이 날로 핍박하자 어느 날 임금이 하교해 말하기를 "복성福星이 우리나라에 있으니 왜적을 겁낼 것이 없다"고 했다. 대개 선조의 뜻은 이러한 것을 빌려 민심을 진정시키고자 한 것이다. 홍담손洪曇孫 판서判書가 임진년을 경계하고자 꿈에 한 절구를 지었는데 이르기를,

細雨天街柳色新 가는 비가 거리에 내리니 버들 빛이 새롭고
微風吹送馬蹄輕 미풍이 불어 말발굽을 가볍게 한다.
太平名宦還朝日 태평이 되니 위품 높은 인사는 조정으로 돌아오며
奏凱歡聲滿洛城. 이겼음을 알리는 기쁜 소리 서울에 가득하다.

라 했다. 선조宣祖가 용만龍灣에 머물 때 이항복李恒福이 이 시를 올리며 중흥中興의 조짐이 된다고 했다.

조경趙慶의 『난중잡기亂中雜記』에 말하기를 앞서 왜국倭國 사신使臣 현소玄蘇 등이 서울에 와서 여관 벽에 글을 써 말하기를,

蟬躁螳忘捕 매미가 조급해 재비가 잡고자 하는 것을 잊었고
魚遊戲鷺眠 고기는 놀며 희롱하나 백로는 졸고 있다.
此地知何地 이 땅이 누구의 땅인지 아느냐
他年重開筵. 다른 해 다시 자리를 열 것이오.

라 했으며, 동래東萊에 돌아가서 객관客館에 시를 써 말하기를,

明年若得東風便 명년에 만약 동풍이 부는 것을 얻게 되면
六十七州笑談中. 육십칠 주가 담소 가운데 있을 것이다.

라 했다.

임진왜란 때 명明나라 장수 이여송李如松이 부채를 구해 그 면에 시를 써 유성룡柳成龍에게 주었는데 그 시에 말하기를,

提兵星夜渡江干 병졸을 이끌고 별빛 비치는 밤에 강변을 건너며
爲說三韓國未安 말하기를 삼한이 편안하지 못하기 때문이라 했다.
明主日懸旌節報 명주明主는 날마다 정절旌節[25]을 기다리고
微臣夜釋酒盃歡 미신微臣은 밤에 술 마시는 즐거움을 놓았다.
春來殺氣心猶壯 봄이 왔으나 살기의 마음은 오히려 강해지며
此去妖氣骨已寒 이번 가면 요기의 뼈는 이미 찰 것이다.
談笑敢言非勝算 담소에서도 감히 승산이 없다고 말하지 말라
夢中尙憶跨征鞍. 꿈속에서 아직도 말 타는 것을 기억한다.

라 했다. 제독提督이 부총병副惣兵 사대수査大受를 먼저 순안順安에 보내 왜노倭奴에게 글을 주며 말하기를 明나라 조정에서 화친을 허락했고 심유격沈遊擊이 또 온다고 하니 왜倭가 기뻐하고 현소玄蘇가 시를 써 말하기를,

扶桑息戰服中華 동쪽에 전쟁은 쉬고 중국에 항복하니
四海九州同一家 사해와 구주가 모두 한 집이다.
喜氣還消寰外雪 기쁜 기운은 궁중 담장 밖의 눈을 녹였고
乾坤春早大平花. 건곤은 이른 봄에 태평의 꽃이 필 것이다.

---

25) 使臣이 임금에게 알리거나 전하러 갈 때 들고 가는 깃발.

라 했다.

어느 날 이여송李如松 제독提督이 적벽도赤壁圖를 내보이니 이덕형李德馨이 시를 지어 말하기를,

勝敗分明一局碁 승패는 분명히 한 판의 바둑이니
兵家最忌是遲疑 병가兵家의 가장 꺼림은 더디고 의심하는 것이다.
須知赤壁無前績 적벽의 큰 공을 꼭 알고자 하려면
只在將軍斫案時. 장군이 책상을 쪼갤 때였소.[26)]

라 했는데, 말이 규범이 있어 중국 장수가 승복했다고 한다.

명明나라 정수 송대빈宋大斌이 광한루廣寒樓에 올라 지은 시가 있는데 말하기를,

戰罷歸來倦倚樓 싸움을 파하고 돌아오며 게으르게 누에 의지해
洗兵飮馬大溪頭 큰 시내 머리에서 칼을 씻고 말에 물을 먹였다.
八山草木千年勝 팔산의 초목은 긴 세월 만에 무성하고
四野峰烟一望收 사방 들과 산을 바라보니 연기를 거두었다.
破竹已乘今日勢 파죽破竹처럼 탄 것이 오늘의 전세이고
採蓮猶憶舊時遊 연을 캐며 오히려 옛날 놀던 때를 생각한다.
明朝迫逐嚴諸部 내일 아침 급하게 쫓아 제부를 엄하게 하여
萬里勳兵正此求. 멀리 공훈의 병사들을 이곳에서 구하겠소.

라 하고 스스로 기록해 말하기를,

大明遊擊 廣陵宋大斌 大捷于南原星宿嶺 次樓韻.

---

26) 三國演義에서 赤壁大戰을 앞두고 吳에서 和戰兩面으로 의론이 나누어졌을 때 孫權이 칼로서 앉은 책상을 쪼개면서 결전의 의지를 나타냈다.

이라 했다.

대가大駕가 용만龍灣에 있을 때 오봉五峯 이호민李好閔이 교유敎諭를 지은 것이 있는데 말하기를 용만龍灣의 한 모퉁이에서 국가의 운명이 어렵다(천보간난天步艱難) 국토는 이미 다 빼앗겼는데 내가 장차 어디로 돌아가랴. 인정이 이미 궁했으니 이치로 마땅히 회복하기를 생각한다. 서늘한 가을이 잠깐 움직이니 변방 지역이 일찍 추워진다. 저 긴 강물을 보니 또한 동쪽으로 흐른다. 돌아가고 싶은 생각이 물처럼 도도하다. 하늘이 이성李晟[27]을 낳아서 성궐城闕의 회복함을 기다림이 있고 날마다 장순張巡[28]이 원릉園陵의 파손이 없다는 보고를 바란다고 했으니 말의 뜻이 간곡하고 슬퍼 호남湖南에서 듣는 자는 눈물을 흘리지 않는 사람이 없었다. 일월록日月錄에 말하기를 조경남趙慶南의 시에 이르기를,

鳳闕生禾黍	궁중에는 벼와 기장이 자라고
龍灣滯羽林	용만龍灣에서는 우림羽林이[29]지체되었다.
漢儀何處見	한漢나라 법을 어느 곳에서 보며
周道竟難尋	주周나라 도道는 결국 찾기 어렵다.
望北孤臣淚	북쪽을 바라보는 고신의 눈에 눈물이 맺혔고
思東聖主心	동쪽을 생각함은 성주의 마음이라오.
千行哀痛詔	길게 쓴 애통한 조서詔書를
看過意沈沈.	보게 되자 마음이 침침하다.

---

27) 李晟은 唐나라 때의 인물로 朱泚를 격파하고 京師를 회복했으며 西平王의 봉작을 받았다.

28) 初唐 때의 인물로서 安祿山亂 때 공을 많이 세웠으며 뒤에 적군에 잡혀 節死함.

29) 임금을 수호하는 병사.

라 했는데, 이 시를 지은 사람은 반드시 충분이 사람에 지나는 자였을 것인데 정유재란丁酉再亂에 조경남趙慶南이 의병義兵을 일으켰다고 한다.

선조宣祖가 오랫동안 비에 막혀 용만龍灣에 있으면서 지은 시가 있는데 말하기를,

國事蒼黃日	나라의 일이 매우 어지러운 날
誰復李郭忠	누가 이곽李郭[30]의 충성으로 회복하랴.
去豳存大計	빈으로 가면 큰 계획이 있겠고
恢復杖諸公	회복에는 제공諸公들을 의지하겠다.
痛哭關山月	관산關山의 달을 보고 통곡하겠고
傷心鴨水風	압록강 바람에 마음이 슬프다.
朝臣今日後	조정의 신하들이 오늘이 지난 뒤에도
尙可更東西.	오히려 동서를 다시 옳다고 하랴.

라 했으며, 또 하교下敎해 말하기를 조정朝廷에 만약 한자의 사私가 없을 것 같으면 수길秀吉의 머리를 우리가 지휘하는데 가지고 올 수 있을 것이라 했다.

임진왜란 뒤에 왜병倭兵의 머리 수가 일급一級이면 공사公私와 귀천을 막론하고 과거에 합격한 것으로 인정해 주었는데, 가난한 백성들이 보존하기가 어려웠다. 영남의 한 사람이 머리 일 두로 급제及第와 고을 군수까지 얻어 잔치를 했다. 어떤 사람의 시가 있는데 말하기를,

30) 李郭에서 李는 李光弼이며 郭은 郭子儀로서 唐 玄宗 때 安祿山亂에 모두 크게 공을 세웠음. 묶은생선 이십마리를 一級이라 함.

飢民頭上桂花浮 주린 백성 머리에 계수나무 꽃이 피었고
紅紙牌中寃血流 홍패 가운데 원통한 피가 흐른다.
太守慶宴知有酒 태수의 잔치에 술이 있는지 알고 있는가
盍分餘瀝慰啾啾. 어찌 나머지를 나누어 우는 망령을 위로하지 않는가.

라 했다.

중국中國 총병摠兵 마귀麻貴가 유격遊擊 엽상葉鱨을 본국에 보내 모병을 하고 먹일 것을 독려하게 했다. 상鱨이 권려가勸勵歌를 지어 우리나라에 두루 보였는데, 그 노래에 말하기를,

朝鮮素稱禮義邦	조선朝鮮은 본디 예의의 나라로 일컬어
羞稱武事尙文章	무武를 말하기 부끄럽게 여기고 문장을 숭상했다.
當年島夷分陸梁	그때 도이島夷가 제멋대로 날뛰며
崩沙敗竹入平壤	와해瓦解와 파죽破竹之勢로 평양에 들어왔다.
國君播越在草莽	임금은 피난으로 시골에 있고
王子縶纍在扶桑	왕자는 잡혀 동쪽에 있다.
王京一炬半塵埃	서울은 하나의 횃불에 반이나 티끌이 되었고
赤地千里慘目光	농작물이 없는 넓은 땅은 보기에 참담하다.
追思切齒恨何長	생각하면 이를 갈고 싶은 한이 얼마나 길며
不共戴天讐豈忘	함께 하늘을 같이 못할 원수를 어찌 잊으랴.
毋言有志力未遑	뜻은 있으나 힘이 겨를이 없다는 말은 하지 말고
事由人盡鑑彼蒼	일로 말미암아 사람이 다하는 것은 저 하늘이 안다.
君不見臥薪嘗膽沼含壃	그대는 보지 못했는가 갖은 고생으로 못의 지경을 넓히고
枕戈運盆 補普强	창을 베고 동이를 옮겨 강하게 도우는 것을.
又不見壯士有怒白虹長	또 보지 못했는가 장사가 화를 내면 흰 무지개도 길어지고

匹夫勇敢 衆莫當	필부가 용감하면 뭇 사람이 당하지 못한다.
男兒氣節等霄壤	남아의 기절은 하늘과 땅과 같고
七尺軀宜振紀綱	칠 척의 체구는 마땅히 기강을 떨칠 만하다.
發憤修政勵廟廊	발분하여 정치를 잘해 사직社稷 보호에 힘쓰고
募民勤王起郊荒	백성을 모아 국가에 부지런히 해 거친 들을 개발한다.
同心上下相激仰	상하가 마음을 같이 하여 서로 격려하고
佇看威儀自奮揚	위엄 있는 자태를 오래 보면 스스로 분발한다.
援師洸洸共勔勸	원병들은 위엄스럽게 원조하여 함께 급하게해
掃蕩倭寇如驅羊	왜구倭寇를 양떼 모는 것처럼 소탕하자.
銅駝王氣正未央	왕기王氣의 동타銅駝[31]가 다하지 않았으니
勿効開門揖虎狼	문 열고 호왕에 읍하는 것을 본받지 말자
種栽蘭棘果誰良	난초를 심고 재배하는 것을 과연 누가 잘하랴
瓦全玉碎認誰香	기와가 온전하고 옥이 부서지는 것을 누구의 향기로 인정하랴.
一言終古可興邦	예부터 일언一言이 나라를 일으킨다 했으니
我今歌大丈夫行	내가 지금 대장부행大丈夫行을 노래한다.
願得猛士起四方	원하건대 사방에서 일어나는 맹사猛士를 다 얻어
永淸東海無波揚.	길이 동해東海를 맑게 해 물결이 없으면 하오.

라 하여 본국에 전하고 팔도에도 보였다.

정유란丁酉亂 때 강항姜沆은 전 가족이 왜병에 잡혀 자신이 물에 몸을 던졌으나 구해주는 사람이 있어 죽지 못했다. 왜국倭國으로부터 탈출해 돌아왔다. 강항姜沆이 왜국倭國에 있을 때 왜장倭將이 부채를 하나 주자 시로써 사례해 말하기를,

31) 나라가 망해 궁중에 있는 銅駝가 가시덤불에 묻혀있는 것을 말하는 것으로 나라가 망한 것을 의미함.

一幅溪藤陣陣風 한 폭의 시내 덩굴에 바람이 끊어졌다 불어
寄來深荷丈人情 부쳐주는 장인의 정을 깊게 가진다.
偸生每恥看天日 살기 위한 것이 매양 하늘의 해보기 부끄러운데
從此殊邦掩面行. 지금부터 타국에서 낯을 가리고 다니겠다.[32]

라 하니 왜인倭人들이 칭찬했다고 한다.

『지봉유설芝峰類說』에 말하기를 융경隆慶[33] 즈음에 제주정濟州亭에 시를 쓴 것이 있었는데 말하기를,

曾見先朝種李辰 일찍 먼저 조정에서 오얏 심는 것을 보았는데
花開一十二回春 꽃이 핀 것이 열두 번 봄이었다.
詩題華表千年柱 시를 화표華表[34]의 천 년 되는 기둥에 썼고
淚洒青山一掬塵 눈물은 청산의 한 움큼 먼지에 뿌린다.
風岸曉鍾神勒寺 바람 부는 언덕에 신륵사의 새벽 종소리 들리고
烟沙曙笛廣陵津 안개 낀 사장에 광릉 나루 저 소리 밝을 때까지 난다.
淸秋鼓枻驪江去 맑은 가을 상앗대를 치며 여강驪江을 지나가니
樓上何人識洞賓. 누 위의 어떤 사람이 여동빈呂洞賓으로 알아주랴.

라 했는데, 호사자好事者들이 이르기를 참으로 신선이 지은 것이라 했다. 일국진一掬塵은 임진난壬辰亂으로 징험했다고 이른다.

임진난壬辰亂에 동래부사東萊府使 송상현宋象賢이 동래성이 함락되자 순절했다. 을미년乙未年 겨울에 공公의 아들 인급仁及의 꿈에 아버지를 보았는데 그의 아버지가 말하기를 싸움이 평정되지

---

32) 倭人들이 매우 칭찬했다고 한다.
33) 明나라 穆宗의 연호.
34) 위정자들의 선행을 기록하게 길가에 세워둔 나무. 밑에 洞賓은 唐나라 때 呂嵒의 字로 道人이라 했는데 黃巢의 난 때 자취를 감추었다 함.

않아 앞으로 해야 할 일을 말하지 못하고 있으니 어느 때 눈을 감을 수 있으랴 하고 인해 시를 주는데 말하기를,

否運重回士女殲 불운이 거듭 와서 사녀士女들이 죽어
丙子之禍碧於藍 병자丙子년의 화가 더욱 혹독했다.
西行鐵瓮愁無酒 서쪽으로 가니 철옹鐵瓮에 술이 없어 근심스럽고
東走金剛喜有鹽 동으로 금강金剛 달려가니 소금이 있어 기뻤다.
翠蓋曾驚遼鶴唳 취개翠蓋에 일찍 요동의 학이 놀라 울고
黃巾竟碎漢靴炎 황건黃巾이 결국 부서지자 한漢의 신발은 불에 탔다.[35]
他年待得干戈息 뒤에 싸움이 끝나기를 기다려
好收吾骨瘴海南. 장기 있는 바다 남쪽의 내 뼈를 잘 거두라.

라 한 것이 전해졌으나 사실인지 아닌지 알 수 없다.

파담坡潭 윤계선尹繼善이 달천전장㺚川戰場[36]을 지나면서 지은 시가 있는데 말하기를,

古場芳草幾回新 옛 전장에 꽃다운 풀이 몇 번이나 새로웠을까
無限香閨夢裡人 젊은 여인의 방에 무한의 꿈속 사람이었다오.
風雨過來寒食節 비바람이 지나는 한식절에
髑髏碧苔又殘春. 촉루에 푸른 이끼 나는 또 남은 봄이라오.

라 했다. 그날 밤 여러 귀신들이 나와 맞이하며 인사해 말하기를 지은 시가 모두 좋은데 끝에 구句가 슬프고 간절해 읽을 수 없다고

35) 이 두 句는 이해가 어려운데, 黃巾賊은 東漢 靈帝 때 張角이 반군을 일으켜 군졸들에 누런 수건을 씌웠기 때문에 그들을 黃巾賊이라 했다.
36) 申砬이 싸우다가 패전한 곳이라 한다.

했다.

체찰사體察使 정철鄭澈이 장연長淵 금산사金山寺에 이르러 고경명高敬命, 조헌趙憲이 전사했다는 말을 듣고 신위神位를 설치하고 전을 드리며 시를 지어 말하기를,

十月金山寺	시월 금산사에서
三秋古國心	가을철 고국을 생각하는 마음이라오.
夜潮分爽氣	밤에 들리는 조수 소리 상쾌한 기분을 나누고
歸鴈哀有音	돌아가는 기러기 우는 소리에 슬프다오.
虜在頻看釰	되놈이 있을 때는 자주 칼을 빼보고
人亡欲斷琴	사람이 죽자 거문고 줄을 끊고자 한다.
平生出師表	평생 동안 출사표를
臨亂更長吟.	싸움에 다다라 다시 길게 읊는다.

라 했다.

고종후高從厚가 복수를 하기 위한 격문檄文에 있는 말 가운데 악의전樂毅傳[37]을 읽으면 반드시 책을 읽지 못하고 울 것이며, 노숙魯肅의 균菌(곰팡이)을 가리키면 대부분 바람 소리만 듣고 일어날 것이라 했는데, 제봉霽峯 고경명高敬命이 의병義兵을 일으킬 때 격문檄文에 말하기를 밤중에 닭 우는 소리 듣고 어려움이 많음을 견디지 못했고, 중류中流에서 노를 친다는 것은 스스로 고충孤忠을 허락한 것이라 했으니 제봉霽峯은 자식이 있었다고 하겠다. 종후從厚가 제주濟州에서 말을 모으기 위한 격문檄文에 말하기를 소매를 버리고 일어나는 자에 대해 내가 해외海外에 사람이 있다는 것을

37) 春秋戰國時代 燕나라의 유명한 장수로 齊를 공격하여 많은 공을 세웠으므로 높은 봉작을 받았다. 그리고 아래 있는 魯肅은 삼국지의 吳나라 인물인 듯한데 여기에 관계되는 이야기는 알아보지 못했다.

알았으며 채찍을 잡고 와서 천하에 말이 없다고 말하지 말라 했는데, 이 말이 한 때 전해 외웠다.

중봉重峰 조헌趙憲이 길주吉州로 유배를 가게 되자 남창南窓 김현성金玄成이 따라와서 양구羊裘와 시를 주었다. 그 시에 말하기를,

一領羊裘寄遠行 한 벌 양털 갖옷을 멀리 가는 자에 주니
臨風不覺淚沾纓 바람이 불자 눈물이 갓끈을 적시는 줄을 몰랐다.
湘潭莫續懷沙賦 상담湘潭에서 회사부懷沙賦[38]를 잇고자 하지 말라
重保餘生慰聖明. 여생을 잘 보전해 성명聖明을 위로할 것이오.

라 했다. 선생先生이 금산錦山에서 순절한 뒤에 석주石州 권필權韠의 시에 말하기를,

幾折雲臺檻 운대의 난간을 몇 번 끊었고
長吟楚人醒 초인이 깨게 길이 읊었다.
從知大君子 따라서 대군자임을 알았으니
不處小朝廷 소인小人들의 조정에 있지 마오.
直氣軒天地 곧은 기운은 천지를 들었고
孤忠炳日月 외로운 충성은 일월처럼 빛났다.
最嵬錦山色 높은 금산의 빛은
萬古只麼靑. 단지 만고에 푸를 뿐이다.

라 했다.

곽재우郭再祐가 임진난壬辰亂에 의병義兵을 일으켜 자신을 천강홍의장군天降紅衣將軍이라 이름했다. 순찰巡察 김쇄金碎는 근왕勤王이라 일컫고 용인龍仁까지 왔다가 급히 돌아갔다. 곽공郭公이 그

38) 작품의 이름. 屈原이 이 작품을 짓고 바로 몸을 물에 던져 자살했다고 한다.

의 죄를 열거하여 격문檄文으로 전해 조정에까지 알려졌다. 김쇄金碎가 크게 화를 내어 역적逆賊으로 논계論啓하고 글로 옮길 때 역적으로 지목했다. 곽공郭公이 바야흐로 말을 타고 진주晋州로 돌아가다가 말에 의지해 답해 말하기를 의義와 적賊의 구분은 천지가 알며 시是와 비非의 차이는 공론公論이 있다고 했다. 초유사招諭使 김성일金誠一이 달려가서 알리자 임금이 특별히 온유溫諭했다. 이호민李好閔이 시를 주어 말하기를,

聞道紅衣將	말을 들으니 홍의장군紅衣將軍이
逐倭如逐獐	왜적倭賊을 고양이 쫓는 것과 같이 쫓았다.
爲言終戮力	말하노니 끝까지 힘을 다해
須似郭汾陽.	모름지기 곽분양郭汾陽[39]과 같이 해다오.

라 했다. 왜구倭寇가 물러가자 곽공郭公은 벼슬을 버리고 취산鷲山으로 들어가 시를 지어 말하기를,

朋友憐吾絶火烟	친구들이 내가 익힌 밥 먹지 않는 것을 불쌍히 여겨
共成衡宇洛江邊	함께 낙동강 변에 허술한 집을 지었다.
無飢只在啖松葉	배가 고프지 않는 것은 단지 송엽松葉을 씹는 데 있고
不渴猶憑飮玉泉	목이 마르지 않는 것은 오직 믿고 샘물을 마신다오.
守靜彈琴心澹澹	고요함을 지켜 거문고를 타면 마음이 맑고
杜窓調息意淵冽	창을 닫고 호흡을 고르면 생각이 깊어진다.
百年盡過忘羊後	백 년을 다 지나고 모든 것을 잃은 뒤에
笑我還應稱我仙.	나를 웃던 사람이 도리어 나를 신선이라 할 것이다.

39) 汾陽은 봉호이며 성명은 郭子儀이다. 唐의 安祿山 史思明의 반란을 평정하는데 많은 공이 있었다.

라 했다.

김덕령金德齡은 광주光州 교생校生이었다. 용명과 힘이 있었고 스스로 둔갑법遁甲法을 한다고 했다. 이귀李貴가 무군사撫軍司에 추천했고 세자世子는 익호장군翼虎將軍에 임명했다. 임금이 바꾸어 초승장군超乘將軍이라 이름하니 일국이 요동하며 신장군神將軍이라 했다. 그가 일찍 시가 있었는데 말하기를,

絃歌不是英雄事　음악은 영웅이 할 일이 아니며
釼舞要須玉帳遊　칼춤은 옥장에서 노는데 꼭 요구된다오.
他日洗兵歸去後　다른 날 칼을 씻고 돌아온 후에
江湖漁釣更何求.　강호에서 고기 낚는 것 외에 다시 무슨 일을 구하랴.

라 했으니, 그의 뜻을 볼 수 있을 듯 한데, 그가 죽음을 당한 것은 허물이 아닐 것이다. 왜인倭人들이 그가 죽었다는 말을 듣고 술을 마시고 서로 기뻐했다고 한다.

택당澤堂 이식李植이 매양 동악東岳 이안눌李安訥의 시를 인정해 주지 않기 때문에 동악東岳이 한스럽게 여겼다. 동악東岳이 경주부윤慶州府尹이 되자 어떤 사람이 일이 있어 택당澤堂에게 소개해 주기를 청했더니 택당이 말하기를 "자네가 동악숙東岳叔을 보고 먼저 이렇게 저렇게 말하면 부탁해 주기를 청하지 않아도 될 것이라" 했다. 그 사람이 경주慶州에 가서 동악東岳을 보고 올 때 택당학사澤堂學士를 보았더니 영공令公이 근간에 지은 시에서,

蘇仙赤壁今蒼壁　소동파蘇東坡의 적벽赤壁은 지금의 창벽蒼壁이며
庾亮南樓是北樓　유량庾亮[40]의 남루南樓는 북루北樓가 그것이다.

40) 晋나라의 정치인이며 자는 元規이고 시호는 文康이다.

春空欲雨雲陰駁 봄하늘은 비가 오고자 하며 검은 구름이 섞이었고
野燒無烟草色斑. 들은 타면서 연기가 없고 풀빛은 아롱졌다.

라 한 작품을 들면서 두보시杜甫詩에 가깝다고 했다 하니 동악東岳이 마음속으로 크게 기뻐하며 자네가 무슨 일을 하고자 하느냐 하므로 그 사람이 하고자 하는 일을 말하자 동악東岳이 적극적으로 주선해 주었다. 뒤에 임기를 마치고 와서 동악東岳이 시를 택당에게 보이니 택당이 말이 없으므로 동악이 급해 전에 지은 것과 어떠하냐 하자 택당이 많이 다른 것이 없다고 하므로 소춘蘇春 두 연을 외우며 어떠하냐 하니 택당이 이것이 숙주叔主의 본의라고 하므로 동악이 속은 것을 알고 한탄했다고 한다.[41]

오산五山 차천로車天輅의 유배지가 경성鏡城에서 한양漢陽으로 옮겨졌는데, 그때 동악東岳 이안눌李安訥이 그 곳을 맡아 있어 글과 술이 질펀했고 기생 송월松月로 하여금 취한 가운데 천침을 하게 했다. 다음 날 기생이 십여 명이 앉아있으면서 천침한 기생을 물었더니 오산五山이 그 기생의 낯을 알지 못하고 글을 쓸 종이를 찾아 절구絶句 한 수를 써 말하기를,

燕透踈簾醉不知 제비가 성긴 발에 들어왔으나 취해 알지 못했고
滿庭松月影參差 뜰에 가득한 소나무는 달빛에 그림자가 고르지 않다.
朝雲不入襄王夢 조운朝雲은 양왕襄王의 꿈에 들어가지 않았는데
十二巫山望更疑. 열두 봉의 무산巫山은 바라보고 다시 의심한다오.[42]

41) 처음에 말한 바와 같이 細字로 쓴 것을 註로 옮겨놓는다고 했는데 여기에서 杜甫詩 云云에서부터 끝날 때까지는 細字로 쓴 것이 내용을 구체적으로 이해하는 데 도움이 필요한 듯해 본문 중에 넣었다.

42) 남녀의 성교를 雲雨之情이라 하는데, 이 시의 전결轉結 양구兩句는 그러한 설화의 배경을 중심으로 한 것이다.

라 했다.

광해군光海君 때 여러 선비들이 독서하는 捲堂은 정인홍鄭仁弘이 글을 올려 회재晦齋 이언적李彦迪과 퇴계退溪 이황李滉 양현兩賢을 꾸짖은 일로 문을 닫았다. 지봉芝峯 이수광李睟光이 지사知事로서 관館에 이르러 시를 읊어 말하기를,

絃歌聲撤讀書齋　독서재에 거문고 타며 글 읽는 소리 그치고
碧殿陰風響古街　벽전碧殿에 음산한 바람이 옛 거리에까지 들린다.
微雨一陣芳草合　가는 비는 한 때의 꽃다운 풀과 합쳤고
夕陽無語下空堦.　석양은 말없이 빈 뜰로 내려온다.

라 했다.

선비 권필權韠을 죽였다. 광해군光海君의 비妃 형제인 유희분柳希奮 무리들이 사랑을 믿고 교만하고 방자하기 때문에 임숙영任叔英이 대책對策에서 매우 나무라자 뭇소인들이 유감으로 여기고 화를 내어 임숙영이 과거에 합격한 것을 깎아 버리고자 했다. 이에 대해 양사兩司에서 다투어 봄에서부터 가을에 이르기까지 삭과를 하지 못하게 하여 윤허를 받았다. 권필權韠이 궁류사宮柳詞를 지어 말하기를,

宮柳靑靑鶯亂飛　궁중의 푸른 버들에 꾀꼬리 어지럽게 나는데
滿城冠盖媚春輝　많은 벼슬한 사람들이 봄빛에 아첨한다.
朝廷共賀昇平樂　조정에서 함께 태평을 하례하며 즐거워하는데
誰遣危言出布衣.　뉘가 위태롭다는 말을 하겠느냐 포의에서 나왔다오.

라 했다.

소암踈庵 임숙영任叔英이 신유년辛酉年 요양遼陽의 변變에 여러

날 먹지 않고 있는데 어떤 중이 찾아와서 시를 구하므로 공公이 그의 축軸에 시를 써 말하기를,

山僧忘却世間事 산승山僧이 세상일을 잊었는가
他事雖忘此可忘 다른 일은 비록 잊을 수 있지만 이 일을 잊을 수 있으랴.
聞道遼陽陷于賊 들으니 요양遼陽이 적국에 함락되었다는데
吾今不食熱中腸. 내 지금 먹지 않아도 창자에 열이 난다오.[43)]

라 했다.

석주石州 권필權韠은 본디 술국을 좋아했으며 스스로 호해湖海에서 방탕하며 위태롭고 과격한 말 하는 것을 좋아했다. 그의 시가 많이 풍자적이었다가 결국 궁류사宮柳詞로 죽음을 당했다. 임자년壬子年 옥사獄事 때 그 시를 황모黃某의 문서 가운데서 찾았는데 황모黃某가 형을 받게 되자 사실대로 말해 공公이 잡혀가서 변방으로 유배를 가게 되어 동대문 밖에서 준비를 하고 있었는데 벽에,

權君更進一盃酒 권군權君에게 다시 한 잔 술을 드리니
西出陽關無故人. 서쪽 양관陽關으로 나가면 친구도 없으리라.

라 한 것에 대해 공公이 근勸 자字를 권權 자字로 한 것을 보고 놀라며 슬퍼했다. 어떤 사람이 술을 주어 취하게 마시고 다음 날 세상을 떠났다. 주인집 사립문을 시상尸床을 했는데 그 사립문 위에 있는 시에 말하기를,

正是靑春日將暮 바로 청춘인데 날이 장차 저물려 하니

43) 熱中腸은 약 이름인지 모르겠으나 전체 내용을 감안해 글자대로 번역해 보았다.

桃花亂落如紅雨　복숭아꽃이 어지럽게 떨어져 붉은 비 같다.
權君終日酩酊醉　권군權君은 종일 취해 비틀거렸으나
酒不到柳聆墳上土.　술은 유령柳聆의 무덤 위의 흙에는 오르지 않는다.

라 했는데, 때는 삼월 그믐이었고 주인집 복숭아꽃이 반은 떨어졌고 반은 피고 있었으며, 또 근勤을 권權 자字로 했으며 유령劉伶을 유령柳聆으로 했다고 하는 것을 유가柳家에서 듣고 화를 만드는 것이 아닌가 했다고 하니, 더욱 교묘하게 합친 듯하다. 어찌 전세에서 정한 것이 아니겠는가.

석주石州의 형 도韜도 역시 죄를 입어 해남으로 유배가면서 지은 시가 있는데 말하기를,

臣罪如山死亦甘　신의 죄 산 같아 죽임도 또한 단데
聖恩寬貸謫江南　임금 은혜 너그럽게 빌려주어 강남으로 유배되었다.
臨歧別有無窮恨　갈리는 길에 헤어지며 무궁한 한이 있는 것은
慈母時年八十三.　어머니 금년 연세 팔십삼 세라오.

라 했는데, 듣는 자들이 슬퍼했다. 석주石州가 일찍 지은 시에 말하기를,

細雨鶯聲滑　가는 비에 꾀꼬리 우는 소리 미끄러우며
空江柳色新　빈 강에 버들 빛이 새롭다.
如何與君別　어찌하여 그대와 이별하니
悄悄動悲吟.　근심으로 슬픈 노래가 나온다.

라 했다.

한음漢陰 이덕형李德馨이 광해군 때 벼슬도 깎이고 양근楊根 용

진龍津으로 나가 울며 밥 먹는 것도 물리쳐 열흘이 되지 않았는데 세상을 떠났다. 백사白沙 이항복李恒福이 지은 만시에 말하기를,

淪落空山舌自捫 공산에 빠져 멀어지자 혀가 스스로 더듬는 것은
自君長逝暗消魂 그대 멀리 떠나면서 몰래 혼을 사라지게 한 것이오.
哀辭不敢分明語 애사哀辭를 감히 분명하게 말하지 못하는 것은
薄俗窺人喜造言. 얇은 풍속이 사람을 엿보고 말 만드는 것을 좋아함이요.

라 했는데, 대개 주변에서 말을 만드는 것을 지적한 것이다. 처음 공公이 돌아오면서 강 머리에 도착하니 큰 범이 엎드리고 있다가 말 앞에서 선도를 하여 집에 가까이 이르자 가버리고, 또 이인異人이 강 머리에서 기다리다가 율시律詩 한 수를 주는데, 그 수구首句와 제第 삼연三聯은 기록하지 않고,

家在廣陵江水西 집은 광릉廣陵 강물 서쪽에 있다.
黃花艶艶節何晚 아름다운 국화 피는 절기가 어찌 늦었는가
落葉蕭蕭風更凄 소소히 떨어지는 잎에 바람은 다시 차다.
窓前杜宇催歸去 창 앞에 소쩍새는 돌아가기를 재촉하여
似識幽人戀舊棲. 유인幽人이 옛날 살던 곳을 그리워함을 아는 듯하다.

라 했다.44)

오창梧窓 박동량朴東亮은 임진난壬辰亂 때 호종扈從과 육조六曹의 랑郎을 겸했다. 사람됨이 명민하고 말을 잘해 이로서 인정을 받

44) 광해군이 廢母를 하고자 할 때 尹認 鄭造가 먼저 발의하며 말하기를 巫蠱의 말이 이미 전파된 지 오래이며 외부에서 호응하는 흔적이 賊口로부터 나왔고 마땅히 나올 의미도 있다고 했을 때 白沙가 漢陰에게 일러 말하기를 내가 죽을 곳을 얻었다고 했다 한다.

았고 벼슬이 일품에 이르렀는데 사십이 되지 않아 광해군 때 죄인의 죄안罪案을 작성하다가 파직되어 그것으로 마쳤다. 학곡鶴谷 홍서봉洪瑞鳳이 지은 만시에 말하기를,

> 搏鵬忽失扶搖勢 붕새를 잡았다가 붙들어 흔드는 세력에 의해 잃었고
> 病樹虛經爛漫春. 병든 나무는 찬란한 봄을 헛되게 보냈다.

라 했는데, 세상에서 명구名句가 된다고 했다.

죽소竹所 김광욱金光煜이 고양호상高陽湖上에 살고 있었는데, 이이첨李爾瞻이 갑자기 와서 보고자 했으나 공公은 끝까지 보지 않았다. 박정길朴鼎吉이 시로써 공公의 의사를 탐지하고자 했는데 공公이 그 시에 화답하여 말하기를,

> 殘花失色雖沾雨 시든 꽃이 비록 비에 젖었으나 빛을 잃었으며
> 枯木無心豈復春. 고목은 어찌 봄이 다시 돌아오는데 무심하랴.

라 하니, 박정길朴鼎吉이 공의 마음가짐이 변하지 않을 것을 알고 서로 묻지 않았다. 공公이 세상을 떠날 때 한 절구를 지어 말하기를,

> 無才無德位因尊 재주도 덕도 없는데 벼슬은 높았으니
> 一髮無非聖主恩 하나의 머리털도 임금 은혜 아님이 없다.
> 國恩未報身將死 나라 은혜 갚지 못하고 먼저 죽게 되었으니
> 永作重泉不瞑魂. 길이 저세상에서 눈을 감지 못하는 혼이 되겠다오.

라 했다.

추포秋浦 황신黃愼이 을미년乙未年에 심유경沈惟敬을 따라 왜영倭營에 가서 명明나라 장수를 접대하고 왜倭의 추장酋長과 주고받

고 하는 것에서 행동이 기민하고 마땅해 탄복하지 않음이 없었다. 병신년丙申年에 양방형楊方亨, 심유경沈惟敬을 따라 바다 건너 가다가 바람을 만나 배가 뒤집히게 되었는데 공公이 글을 지어 해신海神에게 맹세해 말하기를 표랑豹狼의 무리 속에 이미 이년二年의 절개를 가졌고 용의 굴 위에서 또 팔월 동안의 배를 타고 가진 고생을 달게 여기며 머리를 숙이고 스스로 맹세합니다. 모某는 어지러운 때를 만나 나라에 노력하는 것을 나라에서 허락했기 때문에 험하고 어려운 일들을 갖추어 겪었습니다. 그런데 주리州里에 만맥蠻貊을 다닐 수 있게 하겠는가. 충성이 변하지 않은 경우에는 하늘에 질의를 해도 부끄럽지 않을 것이다. 사천 리를 가는 일에 어찌 감히 조금도 수고롭지 않으며, 삼십 년 공부가 바로 오늘의 힘을 얻는데 있나니 돌아보면 임금의 일이 중요하고 아마 신하로서 당연한 직분으로 바람에 돛을 달고 일본 땅을 멀리 가리킬 것이며, 진실로 사직을 편안히 하고 국가에 이익이 있다면 죽어도 피하지 않을 것인데 임금의 명령을 욕되게 하고 몸을 잃을 것 같으면 살아 있다 해도 무슨 도움이 있겠는가, 엎드려 원하노니 성령聖靈은 이러한 정성과 공손함을 살피면 다행이겠고, 이 말이 속임이 없다는 것을 하늘이 알고 있으니 진실로 한 번 생각하고 혹시 게으르면 신을 죽여주시오 하고 빌기를 다하자 바람이 정했다.

왜지倭地에 이르자 관백關伯의 대접이 심히 엷어 일이 어떻게 될지 알 수 없었다. 두 사신이 계획을 묻자 공이 말하기를 "왜지倭地에서 벗어나야 한다는 것은 이미 정해졌고 만약 세 가지 계획에서 화사和事가 순하게 이루어지면 중국 사신을 따라갔다가 오는 것이고, 만약 이루어지지 않는다면 비록 십 년을 머문다 할지라도 달게 여길 것이고, 만약 크게 독하게 화를 낸다면 비록 죽인다 해도 또

한 사양할 바가 아니라." 했다. 모든 왜인倭人들이 와서 관백關伯이 너희 무리들을 모두 죽이고자 한다고 전하니 일행이 어찌할 바를 모르고 있으나 황공黃公만은 홀로 잠을 깊게 자고 있으면서 일어나지 않고 있었으며, 뭇 왜인들도 의심이 정해졌다. 돌아와서 가선대부嘉善大夫로 승진되었으며 뒤에 왜인倭人들도 우리나라 사람들을 만나면 반드시 공의 안부를 물었다고 한다.

먼저 분승지分承旨 조우인曺友仁이 경운궁慶運宮[45]에 입직하러 가서 지은 시가 있는데 말하기를,

橫廊寂寞鳥聲哀	횡랑橫廊은 쓸쓸하고 새소리 슬프며
晴晝空庭掩草萊	갠 낮에 뜰은 비었고 풀들이 가리었다.
淸切地曾司出納	매우 맑은 땅에 일찍 출납을 맡았으며
荒凉歲久聚塵埃	거친 세월에서 오랫동안 티끌을 모았다.
燕尋舊主投簾隙	제비는 옛 주인 찾아 주렴 사이로 들어오고
蝶趁殘花戲砌隈	나비는 남은 꽃을 찾아 섬돌 가에서 희롱한다.
水涸銅龍宮漏絶	동용銅龍에 물이 마르자 궁중의 누수도 끊어졌고
香消金鴨篆灰堆	금압에 향불이 꺼지고 전서篆書의 탄 재가 쌓였다.
蕭條物色殊南內	쓸쓸한 물색은 남쪽과 다르고
陟降精靈隔夜坮	오르내리는 정령精靈은 야대夜坮에 막혔다.
白髮孤臣潛下淚	백발의 고신이 몰래 눈물을 흘리는 것은
不堪萇楚滿階栽.	보리수를 뜰에 가득하게 재배할 수 없다오.

라 했고,[46] 또 말하기를,

---

45) 仁穆大妃가 光海君에 의해 폐출되어 이 궁에 있었다고 한다.

46) 위 시의 형식에 대해서는 말이 없는데 脚韻을 보아 絶句나 律詩는 아닌 듯하고 古詩가 아닌가 한다. 漢詩에도 여러 형식이 있는데, 지난날 우리나라 필사본들은 형식에 따라 분리하지 않고 지문과 같이 연달아 써놓았기 때문에 작품의 형식을 구분하기 어려울 때가 적지 않다.

欲承無旨可能承 잇고자 뜻이 없으니 잇는 것이 가능하겠는가
承旨華啣底處微 승지承旨의 빛난 이름은 밑에서 가는 것이라오.
坐待黃昏簾影黑 앉아 황혼에 주렴 그림자 검기를 기다려
但看蝙蝠撲飛蠅. 다만 박쥐가 나는 파리를 치는 것을 볼 뿐이오.

라 했는데, 그때 백대형白大珩이 이 시를 보고 함정에 빠뜨리고자 했으나 그 시를 기억하지 못해 자신의 생각으로 별도로 시를 지어 속이기 위해 우필전禹弼甸을 시켜 우인友仁이 서궁시西宮詩에 南內凄凉月 時有英靈泣이라 한 것을 논박하며 국문을 하게 청해 직접 국문을 해 거의 죽게 되었다.[47)]

백사白沙 이항복李恒福이 물러나 고향집에 살면서 시골 사람이 입는 옷을 입고 청평산淸平山에 놀다가 소양강昭陽江에 이르렀는데 같은 배를 탄 젊은 무리들이 어떻게 이곳에 왔느냐 하며 물었다. 공公이 이곳 산수山水가 아름답다는 말을 듣고 살고 싶어 왔다고 하니 젊은 무리들이 한 산을 가리키며 말하기를 세상에 전하기를 이 산이 떠내려 와 옮겨온 사람이 살면 부자가 많이 된다 하니 당신도 잘 왔다 하고 인해 서로 귀에 대고 말하기를 이 사람의 옥권玉圈도 반드시 곡식을 준 것이라 했다. 공公이 희롱하는 시를 지었는데 말하기를,

晩計昭陽下 늦게 소양강昭陽江으로 내려갈 계획을 하니
同君老一竿 그대와 함께 하나의 낡은 낚싯대라오.
莫憂生事薄 사는 일이 어렵다고 걱정하지 말라
自有浮來山. 스스로 부래산浮來山이 있다네.

47) 友仁의 호는 梅湖이며 反正한 뒤에 承旨였다.

라 하니 듣는 사람이 배를 잡고 웃었다.

공公이 유배를 가면서 망우리령忘憂里嶺을 지나며 지은 시에 말하기를,

獰風難透鐵心肝　영악한 바람이 쇠 같은 간을 뚫기 어려워
不怕西關萬疊山　서관西關의 만첩산을 겁내지 않았다.
歇馬震巖十丈嶺　진암震巖에서 십장령까지 말을 쉬게 하다가
夕陽回馬穆陵寒.　석양에 목릉穆陵48)으로 말을 돌리려 한다오.

라 했다. 공公이 출발할 즈음 여러 인사들이 산단山壇에서 전송을 하는데 오봉五峯 이호민李好閔의 시에 말하기를,

此地年年送客歸　이 곳에서 해마다 손을 보내고 돌아왔는데
山壇擧酒祭江籬　산단山壇에서 술을 들고 강변에 제사를 지낸다.
吾行最晩當何處　내 가는 것이 가장 늦은데 어느 곳에 가게 될까
無復故人別來離.　다시 친구가 이별하러 올 사람이 없다오.

라 하니, 공公이 화시和詩에 말하기를,

雲日蕭蕭晝晦迷　해가 구름에 가려 쓸쓸해 낮에도 혼미하며
北風吹破遠征衣　북풍이 불어 멀리 가는 사람은 옷을 갈라지게 한다.
遼東城郭應依舊　요동의 성곽들이 응당 예와 같을 것인데
只恐令威去不歸.　단지 명령으로 가서 돌아오지 않았다.

라 하고 공公이 전송 나온 사람들에 일러 말하기를 "내년 팔월에 돌아오겠는데 그때 서로 보게 될 것인지 보지 못할 것인지 알 수

---

48) 宣祖의 陵號.

없다." 했다. 공公이 북청北靑에 이르러 지은 시에 말하기를

古堠松牌記北靑 옛 장승 표지판에 북청北靑이라 기록했으며
松橋西畔小人迎 소나무 다리 서쪽 끝에 몇 사람들이 맞이한다.
群山定欲囚豪傑 뭇 산들이 정한 듯 호걸들을 가두고자 하는데
回望千峰鎖去程. 돌아 바라보니 천 봉이 가는 길을 막는다.

라 했다.

「속잡록'續雜錄'」에 이르기를 공公이 기자헌奇自獻과 함께 북쪽으로 유배를 가게 되었는데, 기奇는 둥우리를 탔고 공公은 부담을 탔다 하니 공公이 기상奇相에 일러 말하기를 "대감은 둥우리 같은 것을 만났으니 위태하겠다" 하자 기상奇相이 대감은 가는 곳마다 부담浮談을 탔다 했다. 공公이 철령鐵嶺에 올라 지은 노래에 말하기를,

철령鐵嶺 놉흔 직에 자고 가는져 구룸아
고신원루孤臣寃淚를 비삼아 씌여다가
님 계신 구중궁궐九重宮闕의 쁘려본들 엇더ᄒᆞ리.

라 했는데, 이 노래가 전파되어 궁인宮人들이 모두 불렀더니 광해군도 듣고 슬퍼하며 눈물을 흘렸으나 끝나 돌아오지 못했다. 우재尤齋 송시열宋時烈이 辭로 번역을 했는데 그 사에 말하기를,

鐵嶺高處宿雲飛 철령鐵嶺 높은 곳에 자고 가는 저 구름아
飛飛何處歸 날고 날아 어느 곳을 가고자 하나뇨.
願帶孤臣數行淚 원하건대 고신孤臣의 몇 줄 눈물을 가져다가
作雨去向終南北岳間 비를 만들어 종남終南과 북악北岳 사이에
添洒瓊樓玉欄干. 경루의 옥난간에 뿌려주오.

라 했다. 약천藥泉 남구만南九萬이 일찍 함관령咸關嶺을 지나다가 백사白沙의 이 노래를 번역한 시에 말하기를,

咸關嶺高復高　함관령 높고 다시 높아
夜宿曉去寒雲飛　밤에 자고 새벽에 가니 찬 구름이 난다.
孤臣寃淚欲付汝　고신의 원통한 눈물 너에 주노니
願帶爲雨長安歸　비를 만들어 서울로 돌아가서
長安宮闕九重裡　장안 궁궐 겹겹이 싸인 가운데
倘向君前一霏霏.　꼭 임금 앞을 향해 뿌려다오.

라 했는데, 철령鐵嶺을 함관咸關이라 한 것은 잘못 들었기 때문이다. 공公이 여덟 살 때 인금釼琴으로써 시를 짓게 했더니 공公이 바로 응해 말하기를,

劍有丈夫氣　칼은 장부의 기상이 있고
琴藏千古音.　거문고는 천고의 음을 감추었다.

라 했다.

성옹醒翁 김덕성金德誠은 처음에 남해로 유배되었다가 명천明川으로 옮겼으며, 또 온천穩川으로 옮겼다가 또 사천泗川으로 옮겼다. 공公의 시에 말하기를,

南遷北遷又南遷　남쪽에서 북쪽으로 또 남쪽으로 옮겼으니
兩歲三呼漢水船　두 해에 한강 배를 세 번 불렀다.
津吏不知仍舊罪　나루지기는 옛날 죄로 옮기는 것을 알지 못하고
謂吾隨處作新愆.　내가 가는 곳마다 새로운 허물을 만든다고 한다.

라 했다.

추탄楸灘 오윤겸吳允謙이 임술년壬戌年에 진하사進賀使로 충원이 되었는데 그때 바닷길이 많이 험해 바람을 만나 거의 엎어질 듯했다. 공公이 단정하게 앉아 시를 써 말하기를,

一死已前定	한 번 죽음은 이미 앞에서 정해졌으니
到此何更疑	이에 이르러 다시 무엇을 의심하랴.
從容斂襟袖	조용히 옷깃과 소매를 거두고
坐待命盡時.	앉아 명이 다할 때를 기다리겠다.

라 하니 마침내 일이 없었다.

추탄楸灘의 손자 도일道一은 호가 서파西坡였다. 어릴 때 장동壯洞 수각水閣에서 놀고 있는데 여러 명관名官들이 회의하기 위해 모였다가 너는 뉘 집 아이냐 하고 물으니 나는 바로 추탄楸灘 손자인데 공公들은 추탄 할아버지를 모르느냐 여러 인사들이 이상히 여겨 시를 지을 수 있느냐 하니 만약 대백大白을 마신다면 가능하다고 하므로 술잔을 들어 주면서 삼자三字의 운韻을 알려주니,

樓頭醉臥吳挺一	누 머리에 취한 오정일吳挺一은 누었고
松下吟詩柳道三.	소나무 아래 유도삼柳道三은 시를 읊는다.

라 하므로 모인 사람들이 어른들의 이름자를 사용한 것에 대해 꾸짖고자 하니 답해 말하기를 "오정일吳挺一 유도삼柳道三이 서로 모여 운을 냈는데 삼자三字가 어찌 서로 너라하지 아니하리오." 하자 자리에 앉은 사람들이 부끄럽게 여겼다. 또 말하기를,

雲愁九疑月千古　수운이 낀 구의산九疑山[49]에 달은 긴 세월로 비치고
水滿三湖秋萬里. 물이 가득한 삼호三湖에 가을은 만리라오.

라 했다.

월사月沙 이정귀李廷龜는 여섯 살 때 유모가 안고 문밖에 나가 앉았는데 술에 취한 사람이 앞 다리로 지나가고 그때 버들꽃이 날고 저 소리 들리었다. 공公의 아버지가 너 이것으로 시를 짓겠느냐 하니 바로 말하기를,

扶過小橋外　　붙들어 작은 다리를 지나고
楊花爭亂飛　　버들 꽃은 다투어 어지럽게 난다.
何處數聲笛　　어느 곳에서 부는 피리 소리는
吹來醒醉耳.　　취해 깬 사람의 귀에까지 들려온다.

라 했다.

지봉芝峯 이수광李睟光이 아이었을 때 지은 설시雪詩에 말하기를,

庭前有月松無影　뜰 앞에 달빛은 있으나 소나무는 그림자가 없고
檻外無風竹有聲. 난간 밖에 바람은 없는데 대는 소리가 있다.

라 했다.

우복愚伏 정경세鄭經世가 과거에 응시하러 가면서 지은 시가 있었는데,[50]

---

49) 중국 湖南省에 있는 산 이름. 舜임금 宗廟가 있다고 함.

50) 愚伏이 과거 보러 가면서 단양丹陽을 거쳐 가게 되었는데 밤에 길을 잃고 산골에 있는 띠집에 자게 되었다. 어떤 노인이 같이 자면서 말하기를 "과거는 금년이 가장 이로우며, 또 벼슬을 하게 된 후 세 번 옥에 들어가

賦命每憐三不幸 타고난 운명에 매양 세 가지 불행이 있어 가련했는데
行身何啻七宜休 살아가는데 어찌 일곱 번 쉬는 것 뿐이겠는가.
東華久作紅塵客 동화東華[51]에서 오랫동안 홍진의 나그네 되었으니
欲向丹丘訪道流. 신선이 사는 곳을 향해 도류道流[52]나 찾고 싶다오.

라 했다.

귀산군龜山君 수睟는 정사년丁巳年에 금산군錦山君과 더불어 대궐 문 앞에 엎드려 반대하는 글을 올렸다가 순천順天으로 유배되었을 때 지은 시가 있는데 말하기를,

爲國丹忠白日明 나라 위한 충성 대낮처럼 밝아
孤臣一死等毛輕 고신孤臣의 한 번 죽음 가벼운 털과 같다오.
封章直欲扶宗社 봉장封章[53]은 바로 종묘사직을 돕고자 함인데
肯恨今朝瘴海行. 오늘 장기의 바다로 가는 것을 즐거이 한하랴.

라 했다. 반정反正한 후에 복관復官되었으며 자손들은 세상에서 유명한 인사가 많았다.

는 것을 면할 수 없을 것이다." 또 잇따라 말하기를 "지금부터 칠 년 뒤 국가에 큰 난리가 있을 것이고 그 후 삼십삼 년에는 큰 도적이 서쪽에서 일어날 것인데 자네는 모루 직접 볼 것이라" 했다. 밤이 깊어 愚伏은 잤는데, 새벽에 일어나 보니 간 곳을 알 수 없었다. 그 집 사람에게 물었더니 말하기를 "그 사람은 柳生員이라 부르는데 이곳 산수를 좋아해 간혹 오고간다"고 했다. 그 해 愚伏은 과거에 급제했는데 丙戌년이었고 壬辰년에는 倭寇와 甲子년에는 李适亂, 丙子년에는 虜亂, 甲申년에는 明나라가 망했다. 愚伏이 李震吉, 金直哉, 金夢席의 일로 몇 년 잡혀 있었다고 했다.

51) 여러 가지의 의미가 있는 듯한데, 여기서는 우리나라로 보는 것이 마땅할 듯하다.

52) 道敎에서 수련하는 인사로서 道士와 같은 의미로 보아도 무방할 듯하다.

53) 密封하여 임금에게 자신의 의견을 올리는 것.

요동백遼東伯 김응하金應河가 노虜를 치다가 순절하자 조정에서 장군의 행적과 만시輓詩를 모아 충렬록忠烈錄이라 하여 세상에 유행하게 했다. 박정길朴鼎吉의 시에 말하기를,

百尺深河萬仞山 백 척의 깊은 강 만 길의 높은 산에
至今沙磧血痕斑 지금 모래자갈에는 피 흔적이 아롱졌다.
英魂且莫招江上 빛난 영혼을 강 위로 부르지 말라
不滅匈奴定不還. 흉노를 멸하지 않으면 결단코 돌아가지 않으리라.

라 했다.

광해군光海君 때 중국 장수 조도사趙都司가 서울에 와서 지은 시가 있는데 말하기를,

淸香旨酒千人血 맑은 향의 맛있는 술은 천 사람의 피요
細切珍羞萬姓膏 가늘게 끊은 진수는 많은 사람 기름이다.
燭淚落時人淚落 촉의 눈물이 떨어질 때 사람 눈물도 떨어지며
歌聲高處怨聲高. 노래 소리 높은 곳에 원성도 높다.

라 했는데, 대개의 광해군光海君 정치의 어지러움과 백성들의 곤함을 질책한 것이다.

『청야만집靑野漫輯』에 말하기를 밀창부원군密昌府院君 박승종朴承宗은 세자빈世子嬪의 조부이고, 문창부원군文昌府院君 유희분柳希奮은 중전中殿의 오빠이며, 광창부원군廣昌府院君 이이첨李爾瞻은 빈嬪의 외조外祖였다. 그때 이들을 삼창三昌이라 일렀는데 이이첨李爾瞻은 대북大北의 괴수魁首였고, 박승종朴承宗과 유희분柳希奮은 소북小北의 괴수魁首였다. 대북大北 소북小北이 서로 모여 술

을 마시다가 이이첨李爾瞻이 먼저 읊으며 말하기를,

不是尋春樂事忙 봄을 찾는 것이 즐거운 일로 바쁠 뿐만 아니라
只要相會話心腸 서로 모여 심장을 이야기하는 것이 중요하다오.
梅花亦解吾人意 매화도 역시 우리들 뜻을 이해하는지
先占天和送暗香. 먼저 하늘이 화기를 점령해 짙은 향기를 보낸다.

라 했으며, 박승종朴承宗이 차운次韻하여 말하기를,

十日相尋春日忙 십일 동안 서로 찾느라 봄날이 바빴는데
向來懷抱幾回腸 이제까지 몇 번이나 창자를 안고 있었느냐.
梅寒竹秀同淸標 찬 매화 빼어난 대도 맑은 가지를 같이 하여
盡醉芳樽內醞香. 좋은 술통의 빚은 향기에 취하고 싶어 한다.

라 했으며, 유희분柳希奮이 차운하여 말하기를,

憑君休道異閑忙 그대에 부탁하노니 한가하고 바쁜 것이 다르다고 말하지 말라
但願彌堅鐵石腸 다만 철석 간장이 더 긴장하기를 원할 뿐이오.
李白桃紅都不管 오얏이 희고 복숭아가 붉은 것은 전혀 상관하지 않고
歲寒期保姓名香. 추우면 성명의 향기를 보전하는데 기약하고자 한다.

라 했다. 이찬李贊 이후창李厚昌은 이첨爾瞻의 무리였다. 차운해 말하기를,

小吏休言直宿忙 소리小吏는 숙직宿直이 바쁘다고 말하지 말라
吾儕說話揚肝腸 우리 무리들이 말하는 것은 모두 중요하다오.
滿園桃李看看好 동산에 가득한 도리桃李는 볼수록 좋은데

只恨傍無笑語香. 다만 옆에 웃는 말의 향이 없어 한스럽다.

라 했고, 이후창李厚昌은 차운하여 말하기를,

胄筵禮羅出門忙 공부하는 자리 예를 벌여놓아 문에 나가기도 바빠
請得仙茶潤肺腸 선다仙茶를 얻어 폐와 창자를 윤택하게 하고 싶다.
此會應知非偶耳 이 모임이 우연이 아니라는 것을 알겠지만
逢場須記小梅香. 만나는 자리에 꼭 소매향을 기억합시다.

라 했다.[54)]

인조仁祖 계해년癸亥年에 반정反正이 되자 세자世子 지祬를 강화江華도 폐출시켰다. 지祬가 배를 타고 가면서 지은 시에 말하기를,

塵寰翻覆似波瀾 티끌 세계의 번복이 파도와 같아
何必憂愁心自閑 어찌 꼭 근심한다고 마음이 한가롭겠는가.
二十六年眞一夢 이십륙 년이 참으로 하나의 꿈이었으니
好須歸去白雲間. 좋게 흰 구름 사이를 오고가리라.

라 했고, 또 위리圍籬되어 있으면서 지은 시에,

本是同根何太薄 본디 같은 뿌리로서 어찌 너무 얇은가
理宜相愛亦相哀 이치는 서로 사랑하고 또한 같이 슬퍼해야 할 것이다.
緣何奪此樊籠裏 무슨 인연으로 이 장롱 속을 빼앗고자 하느냐.
綠水靑山任去來. 푸른 물과 산을 임의대로 가고오게 하랴.

---

54) 그때 兩北이 서로 싸우므로 李慶全이 종간에서 조정하여 保合이 되게 했으므로 이와 같이 말했다고 했다.

라 했다.

낙서洛西 장만張晩이 반정후反正後에 도원수都元帥에 임명되었다. 이괄난李适亂을 평정하여 공이 책정되자 춘첩시春帖詩를 지어 말하기를,

吾年六十四　　내 나이 육십사 세에
布衣榮已極　　포의布衣[55]로서 영화가 이미 극에 이르렀다.
上願退田廬　　으뜸이 되는 소원은 시골집으로 물러나는 것이며
次願歸溟漠　　다음 소원은 넓고 아득한 데로 가는 것이다.
此外無所求　　이 밖에 구하는 바가 없으니
神明照心曲.　　신명[56]은 마음에 품은 것을 비추어다오.

라 했다.

야은野隱 송시영宋時榮은 병자호란丙子胡亂에 강도江都에서 순절殉節했다. 우암尤庵 송시열宋時烈은 만시輓詩에서 말하기를,

憶曾風雨碎孤城　일찍 비바람이 고성을 부수는 것을 기억하는데
天柱崩摧地軸傾　천주가 무너지고 지축도 기울었다.
我忍獨留經丙子　나는 참고 홀로 머물며 병자년을 겪었으나
君能先逝守崇禎　그대는 먼저 가서 숭정崇禎을 지켰다.
人情自古皆哀死　인정은 예부터 모두 죽음을 슬퍼하지만
世上如今不願生　지금 같은 세상은 살기를 원하지 않는다오.
若到雲鄕朝烈祖　만약 운향에 이르러 역대 군왕을 뵈오면
善爲說辭莫分明.　말은 잘하되 분명하게 하지 마오.

---

55) 베로 지은 옷, 벼슬하지 않은 선비.
56) 하늘과 땅의 신령.

라 했다. 홍익한洪翼漢은 심양瀋陽에 잡혀 있을 때 삼월 삼일이었다. 지은 시가 있는데 말하기를,

陽坡細草柝新胎	양지 쪽 언덕에 가는 풀은 새 움이 트고
孤鳥樊籠意轉哀	외로운 새가 장 속에 갇혀있는 것처럼 마음이 슬프다.
荊俗踏青心外事	초楚나라 풍속의 답청踏青은 생각 밖의 일이오
錦江浮白夢中回	금강錦江에서 하던 부백浮白[57]은 꿈속에 돌아온다.
風飜夜石陰山動	바람에 야석夜石이 날리면 음산陰山이 움직이고[58]
雪入春澌月窟開	눈이 봄물 잦아진 데 들어가면 월굴月屈[59]이 열린다.
飢渴僅能聊繼命	굶주리고 목말라 겨우 생명만 유지했으니
百年今日淚盈腮.	일생 동안 오늘 뺨에 눈물이 가득하다.

라 했다.

오달제吳達濟는 잡혀갈 때 모부인母夫人에게 올린 시가 있는데 말하기를,

風塵南北各浮萍	난리에 남북으로 각자 부평초처럼 나누어져
誰謂相分有此行	누가 이르기를 서로 나눌 때 이러한 행동이 있다 했나뇨
別日兩兒同拜母	이별하는 날 두 아들이 같이 어머니에 절했는데
歸時一子獨趨庭	돌아올 때 한 아들만 뜰에 섰겠다.
絶裾已負三遷敎	옷자락 끊어지자 이미 삼천三遷의 가르침을 등졌고
泣線空悲寸草情	눈물은 공연히 짧은 정을 슬프게 한다.
關塞路脩西日暝	변방 길은 멀고 서쪽 해는 어두운데
此生何路更歸寧.	이 몸이 어느 길로 다시 돌아가 뵈옵겠습니까.

57) 술을 마시다가 남기는 자에게 벌로써 마시게 하는 술.
58) 이 頸聯은 이해에 어려움이 있음을 밝혀둔다.
59) 달 가운데 있는 굴이라 한다.

라 했다. 또 말하기를,

孤臣義正心無怍 고신은 의롭고 바르기 때문에 부끄러움이 없으며
聖主恩深死亦輕 임금의 은혜 깊었으니 죽음도 또한 가볍다오.
最是此生無限痛 이 몸이 가장 무한히 아픈 것은
北堂虛負倚門情. 어머니의 기다리는 정을 헛되게 저버리는 것이오.

라 했다. 기형시寄兄詩에 말하기를,

南漢當年就死身 남한산성의 치욕을 당하던 해 죽어야 할 몸이
楚國猶作未歸臣 초국楚國에서 오히려 돌아가지 못하는 신하라오.
西來幾洒思兄淚 서쪽으로 와서 몇 번 형의 은혜에 눈물 뿌렸으며
東望遙憐憶弟人 동쪽을 바라보며 아우를 생각하는 불쌍한 형이오.
魂逐塞鴻悲隻影 혼은 변방 기러기를 좇아 외로운 그림자를 슬퍼하며
夢驚池草惜殘春 꿈에 봄풀이 못에 남은 것이 아까워 놀랐다.
想當彩服趨庭日 생각건대 때때옷 입고 뜰에 가는 날
忍作何辭慰老親. 차마 무슨 말로 늙은 어머니를 위로하랴.

라 했으니, 기처시寄妻詩에 말하기를,

琴瑟恩情重 금슬은 은혜의 정이 무거웠으며
相逢未二朞 서로 만난 것이 이 년이 되지 못했다오.
今成萬里別 지금 만 리의 이별이 되었으며
虛負百年期 백 년의 기약을 헛되게 저버렸다.
地濶書難寄 땅이 멀어 글을 부치기 어렵고
天長夢亦遲 하늘이 길어 꿈도 또한 더디겠다.
吾生未可卜 내 삶을 점칠 수 없으니
須護腹中兒. 반드시 뱃속 아이를 보호하오.

라 했다.

동계桐溪 정온鄭蘊이 남한산성南漢山城까지 호가扈駕했다가 장차 성에서 나와야 할 때 이르러 반드시 죽을 것이라 생각하고 몇 수의 시를 지어 이르기를,

生世何險巇	세상에 태어나서 어찌 이렇게 위험한가
三旬月暈中	한 달 동안 달무리 가운데 있었다.
一身何足惜	내 한 몸이 어찌 아까우며
千乘奈云窮	천승千乘[60]을 어찌 궁하다고 이르는가.
外絶勤王士	밖으로는 근왕勤王의 병사들도 끊어졌고
朝多賣國凶	조정朝廷에는 나라를 파는 흉한 놈도 많다.
老臣何所事	노신老臣이 일할 바가 무엇이냐
腰下有霜鋒.	허리에 서리 같은 칼이 있다오.

라 했고, 또 말하기를,

砲聲四發如雷震	포 소리가 사방에서 들려 우레 소리 같아
衝破孤城士氣洶	고성孤城을 충격으로 부수어 사기가 흉하다.
惟有老臣談笑聽	오직 노신老臣은 이야기하고 웃는 것을 들으며
擬將茅屋號從容.	띠집을 빗겨 종용하다고 불렀다.

라 했다.

정축년丁丑年 사월四月에 숭덕崇德[61] 연호年號를 사용한다 했다. 공公이 지리산智異山에 들어가서 지은 시가 있는데 말하기를,

---

60) 옛날 중국은 수레 가진 수로 국력을 평가했는데 一乘은 한 대를 말한 것이다.

61) 淸 太宗의 年號.

崇禎年號止於斯 숭정 연호가 여기에서 그치니
明歲那堪新歷披 명년에 새 책력 나누어주는 것 어찌 견디랴.
從此山人尤省事 이후부터 산인이 더욱 일을 살피며
只憑花葉驗時移. 다만 꽃과 잎에 의지해 세상 변하는 것 증험하리라.

라 했다.

어떤 사람이 대궐문에 시를 지어 부쳤는데 말하기를,

三綱已絶國隨傾 삼강三綱[62]이 이미 끊어지고 나라도 따라 기울어
公議千秋愧汗青 천추의 공의公議로 역사에 부끄럽겠다.
忍背神宗皇帝德 차마 신종神宗의 덕을 어찌 배반하고
何顔宣祖大王靈 무슨 낯으로 선조宣祖의 영을 뵈오랴.
寧爲北地王諶死 차라리 북지왕北地王 심諶[63]처럼 죽을지언정
肯作東窓賊檜生 동창東窓의 적신賊臣 진회秦檜[64]와 같이 살 수 있으랴.
白首潛行長痛哭 백수에 모르게 가서 길게 통곡을 하니
穆陵殘日照微誠. 목릉穆陵[65]의 남은 햇빛이 가는 정성을 비춘다.[66]

라 했다.

또 「당음수자唐音搜字」의 무명시無名詩에 이르기를,

---

62) 君臣, 父子, 夫婦의 道를 말함. 君爲臣綱, 父爲子綱. 夫爲婦綱.
63) 蜀漢 後主의 아들로서 後主가 魏에 항복하려 하자 못하게 간하다가 듣지 않으므로 자결했다.
64) 南宋 말기의 主和派로 岳飛같은 인물을 죽여 비난을 많이 받는 인물임.
65) 宣祖의 陵號.
66) 知非子 蔡聖龜의 시라 한다 했다.

清明時節憂憤紛 청명 시절에 근심과 분함이 시끄러운데
虜傷行人欲斷魂 되놈에 상한 행인이 혼을 끊고자 한다.
借問主家何處在 묻노니 주가主家가 어느 곳에 있나뇨
牧童遙指向華村. 목동牧童이 멀리 향화촌向華村을 가리킨다.

라 했다.[67] 중국을 가는 길에 조대수祖大壽 비루碑樓가 있다. 극히 크고 화려한데 바로 승훈承訓의 손자이며 그는 싸우다가 패해 되놈에 항복한 자이다. 신분애申汾崖가 중국에 가면서 그 기둥에 시를 써 말하기를,

征虜第宅半頹零 되놈치느라 집들이 반이나 무너지고 떨어졌으며
門巷蕭條草樹平 문 앞 골목은 쓸쓸하고 풀과 나무는 편편하다.
等是男兒終有死 누구나 남아는 결국 죽음이 있을 뿐인데
李陵何事誤家聲. 이릉李陵[68]은 무슨 일로 집의 명성을 떨어뜨리느냐.

라 했다.

청음淸陰 김상헌金尙憲이 중국中國 심양瀋陽에 구속되어 있다가 정축년丁丑年 십이월에 되놈들이 돌아가기를 허락했다. 세자世子가 중사中使를 보내 술을 주자 공公이 일어나 절을 하고 시를 지어 말하기를,

---

67) 이 시는 杜牧之의 淸明時節雨紛紛 路上行人欲斷魂 借問酒家何處在 牧童遙指杏花村이라 한 시와 글자도 같은 것이 많을 뿐만 아니라, 음운도 의도적으로 같게 하고자 한 것이 많다. 그런데 어떤 의미에서 이 시를 여기에 옮겨놓았는지 이해가 되지 않는 점도 있다.

68) 漢 武帝 때의 인물로서 匈奴와 싸우다가 투항했다. 그런데 그의 조부 廣은 흉노와 싸워 공이 많았기 때문에 가정의 명성을 떨어지게 한 것이다.

經歲遼河故國思　요하에서 해를 보내며 고국을 생각했는데
一心猶幸近靑闈　마음이 다행하게 청위靑闈[69]에 가까웠다.
明朝獨渡遼河去　내일 아침 홀로 요하를 건너가면서
回首靑闈淚滿衣.　청위靑闈로 머리 돌리면 옷에 눈물이 가득하리라.

라 했다.

지천遲川 최명길崔鳴吉이 중국 옥獄에 잡혀 있으면서 청음淸陰과 백강白江 이경여李敬輿와 자주 만나 시를 지었는데, 청음淸陰 시에 말하기를,

成敗關天運　성패는 천운天運과 상관이 있어
須看義與歸　모름지기 의리와 돌아가는 것을 살펴보라.
雖然反夙暮　비록 일찍 온 것과 늦은 것이 반대가 된다 해도
未可倒衣裳　옷을 거꾸로 입지는 못할 것이오.
權或賢猶誤　권력은 간혹 현명하다는 것이 오히려 잘못될 수 있고
經應衆莫違　떳떳함이 많다면 어길 수는 없다.
寄言明理士　이치에 밝은 선비에 말하노니
造次愼衡機.　오래지 않아 형기衡機를 신중히 하오.

라 했다. 최지천崔遲川 시에 말하기를,

靜處觀羣動　고요한 곳에서 뭇 움직임을 관찰하면
眞成爛熳歸　참됨은 빛난 곳으로 돌아가 이루어진다.
湯氷俱是水　끓는 물과 얼음은 모두 물이며
裘褐莫非衣　갓옷과 갈옷이 옷이 아님이 아니다.
事或隨時別　일은 혹 때를 따라 구별이 된다 할지라도
心寧與道違　마음이 어찌 도와 어긋나랴.

---

69) 東宮의 다른 이름이라 한다.

君能悟斯理　　그대가 이 이치를 알게 되면
語默各天機.　　말과 침묵은 각자 천기天機[70]가 되느니라.

라 했으며, 백강白江 이경여李敬輿 시에 말하기를,

二老經略各爲公　두 늙은이의 경위와 책략이 각자 공정해
擎天大節濟時功　하늘을 들 큰 절의는 시대를 구한 공이오.
如今爛熳同歸地　지금처럼 빛난 것으로 함께 돌아갈 땅이며
俱是南冠白首翁.　모두 남관南冠[71]의 백수옹白首翁이오.

라 했다. 병자난丙子亂 후에 최지천崔遲川이 明나라에 알리고자 했는데 갈 만한 사람이 없었다. 마침 중이 있었는데 이름은 독보獨步였다. 최상국崔相國이 서로 더불어 이야기를 해보았더니 큰일을 맡길 만했다. 명明나라 정부에 알리는 글(주문奏文)까지 보내야 하는데 그때 양파陽坡 정태화鄭太和가 서백西伯으로서 그 말을 주관하기로 했으나 독보獨步가 돌아오지 않았다. 최지천崔遲川이 한 수의 율시律詩로써 정공鄭公에게 부쳐 소식을 알아보고자 했는데, 다른 사람이 알지 못하게 하기 위해 회선사懷仙辭로 했다. 그 사辭에 말하기를,

重海微茫落照間　낙조 사이의 크고 넓은 바다에
眼穿何處覓蓬山　눈을 뜨고 어느 곳이 봉래산蓬萊山인지 찾았다.
張騫槎路仍多阻　장건張騫[72]의 뱃길은 인해 다 막혔고

70) 모든 조화를 꾸미는 하늘의 신비.
71) 楚나라 사람이 쓴 것. 楚나라 사람이 포로가 되어 잡혀 있음에도 초나라 갓을 그대로 썼다는 것을 말함.
72) 漢 武帝 때 인물로서 몇 십 년 동안 중앙아시아의 여러 나라를 다니며

徐市樓船去不還　서시徐市[73]의 큰 배는 가서 돌아오지 않았다.
易被秋風欺白髮　쉽게 입은 가을바람이 백발을 속이며
難從仙竈借紅顔　신선의 부뚜막을 좇기 어려워 홍안紅顔을 빌렸다.
年來無限傷心事　해를 지나오면서 마음에 무한히 슬픈 일은
窮巷蒼苔獨掩關.　깊은 시골에 푸른 이끼가 홀로 문을 닫았다.

라 했다.

학곡鶴谷 홍서봉洪瑞鳳이 어렸을 때 여러 아이들과 놀면서 같은 마을 홍섬洪暹 상국相國 집의 연꽃을 다투어 꺾었다. 홍공洪公이 화를 내어 매질을 하고자 하니 여러 아이들은 흩어져 달아나는데 학곡鶴谷은 홀로 움직이지 않고 있으므로 홍공洪公이 기이하게 여겨 물어 말하기를 "너가 만약 시를 짓겠다면 매질을 하지 않으리라." 하니 학곡이 좋다고 했다. 홍공洪公이 운으로 추秋 자字를 부르니 바로 응해 말하기를,

相公池閣冷如秋　상공相公의 지각池閣이 가을처럼 차가워

라 했다. 또 유遊 자字를 부르니 바로 말하기를,

童子携朋月下遊.　동자가 친구 데리고 달빛 아래 놀았다.

라 하므로 홍공洪公이 크게 놀라 어려운 운韻으로 시험해 보고자 우牛 자字를 부르니 곧 응해 말하기를,

교통 문화 등을 개통시켰다.

73) 秦 始皇 때의 인물로서 불사약不死藥을 구한다며 童男 童女 각 삼천 명씩 데리고 가서 돌아오지 않았다 한다.

昇平大業知何事 밝고 평화롭게 하는 큰 업이 무슨 일인지 아느냐
但問蓮花不問牛. 단지 연못만 묻고 소는 묻지 않는다.

라 했다.[74]

동명東溟 정두경鄭斗卿은 젊었을 때 백의白衣로 종사從事가 되어 중국 사신을 맞이하는 빈상儐相을 따라가게 되었는데, 떠나기 직전에 원두표元斗杓 정승집에 갔다가 만나지 못하고 나오면서 술을 받아 많이 마시고 인해 읊어 말하기를,

長安俠少出關西 서울의 젊은 협객俠客이 관서로 나가니
楊柳青青黃鳥啼 버들은 푸르고 꾀꼬리가 운다.
笑脫錦袍留酒肆 웃으며 비단 도포를 잡히고 술집에 머물며
劇令詩客醉如泥. 시객詩客에게 진흙처럼 매우 취하게 한다.

라 했다.

숙종肅宗 경신년庚申年 후에 남인南人들이 혹은 귀양 가고 혹은 처형되었으며, 또 많이 검거되었다. 이당규李堂揆 참판參判이 세상을 떠나자 유하익兪夏益 판서判書가 지은 만시輓詩에 이르기를,

親知屈指幾人存 친구를 몇 사람이 있는가 손가락으로 꼽아보니
半是三危半九原 반은 삼위三危[75] 반은 구원九原[76]이라오.
惆愴人間如老物 슬프게도 인간세계에 노물老物 같은 사람이

74) 洪公이 맞이하여 앉게 하고 말하기를 "이 아이가 반드시 내 자리에 앉을 것이라" 했다. 이 시의 결구에 不問牛는 맡은 일에만 성실하고 다른 일에는 관심을 주지 않는다는 말이다.

75) 덕이 적으면서 사랑을 많이 받는 것, 재주가 낮은데 지위가 높은 것, 공이 없는데 녹을 많이 받는 것을 삼위라 한다 했다.

76) 黃泉 또는 저세상을 말함.

廣陵殘月又招魂. 광릉廣陵 남은 달빛에 또 초혼을 하게 한다오.

라 했는데 말이 극히 슬프다. 기사년己巳年에 남인南人들이 다시 정권을 잡자 김수흥金壽興 김수항金壽恒 상국相國은 모두 유배되었는데 중씨仲氏는 병으로 죽고 계씨季氏는 후명後命[77]을 받았다. 그들의 백씨伯氏 수증壽增은 이익상李翊相 판서判書의 만시輓詩에 말하기를,

牢落人間後死悲 불행한 인간세계에 뒤에 죽는 것이 슬프며
更無餘淚及親知 다시는 남은 눈물이 친지에 미칠 것이 없다.
靑山好葬如君少 청산에 그대처럼 좋게 장사하는 사람 적으니
宜向泉臺作賀詞. 마땅히 천대를 향해 하사를 지으리라.

라 하여 사람들로 하여금 눈물을 흘리게 했다. 그때 남인南人에 정승한 사람이 세상을 떠나자 이단우李瑞雨 참판參判이 지은 만시輓詩에 말하기를,

可憐今日事 자련하게도 오늘의 일은
不使此翁看 이 늙은이로 하여금 보지 못하게 하리라.
可想伊時悲 그 때의 슬픔을 상상해 보면
怖欣快影像. 두렵고 기쁜 것이 그림자처럼 잘 나타날 것이다.

라 했다.

호곡壺谷 남용익南龍翼은 이른 나이에 많이 알려졌다. 나이 이십사 세에 전정언前正言으로서 병이 매우 심했는데 꿈에 지은 시에

77) 유배된 죄인을 그곳에서 사약을 내려 죽임.

말하기를,

絶塞行人少　　먼 변방에 다니는 사람 적고
羈愁上客顏　　여행의 근심이 나그네의 얼굴에 나타난다.
蕭蕭十里雨　　소소히 십리로 내리는 비에
夜渡鬼門關.　　밤에 귀문관을 건너간다.

라 했는데, 어떤 뜻인지 알 수 없었다. 뒤에 신미년辛未年에 유배되었고 다음해 유배지에서 세상을 떠났다.

우암선생尤庵先生은 효종孝宗이 세상을 떠난 후 대신들과 더불어 자의대비慈懿大妃의 복제服制를 의논하면서 마땅히 기년朞年[78]으로 해야 한다고 했고, 윤휴尹鑴, 허목許穆, 윤선도尹善道는 재최齊衰[79] 삼년三年을 주장했는데, 선생이 그들과 다투다가 드디어 기년朞年으로 정해 시행했다. 현종顯宗 무신戊申에 우암은 우상右相에 임명되었으며, 숙종肅宗 갑인甲寅에 곽세건郭世楗이 복제服制를 논한 글을 올려 삭직되어 쫓겨났다. 을묘乙卯에 덕원德原으로 유배가 되었다. 철령鐵嶺을 넘으면서 시를 지었는데 말하기를,

行登鐵嶺巓　　가면서 철령鐵 이마에 오르니
我心還如鐵　　내 마음이 도리어 쇠와 같았다.
縱乏器之誠　　비록 그릇에 담은 정성은 모자란다 할지라도
却耐西山血　　문득 서산西山의 피를 견디게 되었다.
回首望西方　　머리 돌려 서쪽을 바라보니
陰雲壅不決　　짙은 구름이 끊어지지 않고 가리었다.
願言西方人　　서방 사람들에 하고 싶은 말은

78) 喪服을 일 년 동안 입는 것을 말함.
79) 삼 년 동안 입는 것을 말함.

丹霞佩明月. 붉은 안개가 밝은 달을 가리고 있다.

라 했다. 얼마 후 기장耆長으로 옮겼는데 양양襄陽 물치촌勿淄村을 지나다가 비를 만나 시골 집을 찾았더니 그집 기둥에 시가 있는데 말하기를,

三傳市虎人皆信 시장에 범이 있다고 세 번을 전하니 믿게 되고
一掇裙蜂父亦疑 벌 잡는다고 어머니 치마를 벗기면 아버지도 의심한다.
世上功名看木雁 세상의 공명은 목안木雁[80]을 보는 것이니
座中談笑愼桑龜. 좌중의 담소에도 상귀桑龜[81]를 조심하오.

라 했다.[82] 제주濟州로 유배되어 지은 시에 말하기를,

八十三年翁 여든세 살의 늙은 첨지가
滄波萬里中 넓은 창파의 만 리 가운데 있다.
一言胡大罪 한 말로 죄가 얼마나 크며
三黜亦云窮 세 번 내쳤으니 또한 궁하다고 이르겠다.
北極空瞻日 북극에는 해를 볼 수 있는 날이 없고
南溟但倚風 남쪽 바다에는 단지 바람에 의지한다.
貂裘舊恩在 옛날 초구貂裘[83]를 받은 은혜가 있는데

80) 나무와 기러기가 좋고 나쁜 것에 따라 버리기도 하고 두기도 한다는 것이라 한다.

81) 어떤 뜻인지 알아보지 못했다.

82) 윗 구는 순서대로 썼고 아래 구는 바뀌었다. 주인에게 물으니 말하기를 지난 해 오월에 지나는 손이 이 글을 쓰고 말하기를 명년 오늘에 다시 오겠다고 해 갔으며 어떤 사람인지 모른다고 하는데 이른바 此日은 그날이다.

83) 孝宗이 北伐을 계획할 때 遼東이 매우 추우니 그때 입으라고 하며 宋時烈에게 貂裘를 하사했다.

哀泣泣孤忠.　　고충孤忠을 슬프게 하여 운다오.

라 했다. 선생이 주자朱子의 부릉阜陵 운韻으로 효릉孝陵의 만시輓詩에 말하기를,

宇宙懷心恥　　우주는 부끄러움을 마음에 품고
風塵有暗傷　　풍진에 모르게 슬퍼함이 있다.
檗心安野草　　고라니의 마음은 들풀에서 편안하며
鳳詔帶天香.　　임금의 조서에는 향기를 띠었다.

라 했다.84)

숙종肅宗 갑오년甲午年에 호남의 곡식을 빌려 배에 싣고 제주濟州로 가게 되었는데, 배가 무사히 도착했다는 보고가 들어오자 숙종이 기뻐하며 시를 지어 해창위海昌尉에게 주었다. 그 시에 말하기를,

千里南溟利涉難　천 리의 남쪽 바다에 잘 건너가기 어려운데
風高移粟亦間關　높은 바람에 곡식 옮기는 것을 안전하게 잘 했다.
報來船舶皆無恙　보고에 선박은 모두 탈이 없다 하니
天意分明濟寡鰥.　하늘의 뜻이 분명하게 과부와 홀아비를 구하려 한다.

라 했다. 정유년丁酉年에 임금이 온양溫陽에 도착하여 직산稷山 영소정靈沼亭에 올랐는데, 이 정자는 바로 현종顯宗이 온천에 왔을 때 지은 것이다.

---

84) 李東野가 말하기를 宇宙와 같은 句는 公도 또한 다시 짓지 못할 것이라 했고, 羅明村은 이 句를 金益兼의 손을 빌린 것이라 했다.

小池北之有蓮亭 작은 못 북쪽에 연정蓮亭이 있어
追想當年涕自零 그때를 생각하며 스스로 눈물이 떨어진다.
瞻號觀文增我感 관문전觀文殿[85]을 보면 나를 불러 증원 할때의 감정은
嗚呼聖德筆難形. 아 성덕은 붓으로 표현하기 어렵다오.

라 했다.

몽와夢窩 김창집金昌集이 성주星州에서 후명後命[86]을 받게 되자 자신의 아버지가 임종할 때 지은 시에 차운하여 말하기를,

聖世曾無塵露裨 성인의 치세에 먼지와 이슬에 도움을 주지 않았는데
此時罹禍豈非宜 이때 화를 당함이 어찌 마땅하랴.
岩廊白髮惟忠赤 높은 곁채에 있는 백발은 오직 충성만 있는데
謾荷先王特達知. 선왕에게 통달한 지식이 있는 것으로 속이고 있다.

라 했으며, 또 차삼연제야기도중운시次三淵除夜寄島中韻詩에 말하기를,

燈火靑熒問幾更 등불이 반짝거려 몇 시인가 물었는데
自然臨命意難平 임명臨命[87]이 가까우니 자연히 마음이 평정하기 어렵다.
鷄鳴喔喔夜何短 닭 우는 소리 옥옥하니 밤이 어찌 짧으며
城角嗚嗚天已明 성에서 대평소까지 악기이름 명명하니 하늘이 이미 밝았다.
吉語乍傳那復喜 좋은 말이 잠깐 전하면 얼마나 기쁘며
凶音繼至不須驚 흉한 말이 계속 들려도 꼭 놀라지 않는다.
泉臺此去從群季 저세상에 가게 되어 동생들을 만나면

85) 文臣들이 공부하는 궁전의 이름, 광채가 있는 아름다운 글을 말함.
86) 유배지에 있는 죄인에게 사약을 내려 죽이는 것을 말함.
87) 죽음 직전의 생명.

猶勝人間獨苟生. 오히려 이 세상에서 억지로 살려는 것보다 좋을 것이요

라 했다. 금오랑金吾郎[88] 조문보趙文普는 조정암趙靜庵의 후손이었다. 문에 다다라 독축을 하자 공公이 말하기를 "어찌 너 할아버지는 생각하지 않느냐" 하고 잇따라 입으로 불러 말하기를,

愛君如愛父　　임금 사랑하기를 아버지 사랑하듯 해
天日照丹裏　　하늘에 해가 붉은 마음을 비추었다.
先賢此句語　　선현의 이 구의 말이
悲切古今同.　　슬프고 간절함은 예나 지금이 같다오.

라 했다.

숙종肅宗 을유乙酉년에 호남湖南 선비 소덕기蘇德器가 글을 올려 존호尊號를 청하자 답해 말하기를 작년에 예조판서 김진귀金鎭龜가 이 일로써 말한 바가 있으나 끝내 허락하지 않고 바로 내 생각을 작은 종이에 쓴 것이 있으니 지금 보여 여러 신하들로 하여금 내 뜻의 정한 바가 한때 거짓으로 사양하는 것이 아님을 알게 하리라. 하고 잇달아 봉한 것에서 어제시御製詩가 나왔다. 그 시에 말하기를,

否德承丕基　　덕이 없으면서 큰 기업을 계승하여
于今卄九稔　　지금 이십구 년이 되었다.
歲連痒稼穡　　해마다 농사에 병이 들고
屢民奪糊飪　　국민들의 죽과 떡국을 자주 빼앗는다.
國事惟其棘　　국가의 일을 생각하면 어려우며

---

88) 義禁府에서 나온 관리.

天災日又甚　　하늘의 재앙이 날로 심하다.
休題稱慶說　　경사라며 일컬어 말하지 말고
但有夙宵凜.　　다만 이른 밤에 춥겠다.

라 하고, 갑오년甲午年 삼월三月에 궁중에 단을 설치하여 멀리서 의종毅宗의 제를 지내고, 또 교서敎書에 말하기를 우리나라의 오늘이 있음은 명明의 신종神宗의 은덕이 아님이 없으나 아직 신종의 사당이 없다. 선정신先正臣 송시열宋時烈이 이러한 뜻이 있어 척화斥和 삼신三臣으로 하여금 종향從享을 하면 어떤가 했는데 모든 여론이 사당을 짓기는 어렵다고 하므로 드디어 단壇을 설치하기로 했다. 또 교서敎書에 말하기를 올해는 명나라가 망한 지 회갑回甲이 되는 해이다. 배나 처참하므로 성북에 따로 단을 설치하여 의종毅宗의 영을 편안히 하고 싶으니 대신과 유신儒臣들에 의논을 하게하여 드디어 삼월 이십구 일에 후원 깨끗한 곳에 의종毅宗의 제사를 지냈다. 이 해 겨울에 또 유사有司에게 명령하여 궁중宮中의 정원 뒤쪽에 사당을 짓게 했더니 여러 의견이 사당을 세우기는 불편하다고 하기 때문에 단壇을 설치하기로 결정했다.

을유년乙酉年 삼월에 단이 이루어지자 이름을 대보大報라 하고 임금이 직접 가서 보고 하교下敎해 말하기를 오늘 새벽에 단壇에 가서 예를 따라 거행을 했으니 몇 년 동안 경영하고자 지극히 원한 일이 드디어 이루어졌다. 주위의 사정에 구속되어 비록 뜻대로 하지 못했으나 이 정도로 하게 된 것도 다행이다. 나의 감회가 슬퍼 나도 모르게 시를 지었으니 은대 옥서銀臺 玉署[89]에서 붓을 잡는 신하들은 각자 화시和詩를 지어내라 하고 지은 시를 알려주었는데

89) 銀臺는 承政院의 다른 이름. 玉署는 弘文館의 다른 이름.

말하기를,

大報壇成肇祠親	대보단이 이루어져 비로소 직접 제사를 했으니
時維蚕月屬和春	때는 잠월蠶月[90] 화창한 봄이었다.
衣冠濟濟班行造	의관이 엄숙하게 반열을 지어가며
鍾管鏘鏘禮敎陳	음악이 장장하게 예교를 진열했다.
昔被隆恩銘在肺	옛날 입은 높은 은혜 간에 새겨졌으며
今瞻神座淚沾巾	지금 신좌神座를 보니 눈물이 수건을 적신다.
追惟豈但微誠寓	따라 생각하면 어찌 적은 정성을 붙이겠는가
切願寧陵雅志遵.	영릉寧陵[91]의 좋은 뜻을 지키고자 간절히 원한다오.

라 했다.

앞서 신사년辛巳年에 종실宗室의 영원정靈原正 헌櫶이 선조宣祖 때 종계宗系의 잘못을 말하고 그때 마유명시馬維銘詩에 어제御製의 화시和詩와 여러 신하들이 이어 지은 화시和詩의 사본을 올렸으므로 간행하게 명령하여 국가의 의지와 경사스러운 기록을 빛내게 했다.

이에 앞서 대명회전大明會典과 조훈祖訓에 우리 태조太祖가 이인임李仁任의 후손으로 연달아 임금을 넷이나 살해殺害하고 나라를 얻었다고 기록한 것이 실려 있다고 했다. 태종太宗 때 그 잘못된 기록을 알고 바로 고쳐주기를 청했더니 명明의 임금이 고쳐주기를 허락했다. 회전會典을 고치게 했다는 말을 듣고 여러 번 사신을 보내 고쳐주기를 청했고, 황정욱黃廷彧이 신회전新會典에 우리나라가 잘못된 기록을 고쳐주기를 청한 글이 실려 있는 것까지 얻어 왔다.

90) 음력 삼월이라 하기도 하고 사월이라는 말도 있음. 누에가 한창인 때를 말함.

91) 孝宗의 陵號.

무자년戊子年에 유홍兪泓이 사신으로 가서 고쳐주기를 간곡하게 청하며 구두扣頭하여 피가 흐르게 되니 명의 임금이 아름답게 여겨 빨리 회전會典을 주었다. 유홍兪泓이 돌아오면서 산해관山海關에 이르니 주사主事 마유명馬維銘이 시를 주었는데 말하기를,

國王恭帝命	국왕國王이 임금의 명령에 공손하고
貢獻獨處誠	공물貢物 드리는 것을 홀로 정성스럽게 한다.
曉騎隨秦驛	새벽에 말을 타고 진역秦驛을 따라가고
宵驂渡漢宮	밤에는 수레 타고 한궁漢宮을 건넌다.
上林瞻繫鴈	상림上林에 매여 있는 기러기를 바라보며
長樂聽啼鸎	장락궁長樂宮에서 꾀꼬리 우는 소리 듣는다.
歸去無煩頌	돌아가면 번거로운 칭송을 없게 하며
天朝自聖明.	이곳에서 스스로 잘 알고 있다.

라 했는데, 선조宣祖가 차운次韻하여 말하기를,

宗祊今始定	나라의 사당이 지금 비로소 정해졌는데
莫謂是子誠	내 정성으로 되었다고 이르지 말라.
列祖功曾積	조상들의 공이 일찍 쌓였고
諸臣悃幾營	여러 신하들이 정성으로 이루었다.
恩沾同大造	젖은 은혜는 큰 공과 같으며
歌竟及流鸎	부르는 노래는 꾀꼬리와 미쳤다.
願守區區志	원컨대 구구하게 뜻을 지켜
千秋載聖明.	긴 세월로 성명을 받들고자 하오.

라 했다. 이때 이르러 임금이 마유명시馬維銘詩에 차운次韻하고 아울러 소서小序를 지었는데, 그 시에 말하기를,

雪盡神人痛	조상의 아픔을 모두 씻은 것은
良由積至誠	지극한 정성이 쌓였던 까닭이었소.
箕疇歡復敘	이 땅에 기쁨이 다시 베풀어지고
邦國喜重營	나라가 거듭 경영되는 것을 기뻐한다.
綸綍迎啣鳳	임금의 말씀은 봉으로 이름한 것을 맞았으며
歌謠雜囀鶬	가요에는 원앙새 소리도 섞이었다.
豊功何煥烋	많은 공이 얼마나 빛이 날까
日月幷昭明.	해와 달과 아울러 밝게 비치리라.

라 했다.

대본 趙鍾業編 韓國詩話叢編 卷10 필사영인본

譯註 海東詩話

해동시화海東詩話는 저자를 알 수 없기 때문에 어느 시기에 저작되었는지 정확히 말할 수 없으나, 내용에 순묘 익묘년간純廟 翼廟年間이라는 말이 있다. 익묘翼廟는 아버지인 순조純祖 30년(1830)에 세상을 떠났는데, 아들 헌종憲宗이 왕위를 계승하면서 추존追尊한 것이다. 이로써 미루어 볼 때 『해동시화海東詩話』의 저작 시기를 대략 짐작할 수 있을 듯하다.

조선조 후기로 접어들면서 『해동시화海東詩話』, 『동국시화東國詩話』, 『동시총화東詩叢話』와 같은 동계 저작들이 몇 권씩 있으나 해동시화를 선택한 것은 저작 시기를 짐작할 수 있고, 대상 작가도 근기지역의 인사에 편중되지 않은 듯하며 이에 따라 평민 계층 인사들의 작품도 상당히 선발되었고, 또 승려와 여성들의 작품이 동계 저작에서 많이 실려 있기 때문에 선택했다. 그리고 동계 저작에 비해 시화詩話도 적지 않지만 전체적으로 시론이 많은 편이다. 詩論은 시를 이해하는데 상당히 도움이 될 것으로 생각되기 때문에 선택했다.

해동시화海東詩話

우리나라는 중국의 하夏나라 때로부터 비로소 교통이 되기 시작했다고 하나 문헌에 전하는 것은 볼 수 없고, 수隋와 당唐나라로 내려오면서 고구려의 을지문덕乙支文德이 시를 수나라 장수에게 준 것과, 신라 진덕여왕眞德女王이 당唐나라 임금에게 준 치당태평송致唐太平頌이 비록 책에 전하고 있으나 적막함을 면하지 못하고 있었는데, 신라후기 시로써 많이 알려진 최치원崔致遠이 당나라에 들어가서 과거에 합격하여 문장으로써 그의 이름이 세상에 알려졌다. 전하는 그의 시 한 연에 말하기를,

崑崙東走五山碧 곤륜산은 동으로 달려 다섯 산이 푸르고
星宿北流一水黃. 별들은 북으로 흘러 하나의 물이 누렇다.[1)]

라 했는데, 그와 과거에 같이 합격한 고운顧雲은 말하기를 "이 구는 바로 하나의 여지지輿地誌"라 했다.

최치원은 또 윤주자화사潤洲慈和寺에서 지은 시의 한 연에 이르기를,

畵角聲中朝暮浪 대평소 소리 가운데 아침저녁 물결이며
靑山影裡古今人. 푸른 산 그림자 속에 고금의 인물이라오.

---

1) 黃河가 별에서 發源되어 바다가 되었다고 한다 했다.

라 한 것과, 박인범朴仁範 학사學士의 경주용삭사涇州龍朔寺에서 지은 시에 이르기를,

燈撼螢光明鳥道 등불은 반딧불 같이 흔들리어 조도鳥道를 밝히고
梯回虹影落巖扃. 사다리는 무지개처럼 돌아 바위 문에 이르렀다.

라 했고, 박인량朴寅亮 참정參政이 사천구산사泗川龜山寺에서 지은 시에 말하기를,

門前客棹洪波急 문 앞 나그네 탄 배는 큰 파도에 급하고
竹下僧棋白日閑. 대나무 아래 중은 대낮에 한가롭게 바둑을 둔다.

라 했는데, 우리나라의 시가 중국에서 유명했던 것은 이 세 사람으로부터 비롯되었다.

심청천沈聽天의 『견한록遣閑錄』에 이르기를 호당湖堂에 선발되어 있으면서 배를 타고 봉은사奉恩寺를 방문하여 지은 시가 있는데 말하기를,

東湖勝槩衆人知 동호의 아름다운 경치는 뭇사람이 알고 있는데
楮島前頭更絶奇 저도楮島 앞이 더욱 기이하다오.
蕭寺踏穿松葉逕 소사蕭寺[2]에서 소나무 잎 깔린 길을 밟았고
漁村看盡杏花籬 어촌의 살구꽃 핀 울타리를 다 보았다.
沙暄草軟雙鷺睡 따뜻한 사장 연한 풀에 백로가 쌍으로 졸고
浪細風微一棹移 물결과 바람이 고요한데 노를 젓고 가다.
春興春愁吟未了 봄의 흥취와 근심을 다 읊지 못했는데
狎鷗亭畔夕陽時. 압구정 주변에 석양이 되었다.

2) 특정한 절이 아니고 일반적인 절을 통칭한 것인 듯하다.

라 했다.

어숙권魚叔權의 『패관잡기稗官雜記』에 말하기를 근래에 무신武臣으로서 시에 능하다고 하는 자들의 시에 볼만한 것이 없었으나, 오직 박위겸朴撝謙이 젊었을 때 신숙주申叔舟 막하에 있으면서 지은 시에 이르기를,

十萬貔貅擁戎樓 맹수 같은 많은 병사 수루를 지키며
夜深邊月冷狐裘 깊은 밤 변방 달빛에 호구도 차다.
一聲長笛來何處 한 가닥 긴 피리소리 어느 곳에서 들리나뇨
吹盡征夫萬里愁. 정부의 먼 곳 근심을 모두 날렸다.

라 했는데, 이러한 작품은 문사들에서도 쉽게 얻지 못할 것이다.

옛 사람에서 사호접謝蝴蝶, 조의루趙倚樓, 정자고鄭鷓鴣, 포고안鮑孤鴈이라 부르는 사람이 있는데, 내가 홀로 생각하기를 목은牧隱 이색李穡이,

長嘯依風磴 휘파람 길게 불며 바람 부는 비탈에 의지하니
山青江自流 산은 푸르고 강물은 스스로 흐른다.

라 했으니, 이풍등李風磴이라 이를 만하고, 정지상鄭知常은,

大同江水何時盡 대동강 물은 어느 때 다할 것인가
別淚年年添綠波. 헤어지며 흘린 눈물 해마다 푸른 물결에 더한다.

라 했으니, 정대동鄭大同이라 이를 만하며, 최사립崔斯立은,

眼穿落日長程晚 눈을 뜨니 해는 지고 갈 길은 저문데
多少行人近却非. 다소의 행인들은 가까이 오면 아니라네.

라 했으니, 최안천崔眼穿이라 이를 만하고, 기재企齋 신광한申光漢은,

江路火明聞犬吠 강변길에 불이 밝고 개 짖는 소리 들리더니
小童來報主人歸, 소동이 와서 주인이 돌아왔다고 아뢴다.

라 했으니, 신강로申江路라 이를 만하다.

권응인權應仁의 『송계만록松溪漫錄』에 말하기를 선비 두세 사람이 기생들을 데리고 절에 가서 놀다가 술을 많이 마시고 취해 옆 벽에 의지해 있는 오동나무 옆에 누웠더니 밖에서 온 중이 얼굴은 매우 검고 옷은 남루했다. 그는 몰래 거문고 밑에 글을 써 말하기를,

鵾絃鐵撥撼高堂 고니 줄을 쇠로 쳐 고당을 흔드는데
玉指纖纖窈窕娘 섬세한 손가락의 고운 낭자였다.
巫峽啼猿哀淚濕 무협에 우는 원숭이는 슬퍼 눈물에 젖었고
衡陽歸鴈怨聲長 형양으로 가는 기러기는 원망하는 소리가 길다.
凍深滄海龍吟壯 깊게 언 넓은 바다에 용의 읊음이 장하고
淸徹踈松鶴夢凉 맑음이 짙은 성긴 소나무에 학의 꿈이 서늘하다.
曲罷參星仍月落 곡을 파하자 삼성은 빗겼고 인해 달이 지는데
滿庭山色曉蒼蒼. 뜰에 가득한 산 빛에 새벽하늘이 맑다.

라 하고 잇따라 보이지 않았는데, 사람들이 말하기를 허암虛菴 정희량鄭希良이 아니면 이렇게 짓지 못할 것이라 했다.

진주晋州 촉석루矗石樓와 밀양密陽 영남루嶺南樓는 강산의 아름다움이 서로 비슷한데 영남루에는,

秋深官道暎紅葉 가을이 깊은 관도에 단풍잎이 빛나고
日暮漁村生白烟. 해가 저문 어촌에 흰 연기가 난다.
一竿漁父雨聲外 어부는 빗소리 밖에서 낚시를 하고
十里行人山影邊. 행인은 산 그림자 가에서 십리를 간다.

라 한 시들이 있는데, 촉석루에는 하나의 가작도 없으니 어찌 한 사람의 지은 것이 영남루에서는 공교하고 촉석루에서는 졸렬한가. 아니면 촉석루가 영남루보다 더욱 아름답기 때문에 능히 형용하지 못한 것인가.

사암思庵 박순朴淳이 젊었을 때 백운동白雲洞 조씨趙氏의 초당에 자면서 지은 시에 말하기를,

醉睡仙家覺後疑 취해 선가에 자다가 깨어보니 의아해
白雲平壑月沉時 흰 구름은 골짜기를 덮고 달도 지려 한다.
翛然獨出脩林外 빠른 걸음으로 혼자 숲 밖을 나서니
石逕笻音宿鳥知. 돌길 지팡이 소리를 자던 새만 안다.

라 했는데, 사람들이 그를 숙조선생宿鳥先生이라 이른다.

청강淸江 이제신李濟臣의 시화詩話에 이르기를 퇴휴退休 소세양蘇世讓이 파직되어 호남에 있었는데, 상진尙震 영상領相이 갈대와 기러기를 그린 두 족자에 시를 지어주기를 청하자 퇴휴가 절구 두 수를 지어 보냈는데, 그 한 수에 말하기를,

楓落蘋香蘆荻花 단풍은 지고 마름 향기에 갈대꽃이 피었는데
踈影隨意泛淸波 성긴 그림자는 임의대로 맑은 물결에 떴다.
塞天昨夜風霜厲 지난밤 변방 하늘에 서리가 많이 내려
却愛江南有歲華. 문득 강남에 좋은 때가 있었음을 사랑한다오.

라 했고, 또 하나에 말하기를,

蕭蕭孤影暮江潯 저문 강변에 쓸쓸한 외로운 그림자는
紅蓼花殘兩岸陰 붉은 여뀌 꽃이 핀 양쪽 언덕 그늘에 남았다.
謾向西風呼舊侶 서풍을 향해 옛 짝을 부르다가
不知雲水萬重深. 구름과 물이 매우 깊은 것을 알지 못했다.

라 했는데, 모두 자진을 효유했고, 또 묘사가 그림에 매우 가깝기 때문에 절창이라 이르겠다.

남명南溟 조식曺植과 이희안李希顔은 함께 유일遺逸[3]로서 국가에 추천이 되었는데, 조식曺植은 국가에서 여러 번 불렀으나 나가지 않았고 이희안李希顔은 세 번이나 응했다. 조식이 이희안을 나무라고자 지은 시에 말하기를,

山海亭中夢幾迴 산해정을 꿈에 얼마나 돌았으며
黃江老子雪滿腮 황강의 늙은이는 뺨에 눈이 가득하다.
半生三度朝天去 반생에 세 번 조정에 갔으나
不見君王面目來. 군왕을 직접 보지 못하고 왔다네.

라 했다.[4]

오산五山 차천로車天輅의 『오산설림五山說林』에 말하기를 김안로金安老가 화담花潭 서경덕徐敬德의 명성을 시기하여 해롭게 하고자 했는데, 그의 시에,

---

3) 학문이 높으면서 벼슬하지 않고 시골에 있는 인물.
4) 山海는 조식의 정자 이름이며, 黃江은 희안이 사는 곳이라 했다.

窓豁迎風足　　창이 넓어 바람을 흡족하게 맞이하겠고
庭空得月多.　　뜰이 비어 달빛을 많이 얻겠다.

라 한 구를 보고 곧 말하기를 "자신의 몸을 닦는 선비에 불과하다" 하고 드디어 해롭게 하고자 했던 마음을 거두었다.

물재勿齋 손순효孫舜孝는 재주와 학문이 있어 성종이 무겁게 여겨 일찍 불러 술을 주어 매우 취하게 되자 임금이 물어 말하기를 "경이 시를 지을 수 있겠는가." 하니 순효舜孝가 "오직 명령에 따르겠습니다" 하므로 임금이 장량張良을 제목으로 하고 드디어 중中 자字를 운으로 부르게 하니 대해 말하기를,

奇謀不售浪沙中. 기이한 계획이 낭사浪沙에서 팔리지 않았으나[5]

라 했다. 또 공公 자字를 부르게 하니 말하기를,

杖劒歸來相沛公. 칼을 짚고 돌아와 패공沛公[6]을 도왔다.

라 했다. 봉封 자字를 부르게 하니 말하기를,

借箸已能成漢業　저箸를 빌렸으나 이미 한漢의 왕업을 이루었고
分茅各自讓齊封. 모茅를 나누자 스스로 제齊의 봉작을 사양했다.[7]

---

5) 張良이 秦 始皇을 죽이고자 자객을 시켜 浪沙에서 진 시황을 저격했으나 실패한 사실을 반영한 것임.

6) 劉邦을 지칭함.

7) 이 연에서 箸와 茅는 역사적인 사실과 상관이 있는 듯하나 알아보지 못했으며, 張良은 한나라의 건국에 절대적인 공이 있었으나 뒤에 봉작을 사양하고 받지 않았다.

라 했으며, 또 송松 자字를 부르게 하자 대해 말하기를,

平生智略傳黃石　평생의 지략은 황석공黃石公[8]에서 전수받았고
末路心期付赤松.　말로의 마음은 적송자赤松子[9]를 따르고자 했다.

라 했다. 또 웅雄 자字를 부르게 하니 대해 말하기를,

堪恨韓彭竟葅醢　한팽韓彭[10]이 마침내 젓이 된 한을 견디랴
功成勇退是英雄.　공을 이루면 용감하게 물러남이 영웅이라오.

라 했는데, 부르는 운韻에 응하는 것이 울림과 같이 빨랐다. 임금이 크게 기뻐하며 궁녀에게 명령하여 비파를 타고 노래를 부르게 하니 순효舜孝가 취해 넘어져 일어나지 못하므로 임금이 비단옷을 벗어 덮어주고 들어가니 임금이 신하를 생각함이 이와 같았다.

퇴계退溪가 고향인 남쪽으로 돌아갈 때 송강松江 정철鄭澈이 한강에서 전송하면서 지은 시가 있는데 말하기를,

安危去國日　안위는 조정을 떠나는 날이며
風雨出城人　비바람에 성을 나가는 사람이라오.
離思如春草　떠나는 생각이 봄풀과 같아
江南處處新.　강남 곳곳이 새롭다.

라 했고, 또 말하기를,

---

8) 前漢 때 張良에게 兵書를 가르친 인물.
9) 중국 전설에 나오는 신선의 이름.
10) 韓信과 彭越을 말함. 이들은 劉邦이 건국하는데 큰 공이 있었으나 뒤에 반역으로 처형하여 젓을 만들어 여러 사람들에게 보였다고 함.

追至廣陵上　　광릉에 좇아 이르니
仙舟已杳冥　　배는 이미 아득하다오.
春風無限思　　봄바람에 한없이 생각하며
斜日獨登亭.　　해가 질 즈음 홀로 정자에 올랐다.

라 했다.

사암思庵 박순朴淳이 배척함을 입어 서호西湖에 있을 때 지은 시에 말하기를,

琴書顚倒下龍山　거문고와 책에 정신을 잃고 용산으로 내려와
一棹飄然依木蘭　작은 배에 의지해 노를 저으며 미련 없이 떠난다.
霞帶夕暉紅片片　안개는 저녁 햇빛을 띠고 조각조각 붉었고
雨增秋浪碧漫漫　비로 가을 물결이 불어 푸름이 더욱 질펀하다.
汀籬葉悴騷人怨　강변 울타리에 잎이 말라 시인은 원망하고
水蓼花殘宿鷺寒　물에 여뀌 꽃이 시들어 자는 백로 춥겠다.
頭白又爲江漢客　흰 머리에 또 강한을 떠나는 손이 되어
滿衣霜露泝危灘.　옷에 가득히 서리 맞으며 위태로운 여울 거슬러 간다.

라 하니, 일시에 전해 외웠다. 또 승축僧軸에,

小齋朝退又乘閑　퇴조退朝하여 소재에서 한가함을 얻어
隱几蕭然看遠山　궤에 의지해 유유히 먼 산을 바라본다.
終古世紛無盡了　예부터 세상의 분잡함을 모두 해결함이 없었고
祇今人事漸多艱　지금 인사도 점점 어려움이 많다오.
長空過鳥元超忽　넓은 공중에 나는 새는 원래 기품이 있고
落日孤雲自往還　해질 무렵 고운孤雲은 스스로 갔다가 온다.
遙想舊遊天外寺　옛날 놀던 먼 곳의 절을 생각하니
木蘭花發水潺潺　목란꽃은 피고 물은 졸졸 흐르겠지.

라 했다.

화담花潭 서경덕徐敬德의 시에,

讀書當日志經綸 독서하던 당일에 뜻이 경륜에 있어
歲暮還甘顏氏貧 해가 저물자 안씨顏氏[11]의 가난을 달게 여겼다.
富貴有爭難下手 부귀에는 다툼이 있으나 접근하기 어렵고
林泉無禁可安身 임천은 금함이 없어 몸을 편안히 하겠다.
採山釣水堪充飢 나물과 낚은 고기로 굶주림을 견디겠고
詠月吟風足暢神 영월음풍하는 것으로 정신을 화창하기에 족하다.
學到不疑眞快活 학문이 의심치 않은데 이르면 참으로 기쁘며
免敎虛作百年人. 한평생 헛되게 함을 면하면 하오.

라 했으니, 그의 뜻이 있는 바를 볼 수 있겠다.

점필재佔畢齋 김종직金宗直의 시를 으뜸이 된다고 말하는 것은 실제로 과장이 아니다. 매양 그의 시에,

細雨僧縫衲 가는 비 내리는데 스님은 적삼 깁고
寒江客棹舟. 차가운 강에 손은 노를 젓는다.

라 했는데, 일찍 그 정세精細함에 승복하지 않을 수 없다. 그리고.

十年世事孤吟裡 십 년의 세상일은 외로이 읊조리는 속이었고
八月秋容亂樹間. 팔월 가을 형상은 어지러운 나무 사이에 있다.

라 한 것은 그 상랑爽朗함에 승복하지 않을 수 없다. 그리고,

---

11) 孔子의 제자 顏回를 지칭함. 그는 가난했으나 학문에 독실했다고 한다.

鶴飜羅代蓋　　학은 신라 시대에 덮었던 것을 뒤치고
龍蹴佛天毬.　　용은 불천의 공을 찼다.[12)]

라 한 것은 그 방달放達함에 승복하지 않을 수 없다.

충암冲菴 김정金淨과 망헌忘軒 이주李胄 뒤에 고죽孤竹 최경창崔慶昌, 옥봉玉峰 백광훈白光勳, 손곡蓀谷 이달李達 등이 가장 유명했다. 충암冲菴의 시에,

江南殘夢晝厭厭　강남의 남은 꿈에 낮에도 한가로워
愁逐年芳日日添　근심은 해를 좇아 날로 더하는구나.
雙燕來時春欲暮　쌍연이 찾아올 때 봄마저 저물려 하니
杏花微雨下重簾.　살구꽃에 내리는 가는 비에 발을 내린다.

라 했고, 또,

西風木落錦江秋　서풍에 나뭇잎 지는 금강 가을에
煙霧蘋洲一望愁　안개 낀 섬을 근심스럽게 바라본다.
日暮酒醒人去遠　해가 저물어 술을 깨니 사람은 멀리 떠나
不堪離思滿江樓.　견디지 못할 헤어진 생각이 강루에 가득하다.

라 했다. 망헌忘軒의 시에 말하기를,

通州天下勝　　통주通州는 천하에서 좋은 곳
樓觀出雲宵　　누대樓臺들이 하늘에까지 높게 솟았다.
市積金陵貨　　저자에는 금릉의 물건이 쌓였고
江通楊子潮　　강은 양자강의 조수와 통했다.

12) 이 연은 典故에 있는 말인 듯하나 이해에 어려움이 있다.

寒烟秋落渚 가을이 되자 안개는 물가에 떨어지고
獨鶴暮歸遼 저물자 학만 홀로 요동으로 돌아간다.
鞍馬身千里 말에 안장을 하고 천리 밖에서
登臨故國遙. 올라 다다르니 고국은 멀다오.

라 했다. 고죽孤竹의 시에 말하기를,

去歲維舟蕭寺岸 지난 해 배를 소사蕭寺의 언덕에 매고
折花臨水送行人 꽃을 꺾어 물가에서 가는 사람 보냈다.
山僧不管傷別離 스님은 이별의 슬픔에 관심이 없고
閉戶無端又一春. 문을 닫고 무단히 또 한 봄을 보낸다.

했다. 옥봉玉峰의 시에 말하기를,

紅藕一池風滿院 붉은 연꽃은 못에 고루 피었고 바람은 뜰에 가득하며
亂蟬千樹雨過村. 나무들에 매미 소리 요란하고 비는 마을을 지난다.

라 했고, 손곡蓀谷의 시에 말하기를,

病客孤舟明月在 병객이 탄 외로운 배에 밝은 달이 있고
老僧深院落花多. 노승이 있는 깊은 절에 떨어진 꽃이 많다.

라 했는데, 이 시들은 한 점에서도 그 맛을 알 수 있다.

인재忍齋 홍섬洪暹이 김안로金安老의 모함으로 형을 받고 멀리 유배를 가게 되었는데, 그가 대궐 뜰에서 국문을 받을 때 어떤 사람이 양곡暘谷 소세양蘇世讓에게 말하기를 "아깝다 퇴지退之(홍섬의 자)가 여기에서 그치느냐." 하니 양곡이 말하기를 "이 사람은 반

드시 앞길이 있는데 어찌 갑자기 죽겠느냐." 하므로 그 사람이 어떻게 아느냐 하자 양곡暘谷이 말하기를 "지난날 염여灩澦[13]를 제목으로 한 시의 결구에,

清猿啼不盡　　맑은 원숭이 우는 소리 그치지 않고
送我上危灘.　　나를 위태로운 여울로 오르게 보낸다.

라 했으니, 저 사람이 반드시 높은 지위에 오를 것을 알 수 있다." 고 했는데, 온갖 곤욕을 겪은 뒤에 이십 년 동안 정승을 했고 나이 팔십 두 살에 세상을 떠났으니 시는 지은 사람의 운명의 궁달을 점칠 수 있을 것이라 했다.

송강松江 정철鄭澈이 해직되어 남쪽에 있으면서 지은 시가 있는데 말하기를,

掖垣南畔樹蒼蒼　대궐 담장 남쪽 나무들이 무성한데
歸夢迢迢上玉堂　돌아가고픈 꿈은 멀고 먼 옥당玉堂[14]을 오른다.
杜宇一聲山竹裂　소쩍새 우는 소리에 대나무가 꺾어져
孤臣白髮此時長.　고신의 백발이 이때 자란다오.

라 했으니, 임금을 사랑하고 현실을 걱정하는 말이 사람들을 놀라게 했다.

안정安亭 신영희辛永禧는 한훤寒暄 김굉필金宏弼과 추강秋江 남효온南孝溫과 친구로서 사이가 좋았다. 그는 사화士禍가 일어날 것을 알고 숨어살면서 벼슬하지 않았다. 그가 지은 시에 말하기를,

---

13) 중국 揚子江 어귀에 우뚝 솟은 바위의 이름이라 한다.
14) 弘文館의 다른 이름.

打麥聲高酒滿盆 보리타작 소리 높고 술은 동이에 가득하며
老人無事臥荒村 노인은 일이 없어 거친 마을에 누웠다.
呼童緊下遮風幔 아이 불러 빨리 바람 막는 휘장 내리면서
恐擾新移紫竹根. 새로 옮긴 자죽 뿌리 흔들릴까 겁낸다오.

라 했는데, 또한 세상을 근심하는 뜻이 있다고 하겠다.

회재晦齋 이언적李彦迪의 시에 말하기를,

萬物變遷無定態 만물은 변천해 정한 형태가 없으니
一身閑適自隨時 일신의 한가함도 때를 따라 맞게 하고자 한다.
年來漸省經營力 근래에는 점점 경영하는 힘을 살펴
長對靑山不賦詩. 길이 푸른 산을 대하며 시를 짓지 않겠다오.

라 했는데, 표현한 말이 매우 높다. 또 말하기를,

待得神淸眞氣泰 정신이 맑기를 기다려 진기가 편안하면
一身還是一唐虞. 이 몸도 당우唐虞[15]의 백성으로 돌아가리라.

라 했다.

소재蘇齋 노수신盧守愼은 인종仁宗이 동궁東宮으로 있을 때 우사서右司書를 하고 있었다. 만년에 제관祭官으로 효릉孝陵에 갔을 때 시를 지어 말하기를,

廟表全心德 사당의 표시는 심덕을 온전히 나타냈고
陵名百行源 능의 이름은 백행의 근원을 이름했다.[16]

15) 唐은 堯의 나라 虞는 舜의 나라 이름인데 태평성대를 말함.
16) 仁宗의 廟號는 仁廟이고 陵號는 孝陵이기 때문에 이와 같이 말한 것이다.

衣裳圖不見	의상은 그림도 보이지 않고
社稷欲無言	사직은 말이 없고자 한다.
天靳逾年壽	하늘은 나이 먹는 것을 아끼었으며
人含萬古寃	사람들은 만고의 원통함을 머금었다.
春坊舊僚屬	동궁東宮의 옛 관리들에서
惟有右司存.	오직 右司書만 남아 있다오.

라 했는데, 한 자에 한 번씩 눈물이 흐른다고 이르겠다.

상진尙震 영상領相은 그릇이 크고 넓으며 일찍 사람들의 길고 짧음을 말하지 않았다. 오상吳祥 판서判書의 시에 말하기를,

羲皇樂俗今如掃	희황羲皇[17]의 즐거운 풍속은 지금 쓴 것 같고
只自春風盃酒間.	단지 봄바람만 술잔 사이에 있다오.

라 했는데, 상공尙公이 그 시를 보고 말하기를 어찌 말을 엷게 하느냐 하고 그것을 고쳐,

羲皇樂俗今猶在	희황의 즐거운 풍속 지금도 오히려 있으니
看取春風盃酒間.	봄바람을 술잔 사이에서 취해 본다오.

라 하여 아래 몇 자를 고치자 두텁고 노출이 되지 않아 두 사람의 기상을 볼 수 있다.

강극성姜克誠 수찬修撰이 파직을 당하고 있으면서 지은 시에 말하기를,

17) 중국 고대 전설 속의 임금인 伏羲氏를 말함.

朝衣典盡酒家眠 관복을 저당 잡히고 술집에서 자며
賜馬將謀數頃田 주신 말로 몇 이랑 밭을 계획한다.
珍重國恩猶未報 진중한 나라 은혜 아직 갚지 못했으니
夢和殘月獨朝天. 꿈과 남은 달에 홀로 임금을 뵈옵고자 하오.

라 했는데, 명종明宗이 듣고 크게 칭찬하며 특별히 명령해 복직시켰으니 대개 쉽게 있지 않은 운명이다.

성모成某는 양주목사楊州牧使가 되어 그곳 기녀를 가까이 했는데 이름은 매화梅花였다. 너무 침혹하여 관아의 일도 폐지하였다. 고죽孤竹 최경창崔慶昌이 시를 주어 말하기를,

官橋雪霽曉寒多 관교官橋에 눈이 개고 매우 찬 새벽에
小吏門前候早衙 소리小吏가 일찍 관아의 문 앞에서 기다린다.
莫怪使君常晏出 사군이 항상 늦게 나오는 것을 이상히 여기지 말라
醉開東閣賞梅花. 취해 동각을 열고 매화를 감상한다오.

라 했다.

백호白湖 임제林悌의 향렴시香奩詩에,

十五越溪女 열다섯 아름다운 처녀가
羞人無語別 사람이 부끄러워 이별하며 말도 하지 못했다.
歸來掩重門 돌아와 문을 꼭 닫고
泣向梨花月. 이화의 달을 바라보며 운다오.

라 했고, 하응림河應臨의 시에 말하기를,

佳兒年十三 아름다운 아이 나이 열셋에

彈琴雙手纖　　거문고 타는 두 손가락이 가늘다.
聞聲不見面　　소리는 들리는데 낯은 보이지 않고
聲出桃花簾.　　복숭아꽃 주렴에서 소리가 난다.

라 했는데, 이 두 시에는 모두 당조唐調가 있다.

일찍 대궐 주춧돌 위에 쓴 시를 보았는데 이르기를,

鄕信不如春有信　고향 소식이 봄에 있었던 소식과 같지 않은데
客情那似石無情　손의 정이 어찌 무정한 돌과 같으랴.
傷衰謾自思强壯　늙음이 슬퍼 스스로 굳셈을 생각하며
經亂空勞說太平.　난리를 겪자 태평을 말하는 것으로 위로한다.

라 했다. 물었더니 군사軍士가 지은 것이라 하는데 그의 이름을 알지 못한 것이 한스럽다. 또 역정驛亭에 쓴 시를 보았는데 말하기를,

衆鳥同枝宿　　뭇 새가 같은 가지에 잤는데
天明各自飛　　하늘이 밝으면 각자 날아간다.
人生亦如此　　인생도 또한 이와 같으니
何必淚沾衣.　　어찌 꼭 눈물로 옷을 적시랴.

라 했는데, 누가 지었는지 알지 못했다.

세상에 전하는 시에,

耕牛無宿草　　밭을 가는 소는 묵은 풀이 없으나
倉鼠有餘糧　　창고의 쥐는 남은 양식이 있다.
萬事分已定　　만사가 이미 정해져 있는데
浮生空自忙.　　부생이 공연히 스스로 바쁘다.

라 했다.[18]

대곡大谷 성운成運의 시에 말하기를,

波乾龍爛死	물이 마르면 용도 타서 죽고
松倒鶴驚飛	소나무가 넘어지자 학이 놀라 난다.
地下忘恩怨	저세상에는 은원을 잊는다는데
人間說是非.	인간에는 시비를 말한다.

라 했는데, 대개 을사사화乙巳士禍에 죽은 인물들을 애도한 것이며, 아래 연은 희생된 인사들의 심사를 말한 것으로 통곡할 만하다.

율곡선생栗谷先生이 대간大諫에서 물러나 고향으로 돌아가면서 지은 시가 있었는데 말하기를,

閶闔三章辭聖主	궁중에 세 번 올린 글로 임금께 사직하고
江湖一葦載孤臣.	강호에서 하나의 갈대에 고신孤臣이 탔다.

라 했는데, 말에 화평한 뜻이 있다. 정송강鄭松江이 직학直學이었을 때 남쪽으로 돌아가면서 율곡에게 준 시가 있었는데, 그 시에 말하기를,

君意似山終不動	그대의 뜻은 산과 비슷해 끝까지 움직이지 않고
我行如水幾時回.	내가 가는 것은 물과 같으니 언제 돌아오랴.

라 했는데, 그때 송강松江이 율곡과 더불어 의견이 합치가 되지 않은 것이 있어 이와같이 말한 것이므로 여기에서 양공兩公의 기상을

18) 『雲亭雜言』에는 朱子의 시라 했다.

볼 수 있다.

성여학成汝學 진사進士는 호가 쌍천雙泉이었는데 어렸을 때부터 시를 열심히 했다. 그의 경구警句 시에 말하기를,

露草虫聲濕	이슬 내린 풀은 벌레 소리에 젖었고
風枝鳥夢危	바람 부는 가지에 새의 꿈도 위태하다.
缺月棲深樹	조각달은 깊은 나무에 걸렸고
寒禽穴破籬	새는 추워 울타리를 깨고 구멍을 뚫었다.
雨意偏侵夢	내리는 비는 지나치게 꿈을 침노하고
秋光欲染詩	가을빛은 시를 물들이고자 한다.
飮中千日少	술을 마실 때 천일도 적고
亂後一身多.	난리가 난 뒤에 한 몸도 많다.

라 했는데, 그의 추위로 괴로움이 이와 같았다.

지봉芝峯 이수광李晬光이 중국 서울에 사신으로 갔을 때 안남安南 사신 풍극기馮克己[19]와 주고받고 한 시가 있는데, 그 한 연에 말하기를,

山出異形饒象骨	산에는 이상한 모양의 코끼리뼈가 많고
地蒸瘴氣產龍香.	땅에는 장기를 쪄 용향을 만든다.

라 했는데, 뒤에 포로가 된 선비 조완벽趙完璧이 왜倭로부터 돌아와서 말하기를 "왜의 상인을 따라 안남安南에 갔더니 그 나라 사람이 지봉芝峯의 시를 외우며 지적해 말하기를 우리나라에 상아가 나는 산이 있다."고 했다. 『강목綱目』의 주註를 살펴보면 안남安南에

---

19) 李晬光의 『芝峯集』(卷九)의 安南國使臣唱和問答錄에는 馮克寬으로 기록되었다.

상아가 나는 곳을 상산象山이라 했으며, 또 「양비외전楊妃外傳」에 말하기를 교지交趾에서 서룡뇌향瑞龍腦香을 가지고 왔다고 했는데, 사실은 우연히 합치된 것이다.

김안로金安老가 동호東湖에 정자를 지어 현판을 보락당保樂堂이라 하고 기제企齋 신광한申光漢에게 시를 청했는데 기재가 사양하다가 어찌할 수 없어 지어 주었다. 그 시에 말하기를,

聞說華堂結搆新 들으니 좋은 집을 새로 지었다는데
綠窓丹檻照湖濱 푸른 창과 붉은 난간이 호숫가를 비친다.
江山亦入陶甄手 강산은 또한 도진수陶甄手[20]에 들어갔고
月笛還宜錦繡人 달밤의 피리는 비단옷 입은 사람에 마땅하다.
進退有憂公保樂 진퇴에는 근심이 따르나 공은 즐거움을 가졌고
行藏無意我全眞 행장에 뜻이 없고 나는 진실을 온전히 했다.
風光點閱須閑熟 풍광을 살펴보며 한가함에 익숙했는데
更與何人作上賓. 다시 어떤 사람과 더불어 상빈이 되랴.

라 하여 구절마다 나무라고 풍자함이 있다. 안로安老도 문장에 깊은 자였는데 어찌 그 뜻을 모르겠는가. 그러나 기재를 해롭게 하지 않은 것은 당시 이름 높은 인물의 입이 두려워 숨은 것을 노출하지 않으려는 것이다.

한강 몽뢰정夢賚亭은 임당林塘 정유길鄭惟吉 상공相公의 정자였다. 상공은 한가하게 있을 때가 많아 창문에 춘첩春帖[21]이 많이 있었다. 그 하나에 말하기를,

---

20) 그릇 만드는 장인.
21) 입춘에 詩聯을 창과 벽에 써 붙이는 것을 말함.

官閑身漫世誰喚　벼슬도 한가하고 몸도 질펀하니 누가 부르랴
夢賚亭中白髮人　몽뢰정夢賚亭 가운데 머리 흰 사람을.
幸賴朝家無一事　다행히 국가의 도움으로 일이 전혀 없어
扁舟來釣漢江春.　봄철 작은 배로 한강에 와서 낚시를 한다오.

라 했고, 그 하나에 말하기를,

梅欲粧稍柳欲嚬　매화는 가지를 단장하고 버들은 웃고자 하며
淸江氷泮綠粼粼　맑은 강에 얼음 녹자 맑은 물이 졸졸 흐른다.
老臣無與安危事　노신은 안위의 일에는 하는 것이 없고
唯向楓宸祝萬春.　오직 대궐을 향해 많은 봄을 빈다오.

라 했고, 또 하나에 말하기를,

白髮先朝老判書　백발인 먼저 조정 늙은 판서는
閑忙隨分且安居　한망閑忙을 분수에 따르며 또 편안하다오.
漁人報道春江暖　어부가 봄 강물이 따뜻하다고 말하며
未到花時薦鱖魚.　꽃도 피지 않았는데 쏘가리를 준다네.

라 했는데, 매양 한 번 읊으면 그의 인품을 짐작할 수 있다.

정질鄭礩이 해주목사海州牧使가 되어 부용당芙蓉堂에 걸려 있는 모든 시판을 가져오게 하여 일을 도와주는 사람에게 주며 말하기를 "쪼개 태워버리라" 하고 자신이 지은 절구 한 수만 걸었는데 그 시에 말하기를,

荷香月色可淸霄　연꽃 향기와 달빛이 하늘을 맑게 하는데
更有何人倚玉簫　다시 어떤 사람이 퉁소를 불고자 하느냐.

十二欄干無夢寐　열두 난간에 잠을 자지 않았는데
碧城秋色正迢迢. 벽성의 가을빛이 매우 짙었다.

라 했는데, 시는 비록 회자되었으나 사람들이 그의 교만함을 말했다. 임진왜란 때 그곳 시판詩板이 모두 없어졌으나 홀로 정질鄭礩과 김성일金誠一의 두 시만 남아 있었다. 김성일은 시를 잘 짓지 못했으나 일본에 사신으로 가서 강직했던 것으로 중하게 여겼고, 정질은 좋았기 때문일 것이다.

퇴계선생退溪先生이 일찍 조남명曺南溟과 더불어 가깝게 이야기하게 되었는데, 퇴계가 말하기를 "주색酒色은 사람이 좋아하는 바로서 술은 쉽게 참을 수 있지만 색은 가장 어렵다. 강절康節[22]의 시에 색은 능히 사람으로 하여금 즐기게 한다 했으니 제어하기 어려운 것을 말한 것이다. 자네는 어떤가." 남명南溟이 말하기를 "나는 색에서 패장군敗將軍이다 ."하니 퇴계가 말하기를 "나도 젊었을 때는 참고자 했으나 참지 못했는데, 중년 이후에는 자못 참을 수 있는 것은 정한 힘(定力)이 없지 않기 때문이라" 했다.

그때 구봉龜峰 송익필宋翼弼이 앉아 있다가 말하기를 "소생小生이 일찍 읊은 바가 있으니 두 大人은 들어보시오." 하고 외워 말하기를,

玉盤美酒全無影　옥반의 좋은 술은 전혀 그림자가 없고
雪頰微霞乍有痕　흰 뺨에 약간의 안개는 잠깐 흔적이 있다.
無影有痕皆樂志　그림자와 흔적이 있고 없는 것은 모두 즐겁게 하나
樂能知戒莫留思. 즐거움을 경계로 알고 생각하지 마오.

---

22) 중국 宋나라 때 象數 학자인 邵雍의 시호.

라 하니, 퇴계退溪는 읊고 좋다고 하고 남명南溟은 웃으며 말하기를 "이 시가 바로 패장군敗將軍에 경계가 된다." 했다.

고려 말 가정稼亭 이곡李穀이 서장관書狀官으로 원元나라에 갔는데 길 옆 청루青樓 위에 네 사람의 미인이 주렴으로 가리고 있으면서 가정을 향해 물을 뿜으므로 가정이 바로 전대 속에서 흰 부채를 찾아 절구絶句 한 수를 지어 주었는데, 그 시에 말하기를,

兩兩佳人弄夕暉　네 사람의 가인이 저녁 햇빛을 희롱하며
青梅朱箔共依依　매화와 붉은 발이 함께 마음을 설레게 한다.
無端一陣陽臺雨　무단히 내린 한 줄기 양대우陽臺雨[23]는
飛灑三韓御史衣.　삼한 어사의 옷에 뿌린다.

라 했다. 가정稼亭이 돌아올 때 그 미인들이 좋은 술과 안주를 준비하고 길에서 맞이하여 시를 주어 감사하다고 했다. 근년에 서장관書狀官 조휘趙徽가 중국 서울로 가는 도중에 미인이 얇은 비단으로 낯을 가리고 지나가므로 조휘가 절구 한 수를 흰 부채에 써 주었는데, 그 시에 말하기를,

惹羞行路護輕紗　길을 가며 부끄러워 수건으로 가리었으니
淸夜纖雲漏月華　맑은 밤 엷은 구름으로 달빛이 비친다.
約束蜂腰纖一掬　약속한 가는 허리를 안아
羅裙新剪石榴花.　비단치마의 석류꽃을 새로 꺾었다.

라 했는데, 휘徽는 방탕한 사람이었다. 그녀의 집에 따라갔더니 과연 뛰어난 미인이었다. 붉은 비단으로 만든 바지를 입고 조휘趙徽

---

23) 남녀 간의 정사를 상징적으로 표현한 것임.

를 극히 기쁘게 접대했다. 또 한 선비가 중국 서울에 가서 길에서 미인이 나귀 수레를 타고 가면서 바라보자 시 한수를 지어 미인에게 주며 연구聯句를 지어 주기를 바란다고 하며, 그가 준 시에 말하기를,

心逐紅粉去　　마음은 붉은 분 바른 사람을 좇아가고
身空獨倚門.　　빈 몸만 홀로 문에 의지했다.

라 했는데, 그 미인이 수레를 멈추고 이어 말하기를,

驢嘶疑我重　　나귀가 울어 내가 무거운가 의심했더니
添載一人魂.　　한 사람의 혼을 더 실었기 때문이네.

라 했다.

호당湖堂[24]의 선발은 반드시 재주와 명망이 모두 높은 자를 취한다. 이성중李誠中이 그 선발에 오르자 재주가 있다고 일커를 것이 없다 하므로 한 선생이 말하기를 성중의 시에,

紗窓近雪月　　사창에 눈과 달빛이 가까워지자
滅燭延淸暉　　촛불을 끄고 맑은 빛을 맞아 들였다.
珍重一樽酒　　한 두루미 술을 진중하게 여겨
夜闌猶未歸.　　밤이 깊었는데 오히려 돌아가지 못했다.

라 했으니, 그의 시가 이와 같은데 어찌 선발하지 않겠는가 하자 이로서 선발에 참여하게 됐다. 멸촉연청광滅燭延淸光은 바로 이백

24) 조선조 때 과거에 합격한 사람으로서 재능이 있는 사람을 선발하여 공부하게 하는 곳.

李白의 시구이므로 성중은 삼구호당三句湖堂이라 이를 만하다.

남성신南省身을 한림원翰林院에 들어가게 추천을 하고자 하니 반대하는 의견이 많았다. 류숙柳潚 부제학副提學이 한림선생翰林先生에게 말하기를 남군南君이 일찍 금강산에 가서 지은 시가 있는데 말하기를,

一萬二千峯上路 일만 이천 봉 위의 길을
壬寅庚子年間行 임인 경자년 사이에 다녔오.
風烟眼底至今色 경치는 지금도 눈에 비치며
笙鶴空中猶舊聲. 공중에 저 같은 학의 울음은 옛 소리와 같다.

라 했는데, 이 시를 지은 자가 한림翰林이 되지 않겠느냐 하여 이로써 선발이 되었으니 가히 사구한림四句翰林이라 이르겠다.

고죽孤竹 최경창崔慶昌이 대은암大隱巖의 남곤南袞 고택故宅을 지나면서 지은 시에 말하기를,

門前車馬散如烟 문 앞에 거마車馬들이 연기처럼 사라졌으니
相國繁華未百年 상국相國의 번화가 백년도 되지 못했다.
村巷寥寥過寒食 골목이 조용하게 한식을 보내며
茱萸花發古墻邊. 수유꽃만 옛 담장 옆에 피었다.

라 했다. 또 불암佛巖을 지나면서 말하기를,

茅屋寄在白雲間 띠집이 흰구름 사이에 있는데
丈老西遊久未還 장로丈老는 오랫동안 서쪽에 놀며 돌아오지 않았다.
黃葉飛時疎雨過 단풍잎 질 때 성긴 비 지나가고
獨敲寒磬宿秋山. 홀로 경쇠 치며 가을 산에서 잔다.

라 했다. 또 절을 찾았다가 길을 잃고 지은 시에 말하기를,

危石纔敎一逕通　험한 바위 사이 길을 겨우 지나니
白雲猶自秘仙踪　흰 구름이 오히려 신선의 종적을 감추었다.
橋南橋北無人問　다리 이쪽저쪽 물을 사람 없고
落木寒流萬壑同.　나뭇잎 지고 흐르는 물은 곳곳이 같다.

라 했다.

이달李達이 최고죽崔孤竹의 맡아있는 영광靈光을 지나다가 그 고을 관아에 속한 기생을 좋아했는데 마침 비단을 팔러 온 장사를 보고 바로 시 한 수를 지어 고죽에게 주었다. 그 시에 말하기를,

商胡賣錦江南市　호상胡商이 강남으로 비단을 팔러 왔는데
朝日照之生紫烟　아침 햇빛이 비치니 붉은 연기가 이는 듯하다.
佳人政欲作裙帶　가인이 치마를 해 입고 싶어
手探粧奩無直錢.　장대를 열고 찾았으나 살 돈이 없다네.

라 했는데, 최고죽崔孤竹이 그 시를 보고 말하기를 "만약 시의 값을 논한다면 어찌 천금만 되겠는가. 작은 읍에 자금이 적어 여유가 있게 갚지 못한다." 하고 한 구에 백미 한 섬을 보상했다. 또 바다에서 지은 시에 말하기를,

碧海波空雲影涵　푸른 바다에 파도는 없고 구름 그림자만 젖었으며
白鷗無數上苔巖　많은 백구는 이끼 낀 바위에 올랐다.
山花落盡不歸去　꽃은 다 떨어졌으나 돌아가지 못했는데
家在石峯江水南.　집은 강물 남쪽 석봉에 있다오.

라 했는데, 모두 맑고 상쾌해 높게 여길 만하다.

정지상鄭知常의 강행시江行詩의 오언절구에,

草綠王孫恨　　풀이 푸르니 왕손은 한스러워하고
花紅杜宇愁　　꽃이 붉자 소쩍새가 근심한다.
汀洲人不見　　강변 섬에 사람은 보이지 않고
風動木蘭舟.　　바람에 작은 배가 흔들린다.

라 하여 한 때의 뛰어난 시가 되었다. 또 서로西路에서 스님을 만나 그의 시권詩卷에 쓴 시에 말하기를,

爾自西來我亦西　스님은 서쪽에서 왔고 나도 서쪽이었는데
春風一枝路高低　봄바람에 한 가닥 길은 높고 낮다.
何年明月逍遙寺　어느 해 밝은 달밤 절을 거닐며
共聽東林杜宇啼.　동림에서 소쩍새 우는 소리 같이 들으랴.

라 하여 그의 재기才氣가 거침없이 뛰어났으나 불행하게 일찍 죽었다.

포은圃隱 정선생鄭先生은 절의와 문장이 일세에 높았다. 북관北關에 있으며 지은 시에 말하기를,

定州重九登高處　정주에서 중양重陽에 높은 곳에 오르니
依舊黃花照眼明　예처럼 국화가 눈을 밝게 비친다.
浦溆南連宣德鎭　포구는 남쪽으로 선덕진과 연했고
峯巒北倚女眞城　산봉우리는 북쪽으로 여진성에 의지했다.
百年戰國興亡事　백 년 동안 전국은 흥망의 일이었고
萬里征夫感慨情　멀리 있는 정부의 감정은 깊게 사무친다.
酒罷元戎扶上馬　술을 다 마시고 원융을 붙들어 말에 태우니
淺山斜日上紅旌.　천산의 지는 해에 붉은 기가 오른다.

라 했는데, 음절이 소탕疏宕하다. 또 말하기를,

風流太守二千石 풍류 있는 태수는 이천 석의 녹봉祿俸이오
邂逅故人三百杯. 뜻밖에 친구 만나 삼백 배를 마신다.

라 했고, 또 일본日本에 사신으로 가서 지은 시에,

梅窓春色早 매화꽃 핀 창에 봄빛이 이르고
板屋雨聲多. 널판집에 빗소리 요란하다.

라 했으며, 또 말하기를.

江南兒女花插頭 강남의 처녀들이 머리에 꽃을 꽂고
笑呼伴侶遊芳洲 웃으며 친구 불러 방주芳洲에서 놀았다.
盪槳歸來日欲暮 노 젓고 돌아오다 날이 저물자
鴛鴦雙飛無限愁. 짝지어 나는 원앙새 보고 한없이 탄식한다오.

라 했는데, 작품마다 모두 호탕하다.

유희경劉希慶은 천한 사람이었다. 젊었을 때부터 시를 배웠으며 본디 성격이 맑고 깨끗했다. 임진왜란 후에는 생활이 어려워 위장소衛將所의 서원書員을 했다. 중궁中宮을 모시고 수안遂安을 행차하게 되었는데, 그때 눈이 오다가 개자 호위扈衛하던 제공諸公들이 시를 짓게 했더니 그 시에 말하기를,

扈衛遼陽舊郡城 호위하여 옛 고을 요양遼陽[25]에 오니

25) 遂安의 다른 이름이라 한다.

風飄瓊屑灑林坰 눈이 바람에 날려 숲과 들을 깨끗이 했다.
村童莫厭埋樵逕 아이들아 나뭇길이 묻혔다고 싫어하지 말라
天爲行宮作玉京. 하늘이 행궁을 위해 옥경玉京[26]을 만들었다.

라 했다. 또 일찍 용문사龍門寺에 놀면서 동행했던 선비들이 시를 짓게 했더니 바로 읊어 말하기를,

山含雨氣水含烟 산에는 우기 물에는 연기를 머금었으며
青草湖邊白鷺眠 청초호 가에 백로가 졸고 있다.
路入海棠花下轉 해당화 밑으로 길이 돌아가니
滿枝香雪落揮鞭. 가지에 가득한 꽃이 휘둘리는 채찍에 떨어진다.

라 했다.

이정면李廷冕은 홍남洪男의 손자였다. 지은 시가 있는데 말하기를,

庭泥橫短蚓 뜰의 진흙에 짧은 지렁이가 가로놓였고
壁日聚寒蠅. 벽에 햇빛은 추운 파리를 모았다.

라 하니, 그의 친구 체소體素 이춘영李春英이 묘함을 칭찬하면서 궁함을 지적했는데, 과연 과거에 급제한 지 얼마 되지 않아 죽었다. 윤계선尹繼善 수찬修撰이 사람들이 모인 술자리에서 지은 시의 한 연에 말하기를,

宦遊千里蔗甘盡 멀리서 벼슬하니 사탕수수도 다 됐고

26) 하늘 세계에 옥황상제가 산다는 서울. 위의 行宮은 임금이 지방을 순행할 때 임시로 거처하는 곳.

世事一春花落忙. 세상일은 한 봄에 떨어지는 꽃처럼 바쁘다.

라 하니 좌중의 사람들이 모두 칭찬했다. 내가 말하기를 "나이 젊은 사람이 어찌 이같은 말을 하는가" 했는데, 과연 오래되지 않아 죽었다. 탄식하노니 시는 성정性情에서 나오는 것으로 그렇게 하고자 아니 했는데 그렇게 된 것이다. 시가 궁하게 한 것이 아니고 사람이 궁하게 한 것이기 때문에 시가 자연히 그렇게 된 것이다.

송강松江 정철鄭澈의 한 절구絶句에 말하기를,

空山落木聲　　공산에 나뭇잎 떨어지는 소리를
錯認爲踈雨　　성긴 비 오는 것으로 잘못 알았다.
呼僧出門看　　중을 불러 문 밖에 나가 보게 하니
月掛溪南樹.　　달이 시내 남쪽 나무에 걸렸다.

라 했다. 또 홍경신洪慶臣이 표훈사表訓寺에 자면서 지은 시에 말하기를,

崖寺無塵秋氣清　비탈의 절은 티끌이 없고 가을 기운이 맑아
滿窓明月夢初驚　창에 가득한 밝은 달빛을 꿈에 처음 놀랬다.
淙淙一壑風泉響　골짜기에서 종종 들리는 샘물 소리는
錯認前山夜雨聲.　앞산에 밤비 내리는 소리로 잘못 알았다.

라 했다. 내가 일찍 송천정사松泉精舍에 자면서 빗소리 같은 소리가 들려 스님에게 물었더니 폭포소리라고 했다. 내가 드디어 절구 한 수를 불렀는데 말하기를,

三月山寒杜宇稀　삼월에 산이 추워 소쩍새도 드문데

遊人閒臥靜無機 유인이 한가하게 누웠더니 고요해 기미가 없다.
中宵錯認千林雨 밤중에 많은 숲에 비가 오는 것으로 알았는데
僧道飛泉灑石磯. 스님은 흐르는 샘물이 돌에 뿌리는 소리라 한다.

라 했는데, 시인의 의사와 같다고 이르겠다.

허균許筠의 호는 성수惺叟이다. 그의 시화詩話에 이르기를 정지상鄭知常 대간大諫의 서경시西京詩에,

雨歇長堤草色多 비 갠 긴 언덕에 풀빛은 더욱 푸른데
送君南浦動悲歌 그대를 남포南浦로 보내니 슬픈 노래 절로 난다.
大同江水何時盡 대동강 물은 어느 때 다할 것이냐
別淚年年添綠波. 해마다 눈물을 흘러 강물을 더할 것이라네.

라 했는데, 지금도 절창이라 이르며, 중국 사신이 우리나라에 오게 되면 누에 시를 쓴 현판을 모두 철거하고 단지 이 시만 남겨 두었다. 그 후 최고죽崔孤竹이 화시和詩를 지어 말하기를,

水岸悠悠楊柳多 한가한 언덕에 버들이 많으며
小船爭唱采菱歌 작은 배에 채릉가를 다투어 부른다.
紅衣落盡西風冷 붉은 꽃은 다 떨어지고 서쪽 바람이 찬데
日暮芳洲生白波. 날이 저물자 흰 파도가 방주芳洲에서 인다.

라 했고, 이손곡李蓀谷도 화시和詩에서 말하기를,

蓮葉參差蓮子多 연잎은 들쭉날쭉 연밥이 많으며
蓮花相間女娘歌 연꽃 사이에 처녀가 노래를 한다.
歸時約伴橫塘口 돌아올 때 횡당구에서 만나기를 약속하고

辛苦移舟逆上波. 어렵게 배를 옮겨 파도를 거슬러 오른다.

라 했는데, 두 시가 좋아 왕소백王少伯[27] 이군우李君虞의 여운餘韻이 있으나 채릉가采菱歌였지 서경송별시西京送別詩의 본의는 아니다.

문순文順 이규보李奎報의 칠석우시七夕雨詩는 참으로 절창絶唱이다. 그의,

輕衫小簟臥風欞 적삼 입고 대자리로 난간에 누웠다가
夢覺鶯啼三兩聲 꾀꼬리 우는 소리에 꿈을 깨었다.
密葉翳花春後在 짙은 숲속에 핀 꽃은 봄이 지난 뒤에도 있으며
薄雲漏日雨中明. 엷은 구름 뚫는 해는 빗속에서도 밝다오.

라 하여 읽으면 상쾌하다.

진화陳澕 한림翰林은 이문순李文順과 시로써 이름이 비슷했다. 그의,

小梅零落柳傲垂 매화는 떨어지고 버들은 늘어져 춤을 추는데
閑踏晴嵐步步遲 맑은 남기를 한가하게 밟는 걸음이 더디다.
漁店閉門人語少 어점은 문을 닫고 말소리 적으며
一江春雨碧絲絲. 강에 내리는 봄비는 푸른 실 같다.

라 했다.

척약재惕若齋 김구용金九容의 시는 매우 맑다. 목은牧隱 이색李穡이 말한 바 그가 붓을 잡고 쓰면 뛰어나다고 했다. 그는 사신으로

27) 王少伯은 중국 盛唐 때 시인 王昌齡의 자, 李君虞는 어떤 인물인지 알아보지 못했다.

중국에 가서 자문咨文에 말 오십 필을 오천으로 잘 못 썼기 때문에 명明의 태조太祖가 대리로 유배시켰다. 척약재惕若齋가 유배를 가게 되자 지은 시에 말하기를,

死生有命奈何天 사생은 운명인데 하늘인들 어찌하리오
東望扶桑路渺然 동쪽으로 부상扶桑을 바라보니 길이 아득하다.
良馬五千何日到 좋은 말 오천 필이 어느 날 도착하랴.
桃花關外草芊芊 도화관桃花關 밖에 풀이 우거졌다오.

라 했으며, 무창시武昌詩에 말하기를,

黃鶴樓前水湧波 황학루 앞에 물은 파도를 치고
沿江簾幕幾千家 강을 따라 주렴에는 몇 천 호인가.
醵錢沽酒開懷抱 돈을 거두어 술을 사서 회포를 풀고자 하니
大別青山日已斜. 대별의 푸른 산에 해는 이미 비꼈다.

라 했는데, 결국 배소에서 세상을 떠났다.

조서曺庶 참의參議도 또한 김치金齒로 유배되었다가 수년 만에 놓여 돌아왔다. 황주黃州에서 지은 시에 말하기를,

水光山氣弄晴沙 물빛과 산 기운이 맑은 사장을 희롱하고
楊柳長堤十萬家 버들 늘어선 긴 언덕에 십만의 집이 있다.
無數商船城下泊 무수한 상선들은 성 밑에 머물러 있고
竹樓烟月吹笙歌. 죽루의 달빛 아래 저를 불고 노래한다.

라 했다. 대장부가 변방 나라에 태어나서 넓은 나라를 유람하지 못한 것이 한이었는데, 김구용金九容과 조서曺庶 이공二公이 비록 다

른 지방에 유배가 되었다 할지라도 또한 오吳와 초楚를 두루 보았으니 인간으로서 통쾌한 일이다.

조선조朝鮮朝 초에 교은郊隱 정이오鄭以吾와 쌍매당雙梅堂 이첨李詹의 시가 가장 아름다웠다. 정이오鄭以吾의 시에,

二月將闌三月來 이월이 가려하고 삼월이 오니
一年春色夢中回 일 년의 봄빛이 꿈속에서 돌아온다.
千金尙未買佳節 천금으로도 오히려 가절佳節을 살 수 없으니
酒熟誰家花正開. 뉘 집에 술 익고 꽃이 바로 피었을까.

라 했고, 이첨李詹의 시에,

神仙腰佩玉樅樅 신선이 허리에 찬 옥 소리 종종하며
來上高樓掛碧窓 높은 누에 올라 푸른 창을 걸었다.
入夜更彈流水曲 밤이 되자 다시 유수곡을 타니
一輪明月下秋江. 둥글고 밝은 달이 가을 강으로 진다.

라 했는데, 두 시가 아울러 당唐나라 시인의 작품에 못하지 않다.

이쌍매李雙梅의 문앵시聞鶯詩에 말하기를,

三十六宮春樹深 삼십육궁의 나무들에 봄이 깊으며
蛾眉夢罷午窓陰 미인이 잠을 깨자 한낮의 창에 그늘이 진다.
玲瓏百囀凝愁聽 맑게 우는 꾀꼬리 소리 근심이 엉긴 듯 들리는데
盡是香閨不幸心. 모두 젊은 여인의 불행한 마음이라오.

라 했는데, 매우 杜舍人[28]의 시와 같다.

28) 唐의 시인 杜牧. 그가 中書舍人을 역임했다.

점필재佔畢齋 김종직金宗直이 신륵사神勒寺에서 지은 시에,

上房鍾動驪龍舞 상방에 종이 울자 여강 용이 춤을 추고
萬竅風生鐵鳳翔. 구멍마다 바람이 나니 철봉이 날고 있다.

라 한 구는 넓고 맑으며 엄중하다. 또 보천탄시寶天灘詩에 말하기를,

桃花浪高幾尺許 복사꽃 물결이 몇 자나 높았기에
銀石沒頭不知處 은빛 돌이 머리까지 잠겨 어디인지 모르겠다.
兩兩鸕鶿失舊磯 짝지어 나는 물새들은 전날 놀던 자리 잃어
含魚却入菰蒲去. 물고기 물고 갈대 속으로 들어간다.

라 했는데, 이 작품이 가장 뛰어났으며 동경악부東京樂府도 작품마다 모두 옛 뜻이 있다.

매월당梅月堂 김시습金時習은 절의가 높고 시문도 뛰어났다. 그가 세향원細香院에서 지은 시에 말하기를,

朝日將暾曙色分 아침 해가 돋으려 하자 밝은 빛이 분명하며
林霏開處鳥呼羣 안개 걷힌 숲에 새가 무리를 부른다.
遠峯浮翠排窓見 먼 봉우리에 떠있는 푸른 빛을 창열고 바라보니
隣寺鍾聲隔巘聞. 이웃 절 종소리 시루봉 건너서 들린다.
青鳥信傳窺藥竈 청조青鳥[29]는 소식을 전하려 약 달이는 부엌을 엿보고
碧桃花落點苔紋 복숭아꽃 떨어져 이끼 무늬 비친다.
定應羽客朝天返 분명히 우객羽客[30]은 상제에 조회하고 돌아와
松下閑披小篆文. 소나무 아래 한가히 소전문小篆文[31]을 펴본다.

---

29) 푸른 새, 심부름하는 선녀를 말함.
30) 신선을 말함.

라 했다. 또 소양정昭陽亭에서 지은 시에,

鳥外天將盡　　새는 하늘이 다하려는 쪽 밖에서
吟邊恨未休　　읊는 주변에 한은 쉬지 않는다.
山多從北轉　　산은 대부분 북쪽으로 좇아 돌고
江自向西流　　강은 스스로 서쪽을 향해 흐른다.
雁下汀洲遠　　기러기 내리는 강변 사장은 까마득하고
舟回古岸幽　　배는 옛 언덕 깊숙한 곳을 돌아간다.
何時抛世網　　어느 때 세상 번뇌 털어버리고
乘興此重遊.　　흥을 따라 이곳에 다시 놀러 오겠다오.

라 했다.

사가四佳 서거정徐居正의 시는 종용하고 풍부하며 빛나 때로는 좋은 곳이 있는데 예를 들면,

遊蜂飛不定　　노는 벌은 정하지 않고 날며
閑鴨睡相依.　　한가한 오리는 자면서 서로 의지한다.

라 했고, 또 이르기를,

更欲乘鸞吹鐵笛　다시 난새를 타고 철적을 불고자 하며
夜深明月過江南.　깊은 밤에 밝은 달이 강남을 지난다.

라 했는데, 매우 아름다운 곳이 있다.

괴애乖崖 김수온金守溫의 시도 또한 호방하다. 아래와 같은 시에,

31) 신이 남긴 문자로서 현대 사람은 이해를 하지 못한다고 한다.

柴門不整臨溪岸　닫히지 않은 사립문이 냇가 언덕에 다다랐고
山雨朝朝看水生. 아침마다 내린 비로 불어나는 물을 보겠다.

라 한 시와 또,

窓虛僧結衲　　창이 비자 스님은 장삼을 깁고
塔靜客題詩　　탑이 고요하니 손은 시를 쓴다.

라 한 작품들은 구가 한가하고 멀어 운치가 있다.

강경순姜景醇(희맹希孟의 자字)의 양초부養蕉賦가 극히 좋고 시도 또한 밝고 굳세다. 그의 병여음病餘吟에 말하기를,

南窓終日坐忘機　종일 남쪽 창 밑에 앉아 기미를 잃었으며
庭院無人鳥學飛　뜰에 사람은 없고 새가 나는 것을 배운다.
細草暗香難覓處　가는 풀 짙은 향기 찾을 곳이 어렵고
淡煙殘照雨霏霏. 맑은 연기 남은 햇빛에 안개비가 내린다.

라 하여 밝고 깨끗해 외울 만하다.

충암冲庵 김정金淨의 시에,

落日臨荒野　　해질 무렵 거친 들에 이르니
寒鴉下晚村　　갈까마귀가 늦게 마을로 내려온다.
空林烟火冷　　숲에 낀 연기는 차갑게 여겨지고
白屋掩柴門.　　작은 집은 사립문을 닫았다.

라 했는데, 매우 유장경劉長卿[32]의 시와 같다.

---

32) 盛唐 때 시인. 자는 文房, 隨州刺使를 역임했기 때문에 劉隨州라 하기도 함.

호음湖陰 정사룡鄭士龍은 일생동안 다른 작가의 작품은 칭찬하지 않았는데 다만 눌재訥齋 박상朴祥의 시에,

西北二江流太古 서북 쪽 두 강은 태고 적부터 흐르고
東南雙嶺鑿新羅. 동남의 두 재는 신라로 통했다.

彈琴人去鶴邊月 거문고 타던 사람이 가자 학 옆에 달이 비치고
吹笛客來松下風. 피리 불던 손이 오니 소나무 아래 바람이 분다.[33)]

라 한 구句들을 벽 위에 써두고 미치지 못할 것이라 했다. 또 이르기를 허종경許宗卿의 시에,

野路欲昏牛獨返 들길이 어두우려 하자 소가 홀로 돌아오고
江雲將雨鷺低飛. 비가 오려는 강변에 백로는 낮게 난다.

라 한 구는 목계木溪 강혼姜渾의 시에,

紫燕交飛風拂柳 바람에 버들이 흔들리자 제비도 같이 날고
青蛙亂叫雨昏山. 비가 내려 산이 어두우니 개구리가 어지럽게 운다.

라 한 말과 서로 비슷하다고 했다.

신낙봉申輅峰의 시가 매우 깨끗해 맑은 곳이 있다. 김공석金公碩의 구거舊居를 지나며 지은 시에 말하기를,

同時逐客幾人存 같이 쫓겨간 사람에 몇이나 남았는가

33) 이 연은 내용에 대한 이해가 쉽지 않은 듯하다.

立馬東風獨斷魂 동풍에 말을 세우고 혼자 넋을 잃었다.
烟雨介山寒食路 안개 낀 개산介山[34]의 한식 길에서
不堪聞笛夕陽村. 석양촌의 피리소리 듣기 어렵다.

라 했으며,

또 삼일三日에 준 시에 말하기를,

三三九九年年會 삼월 삼일 구월 구일이면 해마다 모였는데
舊約猶存事獨違 옛 약속은 아직 남았으나 일만 어긋났다.
芳草踏青今日是 꽃다운 풀에 답청은 오늘이었고
清樽浮白故人非 맑은 술잔의 술을 남기면 친구가 아니라오.
風前燕語聲初嫩 바람 앞에 제비 소리는 처음부터 연하고
雨後花枝看亦稀 비 온 뒤의 꽃가지에 남은 꽃은 보기 드물다.
茅洞丈人多不俗 모동의 장인은 속되지 않음이 많아
可能無意典春衣. 봄옷을 저당하는 것도 어렵지 않으리라.

라 했는데, 작품마다 웅기雄奇함은 정호음鄭湖陰에 미치지 못하나 맑고 화창함은 지날 것이다.

장음정長吟亭 나식羅湜의 시가 간혹 성당시盛唐詩에 가깝다. 신광한申光漢, 정사룡鄭士龍 등 여러 인사들이 친구 집에 모여 족자簇子의 그림을 보고 시를 짓기로 했으나 짓지 못하고 있었는데, 나식羅湜이 술에 취해 붓을 빼앗아 족자에 쓰고자 하자 주인이 쓰지 못하게 막았다. 호음湖陰이 그대로 두게 했더니 나식羅湜이 시를 써 말하기를,

老猿失其羣 늙은 원숭이가 그 무리를 잃고

34) 땅 이름인데 介峴이라 이르기도 한다.

落日枯査上　　해가 질 즈음 마른 나뭇가지에 올라
兀坐首不回　　우뚝 앉아 머리를 돌리지 않고
靜聽千峰響.　　고요히 많은 봉우리의 소리를 듣는다.

라 하니, 호음湖陰이 크게 칭찬하며 붓을 놓고 잡지 않았고, 이손곡李蓀谷도 또한 이르기를 이 시는 성당盛唐의 이천가법伊川歌法인데, 이른바 한 구가 없어도 작품이 되지 않는다고 했다.

하서河西 김인후金麟厚는 인품이 높고 순수했으며 그의 시도 또한 인품과 같았다. 그의 등취량대시登吹梁臺詩를 송천松川 양응정梁應鼎이 극히 칭찬하며 당나라의 시인 고적高適, 잠삼岑參의 운치가 있다고 했다. 그 시에 말하기를,

梁王歌舞地　　양왕梁王이 노래하고 춤추던 땅을
此日客登臨　　오늘에 올라 다다랐다.
慷慨凌雲趣　　강개함은 구름의 의취를 업신여기고
凄凉吊古心　　청량함은 옛 마음을 슬프게 한다.35)
長風送遠野　　긴 바람은 먼 들로 보내고
白日隱層岑　　밝은 해는 높고 낮은 봉우리에 숨었다.
當代繁華事　　당대의 번화했던 일을
茫茫何處尋.　　넓고 아득해 어느 곳에서 찾으랴.

라 했다.

박수암朴守庵의 청학동시靑鶴洞詩에 말하기를,

孤雲唐進士　　최고운은 당나라 진사로서
初不學神仙　　처음에는 신선을 배우지 않았다오.

---

35) 이 함련의 내용은 이해에 어려움이 있다.

蠻觸三韓日　　오랑캐가 삼한三韓을 침범한 날이었고
風塵四海天　　바람과 티끌이 사방 하늘을 가리었다.
英雄那可測　　영웅을 어찌 측량할 수 있으며
眞訣本無傳　　참 비결은 본디 전함이 없었다.
一入蓬山去　　한 번 봉래산으로 들어가자
淸風八百年.　　맑은 바람이 팔백 년을 분다오.

라 하여 깊고 강하며 간결하고 실질적이므로 두보杜甫의 체를 깊게 얻었다.

봉래蓬萊 양사언楊士彦이 강릉부사江陵府使로 있을 때 이달李達이 그곳에 가서 손이 되어 있었다. 그는 검속성이 없었기 때문에 초당草堂 허엽許曄이 양봉래에게 글로써 대우를 소홀히 하지 못하게 주의하게 했다. 양봉래楊蓬萊가 답해 말하기를,

桐花夜烟落　　오동나무 꽃에 밤 연기가 지고
海樹春雲空.　　해수海樹에 봄 구름이 없다.

라 한 구句를 지은 이달李達을 만약 소홀히 하면 진왕陳王이 초상初喪에 유劉를 응대한 날과 무엇이 다르겠는가 했다.[36] 그러나 처음과는 달리 단술을 주지 않았다. 이달이 시로서 말하기를,

行子去留際　　손이 가고 머무는 계기는
主人眉睫間　　주인의 눈썹 사이에 있다.
朝來失黃色　　아침에 와서 누런 빛을 잃게 되면
夜久憶靑山　　밤에 오래까지 푸른 산을 생각한다.
魯國鷄鶋饗　　노국에서는 닭과 까마귀를 먹이고

36) 전고에 있는 말인 듯한데 출전을 알아보지 못했다.

南征薏苡還　　남쪽을 정벌하여 율무를 가지고 왔다.
秋風蘇季子　　가을바람에 소계자蘇季子[37]는
又出穆陵關.　　또 목릉관穆陵關을 나가게 되었다.

라 하니, 양봉래가 크게 칭찬하며 처음처럼 대접을 했다고 하며, 그의 고상한 멋과 재주를 좋아함을 어찌 쉽게 얻을 수 있겠는가.

소재蘇齋 노수신盧守愼이 이달李達의 홍류동시紅流洞詩의,

中天笙鶴下秋宵　중천에 피리 소리로 울던 학이 가을밤에 내려오니
千載孤雲已寂寥　천년의 고운은 이미 고요하다.
明月洞門流水在　밝은 달과 동문에 물은 흐르고 있는데
不知何處武陵橋.　무릉교武陵橋가 어디 있는지 알 수 없다오.

라 한 시에 대해 미치지 못하겠다고 했다.

조선조朝鮮朝의 시가 중종 때 이르러 크게 이루어졌는데 용재容齋 이행李荇이 처음으로 인도했고 눌재訥齋 박상朴祥, 기재企齋 신광한申光漢, 충암冲菴 김정金淨, 호음湖陰 정사룡鄭士龍이 한 때 아울러 나왔다. 또 선조宣祖 때 크게 갖추어져 소재蘇齋 노수신盧守愼이 두보杜甫의 시법詩法을 얻었고, 지천芝川 황정욱黃廷彧이 대를 이어 일어났으며, 최경창崔慶昌 백광훈白光勳이 당시唐詩를 법했고, 이달李達이 그들 무리에서 크게 열었다. 그 후 석주石洲 권필權韠(자字 여장汝章)이 늦게 나와 용재容齋와 더불어 서로 비교가 되었으니 얼마나 융성한가.

현곡玄谷 조지세趙持世가 일찍 말하기를 우리나라 땅 이름이 깨끗하지 못해 작품에 사용하게 되었을 때,

37) 어떤 인물인지 알아보지 못했다.

氣蒸雲夢澤　　기운은 운몽택雲夢澤을 찌고
波撼岳陽城　　물결은 악양성岳陽城을 흔든다.

라 한 것과 같은 시에서 무릇 열 자에서 여섯 자가 지명인데 실제 힘으로 사용된(用力) 것은 증蒸, 감撼 두 자만 공功이 되었으니 어찌 살펴보아야 하지 않겠는가 했는데, 이 말이 그럴듯하게 생각되나 그렇지 않다. 노수신盧守愼 상공相公의 시에,

路盡平邱驛　　길은 평구역平邱驛에서 끝나고
江深判事亭　　강은 판사정判事亭에서 깊다.
柳暗靑坡晩　　청파靑坡에 늦게 버들이 짙었고
天晴白嶽春.　　백악白嶽의 봄에 하늘은 맑다.

라 하여 역시 좋으니, 다루는 솜씨가 묘할 것 같으면 쇠를 다루어 금을 만드는데 어찌 방해가 되겠는가.

사암思菴 박순朴淳의 시에 말하기를,

久沐恩波役此心　오랫동안 은혜 입어 분주했으며
曉鷄聲裡帶朝簪　새벽 닭 우는 소리에 관복을 입었다.
江南野屋春蕪沒　강남에 있는 집은 봄풀이 무성하겠는데
却倩山僧護竹林.　대나무는 산승에게 관리를 빌리려 하오.

라 했다. 사대부들이 누구인들 물러나고 싶은 생각이 없었겠는가. 작은 녹을 보고 물러나겠다는 마음을 저버리는 자가 많으니 이 시를 읽게 되면 충분히 강개함을 일으킬 것이다.

박사암朴思菴이 세상을 떠났을 때 만사挽詞가 수백 장이 되었는데, 홀로 성우계선생成牛溪先生의 절구 한 수가 가장 뛰어났다. 그

시에 말하기를,

世外雲山深復深　세외의 구름에 잠긴 산은 깊고 깊으며
溪邊茅屋已難尋　시냇가 띠집은 이미 찾기 어렵겠다.
拜鵑窩上三更月　배견와拜鵑窩[38] 위에 뜬 삼경의 달은
應照先生一片心.　분명히 선생의 한 조각 마음을 비친 것이오.

라 했는데, 무한히 슬퍼하는 뜻이 말에 노출되지 않고 나타났으니 서로 깊게 알았던 사이가 아니었다면 어찌 이와 같이 지을 수 있었겠는가.

송강松江 정철鄭澈은 속구俗謳를 잘 지었는데 사미인곡思美人曲 및 장진주가將進酒歌 같은 것이 맑고 아름답다. 권석주權石洲가 그의 묘를 지나가며 지은 시에 말하기를,

空山落木雨蕭蕭　공산에 나뭇잎 지고 비는 소소히 내리는데
相國風流此寂寥　상국의 풍류가 이곳에서 고요하다.
惆悵一杯難更進　슬프게도 한 잔 술 드리기 어려우니
昔年歌曲卽今朝.　지난날 가곡을 오늘 아침에도 듣는 듯하오.

라 했다. 동악東岳 이안눌李安訥의 강상문가시江上聞歌詩에 말하기를,

江頭誰唱美人詞　강두에서 누가 사미인곡思美人曲을 부르는가
正是孤舟落月時　바로 고주에 달이 지려 할 때라오.
惆悵戀君無限意　슬프게도 임을 그리워하는 무한의 뜻은
世間惟有女娘知.　세상에서 오직 여랑만 알고 있다오.

---

38) 思菴이 낙향해 있을 때 거처했던 움집의 이름.

라 했는데, 두시가 모두 그 속구俗謳를 말한 것으로 세상에서 절조絶調라 한다.

하곡荷谷 허봉許篈이 일찍 역벽驛壁에 쓰여있는 시를 보았는데 그 시에 말하기를.

世上無人識俊才　세상에 준재를 알아주는 사람 없는데
黃金誰復築高臺　황금으로 누가 고대를 다시 쌓겠는가.
邊霜染盡靑靑鬢　변방 서리가 푸른 살쩍머리를 모두 물들였고
匹馬陰山十往來.　필마로 음산陰山을 열 번 오고 갔다오.

라 하여 말의 기운이 깊게 사무쳐 매우 아름다운 작품이다. 우졸郵卒에게 물었더니 병영군관兵營軍官 손만호孫萬戶의 지은 바라 했다.

동악東岳 이안눌李安訥이 함흥咸興에 있으면서 지은 시에 말하기를,

雨晴官柳綠毿毿　비 개자 푸른 버들이 길고 길고 길며
客來初逢三月三　손이 와서 처음 삼월 삼일을 만났다.
共是出關歸未得　다 같이 고향 떠나 돌아가지 못했으니
佳人莫唱望江南.　가인아 망강남을 부르지 말아다오.

라 했는데, 당조唐調에 멀지 않다.

우사羽士 전우치田禹治는 사람들이 신선이 되어 갔다고 하며 시가 매우 맑고 뛰어났다. 그의 유삼일포시遊三日浦詩에 말하기를,

秋晩瑤潭霜氣淸　늦은 가을 못에 서리 기운이 맑으며
天風吹下紫簫聲　바람에 퉁소 소리 들린다.
靑鸞不至海天濶　난새는 오지 않고 바다와 하늘이 넓은데

三十六峰秋月明. 서른여섯 봉에 가을 달이 밝다.

라 했는데, 읽으면 상쾌하다.

정백련鄭百鍊이 병으로 아플 때 귀신을 만나 절구를 지었다. 그 하나에 말하기를,

酒滴春眠後　　봄날 잠을 깬 후 술을 마시며
花飛簾捲前　　주렴을 걷은 앞에 꽃이 난다.
人生能幾何　　인생이 얼마나 살 수 있으랴
悵望雨中天.　　슬프게 비 오는 하늘을 바라본다.

라 하고, 또 하나에 말하기를,

萬里鯨波海日暮　넓은 바다 거친 파도에 해가 저물며
碧桃花紅照天門　벽도碧桃의 붉은 꽃이 천문을 비친다.
鸞驂一息空千載　난새 타고 한 번 쉬자 천 년이 다했으며
緱嶺靈簫半夜聞.　후령緱嶺의 퉁소 소리 밤중에 들린다.

라 하여 맑고 깊숙해 스스로 인간의 말이 아니라고 했다.

부안扶安 기생 계생桂生은 시를 잘 짓고 거문고와 노래도 잘해 태수太守의 좋아하는 바가 되었다. 태수가 떠난 뒤에 사람들이 비를 세워 그를 잊지 않았다. 계생桂生이 매양 달 밝은 밤에 비 앞에서 거문고를 타고 노래를 부르니 이원형李元亨이란 자가 있어 시를 지어 말하기를,

一曲瑤琴怨鷓鴣　일곡의 거문고로 자고새를 원망하나
荒碑無語月輪孤　거친 비는 말이 없고 달만 외롭게 떴다.

峴山當日羊公石 그 날 현산의 앙공석羊公石[39]도
亦有佳人墮淚無. 역시 가인이 있었으나 눈물은 흘리지 않았다.

라 했다.

백대붕白大鵬이라는 자도 또한 시에 능해 한 때의 무리들이 본받았다. 그의 시는 맹교孟郊와 가도賈島[40]를 배워 마르고 시들었기 때문에 석주石洲 권필權韠이 만당시晩唐詩를 배우고자 하는 사람을 보게 되면 사작체司鑰體[41]라 했는데 대개 그 약한 것을 비웃는 것이다.

양경우梁慶遇의 『제호시화霽湖詩話』에 을미년乙未年과 병신년丙申年 사이에 명明의 유정劉綎 제독提督이 병졸을 이끌고 영호남을 왕래하면서 주위에 한 사람의 선비를 데리고 다녔는데 그가 간혹 시를 지었다. 사람들이 그의 가구佳句를 전하면서 그의 이름을 알지 못했다. 당시 우리나라는 왜적倭賊과 싸우면서 성패를 결정하지 못하고 있었는데, 그 서생書生이 조개와 비취새(방휼蚌鷸)에 비유하여 시를 지었다. 그 시에 말하기를,

老蚌當陽爲怕寒 늙은 조개는 추위가 무서워 볕을 쪼이는데
野禽何事苦相干 들새가 무슨 까닭으로 괴롭게 상간하나뇨.
身離窟穴珠胎損 굴을 떠나 구슬 같은 태가 손상되었고

39) 晋의 羊祜가 襄陽의 수령을 하면서 그곳의 峴山에 올라 즐거워했기 때문에 그가 떠난 후 그곳에 비를 세웠다. 그 비를 보는 사람들이 눈물을 흘리기 때문에 그 비를 墮淚碑라 했는데, 이 시는 墮淚를 지나치다고 풍자한 것이다.

40) 盛唐 때 시인. 출가했다가 뒤에 환속했다고 함. 그의 시는 韓愈의 칭찬을 받았다 했다.

41) 白大鵬이 司鑰을 했기 때문에 이른 것이다.

力盡沙灘翠羽殘 사장과 여울에서 힘을 다해 푸른 털이 쇠잔했다.
閉口豈知開口禍 입을 닫았는데 개구의 화를 어찌 알 수 있으며
入頭誰料出頭難 머리가 들어가면 나오기 어려움을 누가 짐작하랴.
早知俱落漁人手 일찍 어부의 손에 같이 떨어질 것을 알았다면
雲水飛潛各自安. 구름이나 물에 날고 숨는 것이 각자 편안했을 것이오.

라 했는데, 대개 서생書生의 뜻은 결국 국가가 다시 회복하는 것을 처음부터 끝까지 명明나라가 작은 나라를 애휼하는 뜻이 아님이 없다 했다.

장유張維의 『계곡만필谿谷漫筆』에 말하기를 온정균溫庭筠[42]이 위상渭上에서 지은 시에,

呂公榮達子陵歸 여공呂公[43]은 영달하고 엄자릉嚴子陵[44]은 돌아갔으니
萬古烟波繞釣磯 긴 세월로 물안개는 낚시한 곳에 얽히었다.
橋上一通名利迹 다리 위에 한 통 명예와 이익의 자취로
至今江鳥背人飛. 지금도 강의 새들은 사람을 등지고 난다.

라 했고, 우리나라 김열경金悅卿(시습時習의 자字)의 영위천수조도詠渭川垂釣圖에 말하기를,

風雨蕭蕭拂釣磯 소소히 내리는 비바람이 낚시하는 곳을 흔들어
渭川魚鳥却忘機 위천의 고기와 새들은 기미를 잃었다.
如何老將作鷹揚 어찌하여 노장老將이 매처럼 날치어[45]

---

42) 唐의 시인, 자는 飛卿.

43) 呂公의 성은 姜이며 이름은 呂尙이다. 周의 武王을 도와 殷을 격파했다고 하며 호를 太公望이라 했다.

44) 子陵은 嚴光의 자. 光은 後漢 光武帝와 같이 글을 배웠다고 하며, 벼슬하지 않고 낚시하며 살았다고 한다.

空使夷齊餓采薇. 부질없이 이제夷齊를 고사리 꺾다 굶게 하나뇨.[46)]

라 했는데, 두 시가 준걸스럽고 상쾌함은 자못 비슷하나, 온정균溫庭筠은 온전히 명리名利로써 나무랐고, 김시습金時習은 생각함이 깊고 멀어 세상에 대한 가르침과 관계가 있다.

백곡栢谷 김득신金得臣의 『종남총지終南叢志』에 말하기를 우사羽士 이두춘李逗春은 이름이 알려진 선비가 아니었는데, 그가 단양협중시丹陽峽中詩에 말하기를,

山欲蹲蹲石欲飛 산은 움직이는 듯 돌은 날고자 해
洞天深處客忘歸 골짜기의 깊은 곳에서 손은 돌아가는 것을 잊었다.
澄潭日落白雲歸 맑은 못에 해가 지고 흰 구름 돌아가며
一縷仙風吹羽衣. 한 가닥 선풍이 우의羽衣에 분다.

라 했다.

명종明宗이 한 폭 그림을 여러 신하들에게 보였으나 모두 어디인지 알지 못했는데 정사룡鄭士龍이 나와 말하기를 "이 그림은 서호도西湖圖라." 하고 손으로 가리키며 "이것은 영은사靈隱寺이고 이것은 용금문湧金門이며 이곳은 소동파蘇東坡가 쌓은 방죽이다. 이것은 전류錢鏐가 있었던 터이고, 이곳은 조하趙嘏의 집이며 이것은 임포林逋가 살았던 곳이라." 하여 직접 본 것처럼 지적했다. 명종明宗이 안장이 있는 말을 뜰에 세워두고 시신侍臣들에게 시를 짓

---

45) 老將은 呂公을 지칭한 것으로 鷹揚은 그가 殷을 공격할 때의 활동을 응양같이 했기 때문에 부르는 말이라고 한다.

46) 夷齊는 伯夷 叔齊이며, 武王이 殷을 칠 때 반대했다. 殷이 망하자 벼슬하지 않고 首陽山에 들어가 고사리만을 먹다가 굶어 죽었다고 한다.

게 하여 일등 한 자에게 이 말을 상으로 줄 것이라 했다. 정사룡鄭士龍이 바로 율시 한 수를 지었는데 그 시에 말하기를,

靈隱寺中鳴暮鍾 영은사 가운데서 저문 종소리 울고
湧金門外夕陽春 용금문 밖에 석양빛이 절구질한다.
至今蟻垤封猶合 지금도 개미집 둑은 봉한 그대로 남았고
依舊胥濤怒尙洶 예처럼 성난 파도는 아직도 소리가 크다.
湖舫客歸花嶼暮 손은 배 대는 곳으로 가고 꽃 핀 섬은 저물며
蘇堤鶯擲柳陰輕 소제蘇堤[47]의 꾀꼬리는 가볍게 버들 그림자로 옮겼다.
銀墟趙舍俱無所 은허銀墟와 조사趙舍는 함께 흔적도 없고
欲問孤山處士踪. 고산처사孤山處士[48]의 종적을 묻고 싶다오.

라 하니 임금이 보고 칭찬하며 말을 주었다고 한다. 허균許筠은 이르기를 이 일부의 서호지西湖誌가 이 오십五十 자字 가운데 있다고 했다.

초루草樓 권갑權韐은 권석주權石洲의 아우였다. 그의 송도松都회고시懷古詩의 한 절구에 말하기를,

雪月前朝色 설월은 전조의 빛이었고
寒鍾故國聲 차가운 종소리는 고국의 소리였다.
南樓愁獨立 근심에 싸여 남루에 홀로 서 있으니
殘郭暮烟生. 남은 성곽에 저녁 연기가 오른다.

라 했는데, 일시에 회자되었다.

---

47) 蘇堤는 소동파가 그곳에 수령으로 있을 때 서호를 가로지르는 방죽을 쌓았기 때문에 그것을 蘇堤라 함.

48) 林逋를 말함. 그는 일생동안 서호에 살면서 학과 매화를 기르고 살았다고 하며, 孤山은 그곳에서 집을 짓고 살았던 곳의 이름이라 한다.

차천로車天輅가 四館官으로서 과거에 응시하는 사람의 글을 지어 주었다가 발각되어 장형杖刑을 받고 북쪽 변방으로 유배되었다. 북병사北兵使가 새로 임명되어 사은을 하자 선조宣祖께서 하교하시기를 내가 천로天輅의 재주를 사랑하니 네가 잘 보살펴라 했다. 병사兵使가 부임하여 극히 잘하므로 천로가 이상히 여겨 물었더니 병사가 선조의 하교下教를 말하자 천로가 감격하여 울었다고 한다. 중국의 사신 주란우朱蘭嵎가 돌아가서 우리나라의 일을 중국의 임금에게 보고한 것 가운데 조선朝鮮에 차천로車天輅라는 자가 있는데 문장이 기장奇壯하다고 했다. 천로天輅가 일찍 북관北關에 유배되어 지은 시에 말하기를,

風外怒濤聞渤海　바람에 성난 파도소리는 발해渤海까지 들리고
雪中愁色見陰山.　눈 가운데 근심 빛은 음산에서 나타난다.

라 운운했는데, 그가 중국 사람들에 무겁게 보인 것이 이와 같았다고 한다. 무오년에 허균許筠이 중국 서울에 사신으로 갔더니 점성관占星官이 청구青邱 분야에 규성奎星이 빛을 잃고 있으니 마땅히 한 사람의 문장이 죽을 것이라 하므로 허균許筠은 자신이 죽어 그 화를 당하고자 했는데, 압록강을 건너면서 천로天輅가 죽었다는 말을 듣고 놀라 한동안 정신을 잃었다고 했다.

석주石洲 권필權韠이 강화도로 돌아가고자 하면서 월사月沙 이정귀李廷龜에게 나아가 인사를 했는데 그때 이미 해가 저물었다. 월사가 촛불을 들고 술을 가져오게 하고 아들 명환明煥에게 운을 부르게 하며 석주에게 시를 짓게 했다. 석주가 여러 번 사양하다가 얻지 못해 부르는 운에 따라 바로 응해 지었는데, 그 시에 말하기를,

寒天銀燭照黃昏 추운 날씨 촛불이 황혼을 비추는데
鍾動嚴城欲閉門 궁성에 종소리 들리니 문을 닫고자 한다.
異禮向來慚始隗 그동안 특수한 예우 부끄러울 만큼 높았는데
淸樽何奈獨留髡 맑은 술로 어찌 머리 깎은 사람을 머물게 하나뇨.
未將感激酬高義 감격해 높은 의리 갚지 못하고
空自周旋奉緖言 공연히 스스로 주선하며 나머지 말만 받든다.
明日孤舟江海濶 내일이면 고주로 넓은 강해江海에 가겠으며
白頭愁絶更堪論. 백두에 근심 없이 다시 논할 것이 있으랴.

라 하여 읊기를 다하고 바로 가니 월사가 깊게 승복했다.

오언배율五言排律은 당唐의 두공부杜工部(보甫)의 백운시百韻詩에서 처음 볼 수 있고, 우리나라에서는 고려조에 이규보李奎報의 삼백운三百韻이 있다. 조선조에서는 소암踈菴 임숙영林叔英이 칠백운七百韻으로 하여 동악東岳 이안눌李安訥에게 부쳤는데 넓고 기이하며 깊숙해 참으로 천재의 걸작이라 했다. 동악東岳이 율시 한 수로 답을 했는데,

萬曆皇明已未秋 명明나라 만력萬曆[49] 기미년 가을에
任公七百韻吾投 임공任公이 칠백운을 나에게 주었다.
自從漢唐未曾覩 한漢과 당唐으로부터 일찍 보지 못했으며
縱有杜韓那可酬 두보杜甫와 한유韓愈가 있다 해도 어찌 갚으랴.
奧理庖犧卦外括 깊은 이치는 포희庖犧[50]의 꾀 밖에 것을 안았고
秘文蒼頡字前搜 비문秘文은 창힐蒼頡[51]의 글자 전에 찾아야겠다.
是年大旱焦山岳 금년에 많이 가물어 산들이 탔으니
定是天驚地亦愁. 분명히 하늘이 놀라고 땅도 또한 근심한다오.

49) 明나라 神宗의 연호.
50) 庖犧는 중국 고대 최초의 임금.
51) 蒼頡은 중국 고대에 문자를 최초에 만들었다는 인물.

라 했는데, 내내

내 선친의 호가 남봉南峯이었는데 젊었을 때부터 문사文詞에 힘써 스스로 일가를 이루었으나 알아주는 사람이 드물었다. 병자호란丙子胡亂 후에 신안新安을 지나면서 지은 절구가 한 수 있는데 말하기를,

胡騎長驅夜渡遼 호병이 길게 달려 밤에 요하遼河를 건넜는데
百年城郭此寂寥 백 년 동안 이 성곽은 고요했다오.
可憐蘇小門前柳 가련하게도 소소문蘇小門 앞 버들은
猶帶春風學舞腰. 오히려 봄바람을 띠고 허리춤을 배운다.

라 했는데, 택당澤堂 이식李植이 일찍 한탄스럽고 비통해(처완悽惋) 외울만 하다고 했다.

우리나라 문인들이 중국 사신들과 더불어 시로써 주고받고 할 즈음 온전히 율시律詩만을 사용했기 때문에 호음湖陰 정사룡鄭士龍과 같은 큰 작가도 고시古詩는 잘 짓지 못했는데, 오직 석주石洲 권필權韠이 고시체古詩體를 깊이 알아 그의 충주석忠州石과 송호수재送胡秀才 등의 작품들은 매우 아름답다. 동명東溟 정두경鄭斗卿이 한 세대에서 뛰어나 부미浮靡한 습성을 모두 쓸어버리고 지은 바 가행歌行은 웅건하고 뛰어나 성당盛唐의 여러 작가들과 비교할 만하다. 그의 협객편俠客篇에 말하기를,

幽州胡馬客 유주幽州에서 호마를 탄 손은
匕首碧於水 비수가 물보다 푸르다.
荊卿西入咸陽日 형경荊卿[52]이 서쪽으로 함양咸陽을 들어가는 날

---

52) 춘추전국 때 燕나라 자객으로 秦 始皇을 죽이고자 진나라에 갔다가 실패

待者何人此子是 기다린 자가 누구였던가 이 사람이었다.
惜哉不如俱 아깝구나 함께 하는 것만 같지 못했으니
藏名屠狗家 개 잡는 집에 이름을 감추었다.
空對燕山秋月色 공연히 연산燕山의 가을 달빛을 대해
時歲吹笛落梅花. 그때 피리를 불자 매화가 떨어진다.

라 했는데, 이러한 작품은 당나라 작가들에 찾아도 드물 것이다.

목장음睦長飮 참판參判의 호는 다산茶山이다. 재주가 일찍 이루어졌고 또 글씨도 잘 썼다. 사마시司馬試에 장원을 했는데 그때 고관考官이 칭찬하며 말하기를 공부工部의 시요 우군右軍[53]의 글씨라고 했다. 그의 선몽대시仙夢臺詩에 말하기를,

松檜陰陰水殿虛 소나무는 음침하고 물가의 집은 비었으며
一區籬落畵圖如 한 구의 울타리는 그림 같다.
悠然覺罷仙臺夢 태연히 선대의 꿈을 깨자
步出林庭月影踈. 걸어 뜰에 나가니 달빛이 성길다.

라 했고, 증선환연사시贈先還燕使詩에 말하기를,

日落盧龍塞 노룡새에 해가 지고
天寒右北平 우북평[54]에 하늘이 차다.
鄕心千萬疊 천만 첩의 고향 생각
封寄漢陽城. 봉해 한양성으로 부친다.

하고 살해 당했다.

53) 右軍은 王羲之, 工部는 杜甫, 그들이 역임한 관직의 이름이다.

54) 위의 盧龍塞와 같이 중국 북방에 있는 땅 이름.

라 했는데, 모두 당시唐詩의 운치가 있다.

동명東溟 정두경鄭斗卿의 청심루시淸心樓詩의 한 절구에 말하기를,

送客高樓秋夜闌 고루에서 손을 보내니 가을밤도 깊었는데
一雙白鷺在前灘 한 쌍의 백로가 앞 여울에 있다.
酒酣起望蒼蒼色 술에 취해 일어나 맑은 하늘빛을 바라보니
月落江淸霜露寒. 달은 지고 강물은 맑으며 서리는 차다오.

라 했는데, 운韻과 격格이 높고 뛰어났다.

강백년姜栢年의 금강산도중시金剛山道中詩에 말하기를,

百里無人響 백 리에 사람 소리 없고
山深但鳥啼 깊은 산에 단지 새 소리만 들린다.
逢僧問前路 스님 만나 앞 길을 물었는데
僧去路還迷. 스님 가자 길은 다시 희미하다.

라 했다. 강백년姜栢年이 일찍 이 시를 정동명鄭東溟에게 알렸더니 동명東溟이 좋다고 칭찬하며 인해 단但 자字를 산山 字자로 고치면 더욱 좋겠다고 말했다. 내 생각에는 이 시는 아름다운 곳이 단但 자字에 있으며 또 단조제但鳥啼 석 자는 당시唐詩로부터 나왔으므로 고칠 수 없을 것이다.

홍석기洪錫箕 원구元九는 타고난 재주가 뛰어나 강운强韻에도 잘 지었다. 일찍 친구와 동행하다가 소나무에 갈까마귀가 우는 것을 보고 친구가 갈까마귀에 대해 침針, 금衾, 심心 석 자를 운으로 시를 짓게 하여 그를 군색하게 하고자 했는데 원구元九가 바로 말하기를,

姑也休嗔慵不針	시어머니여 게을러 바느질 않는다고 꾸짖지 마오
春愁多夢擁羅衾	봄 근심에 꿈이 많아 이불 안고 있다오.
爾能解語吾姑惡	네가 우리 시어머니 악한 것을 알 것 같으면
正得深閨少婦心.	심규의 젊은 며느리 마음 바로 얻게 되리라.

라 하니, 친구가 혀를 내둘렀다고 한다. 원구元九는 계곡溪谷 장유張維에게 글을 배웠다. 계곡溪谷이 말하기를 "원구元九의 재능을 문장文章이라 이르고자 하면 체재가 갖추지 못했고 재사才士라 이르면 억울하다"고 했다.

신의화申儀華 주서注書가 사詞와 부賦를 잘 지었고 또 시에 능했다. 젊었을 때 외종형인 식암息菴 김석주金錫胄와 같이 호정湖亭에서 공부를 했는데, 깊은 밤 가을 바람소리를 듣고 빗소리인지 낙엽소리인지 알 수 없었다. 각자 베개 위에서 절구 한 수 씩 지었다. 신의화申儀華는 말하기를,

客枕夢初回	나그네가 처음 꿈에서 깨니
西風打庭樹	서풍이 뜰에 나무를 친다.
蕭蕭落葉聲	소소히 떨어지는 낙엽 소리는
疑是秋江雨.	가을강에 내리는 빗소리가 아닌지 의심스럽다.

라 했고, 김석주金錫胄의 시에 말하기를,

窣窣復蕭蕭	솔솔 하다가 다시 소소해
聲聲在庭樹	소리마다 뜰에 나무에서 난다.
不是風前葉	바람에 흔들리는 나뭇잎 소리가 아니면
應是葉上雨.	분명히 잎에 비가 내리는 것이오.

라 했는데, 신申의 시는 운이 맑아 사랑스럽다 하겠고, 김金의 시는 옛 시의 기운이 있어 미치기 어려우나 내용이 다듬은 듯하다.(사조似雕)

홍주세洪柱世와 신춘소申春沼는 같이 글로써 알려져 각자 특징을 지니고 있었다. 홍주세洪柱世의 시에 말하기를,

庭草階花照眼明 뜰에 풀과 꽃이 비쳐 눈이 밝으며
閒中心與境俱淸 한가한 가운데 마음과 주변이 모두 맑다.
門前盡日無車馬 문 앞에는 종일 거마가 없고
獨有幽禽時一鳴. 깊숙한 곳에 홀로 있던 새가 때때로 운다.

라 했다. 신춘소申春沼의 시에 말하기를,

滿地梨花白雪香 배꽃이 땅에 가득 떨어져 백설의 향기가 나는데
東風無賴損幽芳 동풍이 도움 없이 깊숙한 향기를 손상한다.
春愁漠漠深如海 봄 근심이 아득해 바다처럼 깊은데
棲燕雙飛繞畵樑. 짝지어 나는 제비는 그림 같은 들보를 돈다.

라 했다. 내가 택당澤堂 이식李植에게 물어 말하기를 "두 시에서 어느 것이 좋은가." 하니 택당이 답해 말하기를 "홍숙진洪叔眞은 천연스러운 매화와 난초 같고 신계량申季良은 물감으로 그린 목단 같다."고 했다.

『백사집白沙集』에 말하기를 정사년丁巳年 겨울에 인목대비仁穆大妃를 폐출하려는 논의가 조석으로 나오려 할 즈음 내가 생각하기를 백사白沙 이항복李恒福이 반드시 반대하는 말을 할 것이고 하게 되면 멀리 유배되는 것을 면하지 못할 것이기 때문에 결별하고자

생각되어 말을 타고 독촌禿村으로 찾아뵈오니 공公이 말하기를 "조정에서 만약 논의를 할 것 같으면 의리상으로 말을 하지 않을 수 없는데 말을 하지 않은 자네가 나와 같이 비록 죽는데 이르지 않는다 할지라도 이로부터 헤어져 어느 곳에 떨어질지 알 수 없다" 하며 눈물을 머금고 이별하고자 했다. 내가 율시 한 수 입으로 불러 말하기를,

白髮重相對	백발에 거듭 서로 대하니
餘生各聖恩	남은 삶도 모두 임금의 은혜라오.
吾儕惟有死	우리 무리들은 오직 죽음만 있으며
世事欲無言	세상일은 말하고 싶지 않다오.
水濶蛟龍蟄	물은 넓은데 교룡은 움츠리고
冬暄雁鶩喧	겨울이 따뜻하니 기러기와 오리가 지껄인다.
斜陽數行淚	사양에 몇 줄 눈물 흘리며
立馬穆陵村.	목릉穆陵[55] 마을에서 말을 세웠다.

라 했는데, 오 일 후에 과연 반대하는 말을 했다가 북청北靑으로 유배가 되었다. 오봉五峰 이호민李好閔이 백사白沙와 산단山壇 길에서 이별하며 지은 시가 있는데 말하기를,

山壇把酒祭江蘺　산단에서 잔을 잡고 강변 울타리에서 제사하니

라 하자, 백사白沙가 화답해 말하기를,

只恐今歲去不歸　단지 금년에 가면 돌아오지 못할까 두렵다.

---

55) 穆陵은 宣祖의 陵號인데 村은 능 밑에 있는 마을이 아닌가 한다.

라 했는데, 살아있는 사람을 보내면서 어찌 제祭라 말하며, 가는 자도 또한 불귀不歸라 했으니 어찌 시가 예언이 아니겠느냐. 백사白沙가 유배지에 가서 부친 시에 말하기를,

中宵不寢筭歸程 깊은 밤 자지 못하고 돌아갈 길 헤어보니
缺月窺人入戶明 조각달이 엿보고자 들어와 방이 밝다.
忽有孤鴻天際去 갑자기 외로운 기러기가 하늘가로 가는데
來時應自漢陽城. 올 때 분명히 한양으로부터 올 것이다.

라 했는데, 말이 매우 슬펐으며 한 달이 되지 않아 세상을 떠났다.

백호白湖 임제林悌는 젊었을 때 평사評事로서 북쪽으로 갔는데 그는 풍취와 멋이 있고 호방해 사람들이 모두 보기를 원했다. 그가 병이 급했을 때 그의 친구가 서울에 가고자 하면서 찾아보고 헤어질 때 말하기를 "자네의 시를 얻기 위해 아름다운 기생으로 노래를 부르게 하고자 했는데 지금 자네가 병이 위독하니 어찌하면 좋겠느냐" 하자 백호白湖가 바로 일어나 붙들게 하고 시를 써 말하기를,

元帥臺前海接天 원수의 대 앞에 바다는 하늘에 닿았는데
曾將書劍醉戎氈 일찍 서검을 가지고 수자리 방석에서 취했다.
陰山八月恒飛雪 음산에는 팔월에도 항시 눈이 내려
時逐長風落舞筵. 때때로 바람에 날려 춤추는 자리에 떨어진다.

라 하고 얼마 되지 않아 세상을 떠났다고 한다. 죽음에 다다라 지은 시가 힘이 있고 호방함이 이와 같으니 평일의 기상을 볼 수 있겠다.

중봉重峰 조헌趙憲이 기축년에 도끼를 가지고 대궐 앞에 엎드려

글을 올리고 명령을 기다리고 있으나 아는 사람 가운데 혹은 문 밖에서 거절하며 받아주지 않는데 홀로 심일송沈一松이 날마다 와서 살펴보고 시로써 위로해 말하기를,

狂言滿紙皆忠膽　종이에 가득한 미친 말은 모두 충성스러운 담이며
鼎鑊前頭載聖明　앞에 있는 솥에는 임금의 밝음을 실었다.

라 했다. 중봉이 길주吉州로 유배가게 되자 남창南窓 김현성金玄成이 털 갖옷을 사서 보내며 시를 지어 말하기를,

一領羊裘寄遠行　한 벌 염소 갖옷 먼 곳 가는 사람에 부치며
臨風只自淚沾纓　떠나려 하자 스스로 눈물이 갓끈을 적신다.
湘潭莫續懷沙恨　상담물에서 회사懷沙[56]의 한을 잇지 말고
重保餘生慰聖明.　여생을 잘 보호하여 임금님을 위로하오.

라 했다. 어려운 처지에서도 선비를 사랑했기 때문에 두 분의 현명함을 볼 수 있다.

화포花浦 홍익한洪翼漢 학사學士가 잡혀 심양瀋陽에 가서 삼월 삼일에 지은 시가 있는데 말하기를,

陽坡細草坼新胎　양지 쪽 언덕에 가는 풀은 새 움이 트고
孤鳥樊籠意轉哀　외로운 새는 번롱樊籠[57]에서 마음이 변해 슬퍼진다.
荊俗踏青心外事　형주荊州 풍속에 답청은 마음 밖의 일이며
錦城浮白夢中來　금성錦城의 부백浮白[58]은 꿈속에서도 온다.

---

56) 屈原의 楚辭 九章의 篇 이름.
57) 구속되어 자유를 잃은 것. 관직을 지칭하기도 함.
58) 술을 마시다가 남기는 자에 벌로써 마시게 하는 술잔.

風飜夜石陰山動 바람에 야석夜石[59]이 뒤치면 음산陰山이 움직이고
雪入春澌月窟開 눈이 봄날 해빙된 물에 들어가면 월굴月窟[60]이 열린다.
飢渴僅能聊縷命 기갈에도 겨우 연명을 바라지만
百年今日淚盈腮. 평생 동안 오늘 빰에 눈물이 흐른다.

라 했는데 선비들이 전해 외우며 슬퍼하지 않음이 없었다.

오달제吳達濟 학사學士는 심양 가는 길에 대동강에서 모부인母夫人에 드린 시에,

風塵南北各浮萍 난리에 남북으로 각자 부평초처럼 떠있어
誰謂相分有此行 서로 나누어지되 이렇게 가리라고 누가 이르리오.
別有兩兒同拜母 떠날 때 두 아들이 같이 어머니를 뵈었으나
來時一子獨趨庭 올 때는 한 아들만 홀로 뜰에 있을 것이오.
絶裾已負三遷教 절거絶裾[61]로 이미 삼천지교三遷之敎[62]를 등졌으며
泣線空悲寸草情 읍선泣線[63]은 공연히 짧은 정을 슬프게 한다.
關塞路脩西景短 관새의 길은 멀고 해는 짧은데
此生何日更歸寧. 이 몸이 언제 다시 어머니께 돌아가랴.

라 했고, 또 말하기를,

孤臣義正心無怍 고신孤臣은 옳고 발라 마음에 부끄러움이 없으며

---

59) 밤에 빛이 있는 돌.

60) 달 속의 바위에 있는 굴.

61) 잡아도 옷 뒷자락을 끊었다는 말인데, 晋나라 溫嶠가 나가고자 하니 그의 어머니가 굳게 말리므로 絶裾를 하고 갔다는 고사를 말함.

62) 孟子의 어머니가 맹자가 어렸을 때 좋은 환경을 찾아 이사를 세 번이나 하여 가르쳤다고 한 故事를 말함.

63) 泣線에서 오자가 없는가 생각된다.

聖主恩深死亦輕 성주의 은혜 깊어 죽어도 또한 가볍다오.
最是此生無限痛 가장 이 몸이 한없이 아픈 것은
北堂虛負倚門情. 어머니께서 기다리는 정을 헛되게 저버리는 것이오.

라 했다. 기형시寄兄詩에 말하기를,

南漢當年就死身 남한산성에서 나올 때 죽어야 할 몸이
楚囚猶作未歸人 초수楚囚[64]로서 돌아가지 못하는 사람이 되었다오.
西來幾灑思兄淚 서쪽으로 오면서 몇 번 형을 생각하며 눈물 흘렸으며
東望遙憐憶弟人 동쪽을 보며 멀리 아우를 생각하는 사람을 좋아한다오.
魂逐塞外悲隻影 혼은 새외를 좇아 하나의 그림자를 슬퍼하고
夢驚池草惜殘春 잠을 깨자 못의 풀에 남은 봄을 아낀다.
想當彩眼趨庭日 빛난 눈으로 뜰을 달려가는 날을 당하게 되면
忍作何辭慰老親. 무슨 말로 늙은 어머니를 위로 하랴.

라 했다. 기처시寄妻詩에 말하기를,

琴瑟恩情重 부부로서 온정이 무거웠는데
相逢未二朞 서로 만남은 이 년이 되지 못했다오.
今成萬里別 지금 만 리로 이별이 되었으니
虛負百年期 백 년 기약을 헛되게 저버렸다.
地濶書難寄 땅이 넓어 글은 부치기 어렵고
山長夢亦遲 산이 길어 꿈에도 또한 더디겠다.
吾生不可卜 내 삶은 점칠 수 없으니
須護腹中兒. 모름지기 뱃속 아이를 보호하오.

라 했는데, 말이 슬퍼 차마 읽을 수 없다. 죽을 때 홍학사洪學士는

64) 다른 나라에 포로가 되어 있으면서 고국을 잊지 않고 있는 사람.

오십이 세, 오학사는 삼십구 세, 윤 학사는 삼십이 세였다.

학곡鶴谷 홍서봉洪瑞鳳의 한녀시寒女詩에 말하기를,

寒女鳴機瀉淚頻 가난한 여인이 베를 짜며 자주 눈물 흘려
撲天風雪夜來新 하늘을 치는 풍설이 밤에 새로 내린다.
明朝斷與催租吏 내일 아침 조세 독촉하는 관리에게 끊어줄 텐데
一吏纔歸一吏嗔. 한 관리 겨우 가면 한 관리 꾸짖는다.

라 했는데, 이 시에서 궁한 시골 마을의 슬픔과 괴로움을 볼 수 있겠다.

조종도趙宗道[65]는 임진왜란 때 흥양쉬興陽倅로서 김면金沔, 정인홍鄭仁弘, 곽준郭䞭과 더불어 의병을 일으켜 적병을 토벌했다. 그가 진양晋陽에 있을 때 지은 시에 말하기를,

崆峒山外生雖樂 공동산崆峒山[66] 밖에 사는 것이 비록 즐거우나
巡遠城中死亦榮. 멀리 성중을 순찰하다가 죽는 것도 영광이오.

라 했는데, 곽준郭䞭과 더불어 같이 죽었다.

이사호李士浩[67]는 유생儒生으로서 글을 올려 원수元帥가 되어 적을 토벌하겠다고 청했는데, 그의 글이 높고 예스러워 전국시대에 종횡縱橫하는 글이었다. 어우於于 유몽인柳夢寅이 그 글을 보고 칭찬하며 일러 말하기를 "포의布衣로서 어찌 바로 원수가 될 수 있는가. 싸우는 막부에 종사하여 나라를 위한 뜻을 이루게 하라" 하니

65) 趙宗道의 자는 伯由 호는 大笑軒이다. 吏判에 증직되었으며 시호는 忠毅다.
66) 중국에서 전설로 전해오는 산 이름이며 소재도 분명하지 않다고 한다.
67) 字는 養源 호는 滄海이며, 선조 때 生員試에 장원했다.

옷을 뿌리치고 갔는데 마침내 서양갑徐羊甲의 사건에 연관되어 옥에서 죽었다. 뒤에 그의 시를 들었는데 말하기를,

男子功名成不成 남자가 공명을 이루든지 못하든지
登高四望眼如星 높은 데 올라 사방을 바라보는데 눈이 별빛 같다.
閑來垂釣滄江上 한가해 넓은 강에 낚시하다가
臥聽乾坤風雨聲. 누워 건곤의 풍우 소리 듣는다.

라 했는데, 반란을 일으킬 형상을 이미 갖추고 있음을 알 수 있다.

이대원李大源[68]은 정해년에 왜倭가 우리나라 남쪽을 침범하여 약탈하고 우리나라 사람들을 배에 실었다. 그때 공公이 녹도鹿島를 맡아 있었는데 수하의 병졸들을 이끌고 가서 적병을 대파하고 배도 이십여 척을 침몰시키니 적병이 도망을 갔다. 수사水使 심암沈巖이 자신의 공으로 하고자 적은 목소리로 요구하나 듣지 않았다. 적병이 또 많이 오자 심암沈巖이 공으로 하여금 나가 싸우게 하므로 공이 날씨도 저물고 병졸도 적기 때문에 하늘이 밝기를 기다려 나가겠다고 했으나 심암沈巖이 위엄으로 위협하므로 공이 피곤한 병졸 백여 명을 이끌고 횡죽도橫竹島에서 싸워 바다 가운데서 삼일 동안 죽인 적병이 매우 많았으나 심암이 끝까지 공을 구해주지 않았다. 공이 성공하기 어려운 것을 알고 손가락을 베어 그 피로써 절구絶句 한 수를 써 주위에서 심부름하는 아이에게 주며 이것으로 돌아가 장사지내라고 했는데 그 시에 말하기를,

日暮轅門渡海來 진문陣門에 해가 저물 즈음 바다를 건너 왔는데
兵孤勢乏此生哀 병졸도 적고 세도 약해 이 몸도 슬프다오.

---

68) 字는 호연, 水使를 했고 兵曹參判에 증직되었으며 旌閭가 있다.

君親恩義俱無報　군친君親에 은혜와 의리를 모두 갚을 수 없으니
恨入秋雲結不開　한이 구름 속을 가고자 하나 맺혀 열리지 않는다.

라 했다. 패하게 될 즈음에 적병이 핍박을 해도 항복하지 않았으며 적이 공을 배 돛대에 매어놓고 어지럽게 찢어 죽였다. 처음 이겼다는 말이 들어갔을 때 임금은 심암沈巖을 바꾸고 공公을 대신하려 했는데 조정의 명령이 이르기 전에 공이 세상을 떠났기 때문에 변방 백성들이 심암沈巖을 분하게 여기고 공은 슬프게 여겨 애도하는 노래를 지었으며 화곡華谷 정기명鄭起溟이 녹도가鹿島歌를 지었다. 혈서血書로써 양성陽城에 장사하고 흥양쌍충사興陽雙忠祠에서 향사를 한다.

성호成浩의 자는 사집士集 호는 성암省菴이며, 선조 때 학행學行으로 추천되어 사부師傅를 했으며 정재靜齋남언경南彦經에게 배웠다. 일찍 지은 시가 있는데 말하기를,

超然獨立有無間　있고 없는 것을 상관하지 않고 홀로 섰으니
一物何嘗自外干　외부로부터 들어온 물건을 어찌 상관하랴.
恰似前峰新月上　앞산에 새로 뜬 달과 같아
淸輝終夜照窓寒.　맑은 빛이 밤 내내 차거운 창을 비친다.

라 했다.

남언경南彦經의 자는 시보時甫 호는 동강東崗 또는 정재靜齋이며 학행으로 추천되어 전주부윤全州府尹을 했다. 일찍 송강松江 정철鄭澈(자字는 계함季涵)과 더불어 안자유安自裕의 집에 모였다. 송강의 시가 있는데 말하기를,

君家有酒酸且醎 자네 집에 있는 술이 쓰고 짠데
酸味還同鄭季涵 쓴 맛은 도리어 정계함鄭季涵과 같다.
於國於家俱不用 국가와 가정에서도 모두 쓸모가 없으니
不如歸去臥江南. 강남으로 돌아가 누워있는 것만 같지 못하네.

라 하니, 남공南公이 화시和詩를 지어 말하기를,

人間師表安參議 인간의 사표는 안참의요
天下風流鄭季涵 천하의 멋은 정계함鄭季涵이라네.
別有飄飄無定客 별도로 두드러지게 정함이 없는 손은
不知名字但云南. 이름을 알려지지 않고 단지 남南이라 하오.

라 했다. 또 금강산사시金剛山寺詩에 말하기를,

山與雲俱白 산과 구름이 모두 희기 때문에
雲山不辨容 구름과 산의 얼굴을 분별하지 못하겠다.
雲歸山獨立 구름은 가고 산만 홀로 서게 되니
一萬二千峯. 일만 이천 봉이라네.

라 했으며,[69] 또 낙일시落日詩에 말하기를,

落日拖紅掛碧山 지는 해가 붉은 빛을 끌고 푸른 산에 걸렸으며
寒鴉尺去白雲間 갈까마귀는 흰 구름 사이를 자질하며 간다.
問津行客鞭應促 나루 묻고 가는 손은 채찍이 급하고
尋寺歸僧杖不閑 절을 찾는 스님은 지팡이가 한가롭지 않다.
放牧原頭牛帶影 먼 둑에 풀을 먹는 소는 그림자를 띠했고

69) 작자는 시보다 학문에 더 관심을 가졌던 것으로 알고 있는데, 이 작품은 밑에 落日詩와 아울러 많이 알려졌다.

望夫臺下妾低鬟 망부대 밑의 여인의 쪽진 머리는 낮아진다.
須臾更看前郊外 잠깐 앞의 교외를 다시 보니
短髮樵童弄笛還. 단발한 나무하는 아이가 피리를 불며 간다.

라 했다.

진우陳宇의 자는 곽이廓而며 중종中宗 때 진사시에 장원했다. 문장이 있었고 태학太學에 있으면서 얻고 잃은 것에 대한 말이 김안로金安老를 거슬리게 해 비방한 것으로 죽게 되었다. 그가 죽음에 다다라 절구 한 수를 지었는데 말하기를,

漠漠皇天不我明 넓고 넓은 하늘이 나에는 밝지 못하나
浮雲流水奈吾生 뜬 구름 흐르는 물이 내 삶에 어찌하랴.
平生所抱無人識 평생 안고 있는 바를 아는 사람 없어
終得淸朝寃鬼名. 결국 조정에서 원통한 귀신 이름 얻었다.

라 했다.

장응두張應斗의 호는 송탄松灘이며 문장에 능했으나 과거에는 관심이 없었다. 띠집을 짓고 사방에 울타리를 하여 고요한 곳에 살면서 마음을 기루고자 했으며 청하거나 거절하는 것과 친구와의 사이에도 오고가는 것을 즐거워하지 않았다. 일찍 신루기蜃樓記를 지었는데 감사監司 이동고李東皐[70]가 크게 놀라며 세상에 없는 뛰어난 글이라 했다.

또 집에 있으면서 어느날 밭두둑 가운데 있는 길을 가다가 돌아오며 말하기를 내가 도중에 발이 빠져 넘어지려 하다가 겨우 일어나니 정신을 반이나 잃었다. 명년 어느 달 어느 날 어느 시에 내가

---

70) 李浚慶의 호이며 다년간 相位에 있으면서 정치적으로 업적을 남겼다.

죽을 것이라 했는데 그 날에 세상을 떠났다.

공公이 젊었을 때 기재企齋 신광한申光漢과 서로 사이가 좋았다. 기재가 원융元戎에게 거슬리게 보여 물리쳐 돌아가게 되었다.

낙봉駱峯 밑으로 공公이 말을 두드리며 보고자 하니 문을 지키는 사람이 거절하므로 문을 억지로 열고 들어갔다. 기재企齋가 새로 지은 정자에 대해 글을 지어달고 하자 조금도 생각하지 않고 붓을 한 번 잡고 썼는데 말하기를,

駱洞之下老居士　낙동 아래 사는 늙은 거사는
駱洞之中來卜築　낙동 가운데 와서 집을 지었다.
身遊洞外心在洞　몸은 동 밖에 놀고 있으나 마음은 동에 있으며
洞有蒼松與巖石　동에는 푸른 소나무와 암석이 있다.
石以鎭靜松以節　돌은 고요하게 소나무는 절의를 지키게 하며
巖松俱是心中物　바위와 소나무는 모두 마음 속의 물건이다.
中心所物有如此　중심에 있는 바의 물건이 이와 같음이 있으며
吾於勢力知無屈　나는 세력에 굴함이 없음을 안다.
紛紛小兒豈知此　분분한 소아가 어찌 이것을 알 수 있으랴
松自蒼蒼巖自立.　소나무는 스스로 푸르고 바위는 섰다오.

라 하여 시를 다 짓고 길게 읍揖을 하고 나갔다.

강석덕姜碩德의 자字는 자명子明 호는 완역재玩易齋이며 효행이 있었다. 충간공忠簡公 남지南智가 영남을 안찰按察할 때 공이 송별하면서 시로써 말하기를,

惟公長豸冠　오직 공은 긴 치관豸冠[71]을 쓰고
抗疏明光宮　반대하고자 올린 글은 궁중을 밝게 비추었다.

71) 執政官이 쓰는 갓이라 한다.

至尊開天顔　　임금께서 크게 웃으시며
骨鯁嘉精忠　　골경骨鯁[72]의 정밀한 충성을 아름답게 여겼다.
豺狼敢縱橫　　승냥이와 이리가 용감하게 종횡을 하며
鷹隼當秋空　　새매들은 가을하늘에서 당당히 난다.
古栢更亭亭　　오래된 잣나무는 다시 정정하며
嚴霜帶烈風　　매서운 서리는 강한 바람을 띠했다.
正誼與明道　　바르고 옳음은 명도明道[73]와 더불었고
懸河辨不窮　　은하수와 같은 말은 다함이 없다.
又杖嶺南節　　또 영남의 안절按節이 되었으니
旌麾指祝融　　기를 흔들며 축융祝融[74]을 가리킨다.
撤此廊廟材　　이같이 중요한 재목을 거두는 것은
本欲起疲癃　　본디 피곤하고 늙음을 일으키는 것이오
行行樹嘉政　　가면서 계속 아름다운 정치를 심게 되면
功業期盛隆.　　공업이 융성함을 기약하리라.

라 했다.

유혁연柳赫然의 자는 晦甫 진주인晋州人이다. 무관武官으로서 벼슬이 병조판서가 되었다. 경신년庚申年의 화를 입었다. 경인년庚寅年에 이르러 서산瑞山의 선비 이섭李燮의 꿈에 동쪽의 들로 나가니 군인들의 사기가 매우 왕성하고 한 사람의 대장이 높게 단에 올라 있는데 사람들이 유혁연柳赫然이라 했다. 조금 지나 사람을 시켜 이섭李燮을 초치하여 절구 한 수를 보여주었는데 그 시에,

吾王推食解衣衣　우리 임금님이 밥을 밀어 주며 옷도 벗어 입혀주니
生死君恩也莫非　살고 죽는 것에 임금 은혜 아님이 없다오.

---

72) 임금에게 직간하는 사람. 강직한 신하. 위의 至尊은 임금을 말함.
73) 글자대로 번역하는 것이 옳은지 인물로 보아야 하는지.
74) 火神, 남해의 신.

明時罪大終難逭 밝은 세상에 죄가 커 도망하기 어려워
魂到丹墀舊秩依. 혼도 단지丹墀[75]에 이르면 옛 차례에 의지하리라.

라 하므로 그 선비가 매우 이상하게 여겨 그 시를 역서曆書에 기록해 두었는데 오래되지 않아 숙종이 갑자기 복관의 명령을 내리자 그 선비는 비로소 그 꿈이 여기에서 증험했음을 깨닫고 그의 자손들을 찾아 역서曆書를 보이며 이섭李燮이 꿈속에 차운次韻한 것에 위와 아래의 운韻이 서로 바뀌었음을 말했다. 그 시에 말하기를,

我本西湖一布衣 나는 본디 서호의 한 포의로서
石山茅屋此身依 석산의 띠집에 이 몸을 의지했다.
投閑風月生涯足 풍월에 한가함을 견뎌 생애가 만족한데
不識人間有是非. 인가에 시비가 있는 것을 모른다오.

라 했다.

옛날 소현세자昭顯世子가 우리나라에 돌아왔다가 다시 심양瀋陽으로 갈 때 백관百官들이 홍제원弘濟院에서 송별하면서 각자 시를 지었는데, 공公이 무승지武承旨로서 먼저 시를 지었다. 그 시에 말하기를,

西郊細雨君臣淚 서교에 내리는 가는 비는 군신의 눈물이요
北闕陰雨父子情. 북궐에 음산한 비는 부자의 정이라오.

라 했는데, 이 한 연을 인조가 보고 처연悽然했다고 한다.

일찍 공이 통제사統制使가 되었다. 그때 어사御史인 모씨某氏는

---

75) 붉은 물을 칠한 섬돌

공公과 더불어 혐의가 있는 집안이었다. 그가 강경하게 할 것을 짐작하고 먼저 그가 맡은 지역에 들어오는 날을 알고, 들에서 병사들을 단련하고 있었다. 어사御史가 노둔한 말을 타고 떨어진 도포를 입고 멀리서 고개를 넘어오자 공이 날쌘 군사를 보내 잡아오게 하여 말하기를 "너는 어떤 사람이기에 감히 말을 타고 앞을 지나가느냐" 하니 그가 말하기를 "서울의 이생李生이라" 하자 공이 "그렇다면 너는 선비일 것이므로 나와 더불어 시를 짓는 것이 어떠하겠느냐" 하고 먼저 한 절구를 읊어 말하기를,

御史暗行不道名　어사가 암행하며 이름은 말하지 않고
自稱京洛李書生　스스로 서울의 이서생이라 한다.
將軍大獵陰山下　장군이 크게 음산 밑에서 사냥하니
莫向江頭作虎行.　강을 향해 범처럼 행동하지 말아다오.

라 했다. 또 공公은 성격이 오만하고 높게 여겨 정승과 더불어 이야기할 때도 반드시 나와 너라고 했다. 어떤 명사名士는 그의 형이 공과 친구였다. 매우 부끄럽게 여겨 그에게 달려가서 굴욕을 시키고자 그가 있는 자리에 들어갔다. 공이 바야흐로 취해 평상에 의지해 있었다. 그 사람이 자신도 모르게 절을 하고 돌아왔는데 그 자리에 부채를 두고 나왔다. 조금 지난 뒤에 부채를 보냈는데 그 부채 위에 시를 써 말하기를,

學士來何晩　학사는 어찌 늦게 오나뇨
將軍醉欲眠　장군은 취해 자고자 한다.
出門馬上去　문을 나서 말을 타고 가는데
踈雨夕陽天.　성긴 비가 석양 하늘에서 내린다.

라 했다. 일찍 북병사北兵使가 되어 지은 시가 있는데 말하기를,

猛風驅雪夜何深 센 바람이 눈을 몰고 오는데 밤은 어찌 깊은가
寒透將軍病裡衾 추위가 병든 장군의 이불 속에 들어온다.
朝來强起彈弓坐 아침에 억지로 일어나 앉아 활을 만지니
猶有陰山大獵心. 오히려 음산에서 사냥하던 마음이 있다오.

라 했다.

율곡선생栗谷先生이 일찍 하의荷衣 홍적洪迪의 집에 갔더니 김효원金孝元, 허봉許篈 형제가 모두 자리에 있었다. 하의荷衣가 절구 한 수를 보이는데 말하기를,

苔深窮巷客來稀 이끼 깊은 산골 마을에 오는 손도 드물고
啼鳥聲中午枕依 우는 새소리에 낮잠을 잤다.
茶罷小窓無箇事 차를 마시자 방에 일은 전혀 없고
落花高下不齊飛. 낙화가 위 아래로 가지런하지 않게 난다.

라 했다. 율곡이 말하기를 "시의 말이 모두 좋으나 마지막 구의 뜻이 평탄하지 않은 것은 무슨 까닭인가." 하의荷衣가 놀라며 어떻게 알았느냐 하니 율곡이 말하기를 "들쑥날쑥해 가지런하지 않다는 뜻이 있으니 마음에 평탄할 것 같으면 반드시 이러한 말들이 없을 것이다." 하의荷衣가 웃으며 말하기를 "젊은 무리들이 과연 공을 탄핵하고자 의논이 있었는데 그 글을 다 짓지 못하고 우연히 이 시를 지었으니 공의 밝음이 이에 이르렀음을 몰랐다."고 했다. 시가 성정性情을 나타내는 것이 이와 같다.

제봉霽峰 고경명高敬命이 젊었을 때 얼굴이 아름다웠고 재주도 뛰어났다. 일찍 해서海西의 기생을 좋아했는데, 그 기생은 방백方伯의 가까이에서 심부름하는 계집이었다. 고경명이 헤어질 때 율시 한 수를 치마 안 폭에 써 주었다. 그 시에 말하기를,

立馬江頭別故遲 강 머리에 말은 세우고 헤어짐이 더디었는데
生憎楊柳最高枝 나면서부터 양류의 제일 높은 가지가 미웠다.
佳人緣薄含新態 가인은 인연이 엷어 새로운 태도를 머금었고
蕩子情深向後期 탕자는 정이 깊어 뒷기약을 묻는다.
桃李落來寒食節 한식절에는 도리의 꽃이 떨어지고
鷓鴣飛去夕陽時 석양 때는 자고새도 날아간다.
草芳南浦春波濶 남포의 꽃다운 풀에 봄 물결이 깊으니
欲採蘋花有所由. 마름꽃을 캐려는 것도 까닭이 있다오.

라 했다. 그 기생이 제봉과 헤어진 후 방백 앞에서 술을 따르고 있는데 바람에 치마폭이 날려 방백이 그 시를 보고 "누가 썼느냐." 하고 물으니 그 기생이 사실대로 말하자 방백이 감탄하며 말하기를 "참으로 기이한 재주라"고 했다. 뒤에 제봉의 아버지 대간공大諫公을 만나 일러 말하기를 "공公의 아들이 재주와 얼굴은 비록 아름다우나 행동은 미치지 못한다."고 하니 그의 아버지가 웃으며 "내 아들이 얼굴은 그의 어미와 같고 행실은 그의 아비와 같다."고 하자 방백이 웃었다.

충무공忠武公 이순신李舜臣의 해상시海上詩에 말하기를,

水國秋光暮 수국에 가을빛이 저물자
驚寒鴈陣高 추위에 놀란 기러기 떼가 높게 난다.
憂心轉轉夜 근심으로 잠을 자지 못하는 밤에

殘月滿弓刀.　　남은 달빛이 활과 칼에 가득하다.

라 했는데, 장중승張中丞[76]의 휴양성중睢陽城中의 시에,

門開殘月近　　문이 열리니 남은 달이 가깝고
戰苦陣雲深　　싸움이 고되자 진에 낀 구름이 깊다.

라 한 구가 충무공의 이 시와 의사가 같다.

추강秋江 남효온南孝溫이 기자묘箕子廟에 오언고시五言古詩로 말하기를,

武王不憎受　　무왕武王이 미워하지 않고 받았는데
成湯豈怒周　　성탕成湯이 어찌 주周에 성을 내랴.
二家革命間　　두 국가의 혁명하는 사이에
聖人豈怨尤　　성인이 어찌 원망하고 허물하겠는가.
家亡道不亡　　국가는 망해도 도는 망하지 않아
爲周陳九疇　　주나라를 위해 구주九疇[77]를 베풀었다.
乃知公道器　　이에 공도公道의 그릇은
傳受無親讐.　　전하고 받는데 친하고 원수가 없음을 알았다.

라 했는데, 이 몇 구가 기자箕子의 슬픈 마음을 충분히 반영했다고 말할 수 있다.

성화년간成化年間[78]에 성이 한씨韓氏인 어떤 선비가 영안永安

---

76) 唐나라의 張巡, 中丞은 그가 역임한 관직. 문인이면서 安祿山 난 때 전사했음.

77) 箕子가 周 武王의 물음에 답한 것으로 천하를 다스림에 아홉 개의 大法. 『書經』에 있음.

78) 明나라 憲宗의 年號.

도산사道山寺에서 독서를 하고 있는데 옷을 남루하게 입은 늙은이가 마을에 쌀을 얻으러 왔다가 서생을 만나 말하기를 "조대措大[79]가 어떤 책을 열심히 읽느냐 내가 평생 밥을 얻어먹는 것으로 만족하게 여긴다"고 하며 잇따라 절구 한 수를 써주는데 말하기를,

懶倚紗窓春日遲 긴 봄날 게으르게 사창에 의지했으며
紅顏空老落花時 꽃 떨어질 때 홍안이 부질없이 늙는다오.
世間萬事皆如此 세상의 모든 일들이 다 이 같은데
扣角狂歌有誰知. 대평소 불며 미친 노래 누가 있어 알아주랴.

라 했다. 희噫라 재능은 있으면서 벼슬은 하지 못하고 노부처럼 헛되게 늙은 자가 얼마나 되는지 알 수 없다고 했다.

임희재任熙載는 간신 임사홍任士洪의 아들이다. 점필재佔畢齋 김종직金宗直의 문인으로서 명사名士들이 화를 입는 것을 매우 슬퍼하여 병풍에 시를 써 말하기를,

祖舜宗堯自太平 요순堯舜[80]을 높게 받들면 스스로 태평이 될텐데
秦皇何事苦倉生 진황[81]은 무슨 일로 창생을 괴롭게 했나뇨.
不知禍起蕭墻內 화가 가까운 곳에서 일어나는 것을 모르고
虛築防胡萬里城. 헛되게 오랑캐를 막고자 만리장성을 쌓다네.

라 했다. 연산군燕山君이 사홍士洪의 집에 가서 그 시를 보고 화를 내는 빛이 있으므로 사홍이 말하기를 "이 자식의 성질과 행동이 불순하니 둘 수 없다" 하고 드디어 죽게 했다. 대개 그의 아버지에게

79) 청빈한 선비를 말함. 書生과 같음.
80) 고대 중국에서 태평을 성취했다는 聖君.
81) 秦의 始皇.

여러 번 간하므로 좋아하지 않아 거짓말을 한 것이다.

일송一松의 용만시龍灣詩에 말하기를,

桃花春水漾淸波　도화와 봄물에 맑은 물결이 일어나며
上有梨園弟子家　위에는 이원제자梨園弟子[82]의 집이 있다오.
玄髮侍郎今杜牧　검은 머리의 시랑侍郎은 지금의 두목杜牧[83]이며
芙蓉帳暖月初斜.　부용을 수놓은 장막은 따뜻하고 달이 비꼈다.

라 했다. 증승시贈僧詩에 말하기를,

孤臣白髮鏡中絲　고신의 백발은 거울 속에 실 같은데
羞向山僧話離離　부끄럽게 스님 향해 이야기는 이어진다.
明日遼陽王事急　내일이면 요양에 국가의 일이 급한데
滿船楓葉渡江時.　강을 건널 때 단풍잎이 배에 가득하겠다.

라 했다. 또 贈松雲詩에 말하기를,

三生宿抱烟霞想　삼생으로 오래 가졌던 산수의 경치를 생각하며
五載新沾雨露榮　오년 동안 새롭게 우로의 영광에 젖었다오.
南土軍民應有望　남쪽의 군민들은 응당 바라고 있을 것이고
東林猿鶴若爲情　동림의 원학도 정을 가지는 듯 하리라.
忘身危急存亡日　위급한 존망의 날에 몸을 잊었고
絶意飛騰戰伐名　위험한 전쟁에 이름이 오르는 것에 의지를 끊었다.
不剪霜髭緣鬢玉　좋은 살쩍머리로 인연해 흰 윗수염도 깎지 않았으며

---

82) 唐의 玄宗이 음악을 가르친 곳을 梨園이라 했는데, 후대로 내려오면서 이원제자는 배우 또는 광대를 말함.

83) 唐의 시인 杜牧은 시로써 이름이 높았고 얼굴도 아름다웠기 때문에 말한 것이 아닌가 한다.

已將聲續徹皇明. 이미 공적을 가지고 중국까지 알려졌다.

라 했다. 공公이 일찍 허균許筠과 얽힌 바 되어 삭직당하고 서울 성문 밖을 나가면서 절구 한 수를 지었는데 말하기를,

黜官非是棄官歸 쫓겨난 벼슬은 버리고 돌아가는 것이 아닌데
回首江山何處依 강산으로 머리 돌리니 어느 곳에 의지하랴.
欲買片舟無片價 작은 배를 사고자 하나 약간의 값도 없고
惟有舊朝衣可見. 오직 앞 조정의 옷만 있어 볼 수 있다오.

라 하여 그가 조금도 원망하거나 탓하려는 의지를 볼 수 없으니 마음가짐이 화평하고 행동이 맑고 검소해 일대의 이름있는 정승이 되었다.

이여송李如松 제독提督이 돌아갈 때 우리나라 조정의 공경公卿들에게 송별시를 요구해 작품이 매우 많았다. 차천로車天輅가 백운百韻의 시를 지어 여러 인사들을 누르고자 했는데, 최후에 간이簡易 최립崔笠이 칠언율시七言律詩 한 수를 제출했다. 차천로가 나아가서 읽어보고 자신도 모르게 표정이 달라져 지은 시를 찢어버리고 내지 않았다. 그 시에 말하기를,

推轂必須盖世雄 추천은 반드시 개세의 영웅을 했으며
鯨鯢出海帝憂東 고래의 출해는 중국 임금이 동국을 걱정하기 때문이오.
將軍黑矟元無敵 장군의 검은 창은 원래 적수가 없고
長子雕弓最有風 장자의 활 솜씨는 가장 풍모가 있다오.
盛起夏州遼自重 하주夏州에서 크게 일으킴은 요동遼東이 중하기 때문이며
捷飛平壤漢仍空 평양에서 이기자 한양漢陽도 인해 비었다.

輕裘緩帶翻閑暇 비단옷 입고 도리어 한가하게 되었으며
已入邦人繪素中. 이미 나라 사람들의 그림 속에 들었다.

라 하여 침착하고 힘이 있으며 크고 세련되어 마땅히 오산五山의 지나치게 과장한 것을 승복하게 할 수 있으며, 오산五山이 승복을 잘한 성의도 높게 여겨야 할 것이다.

송강松江 정철鄭澈이 용만龍灣에서 출발하여 경호京湖로 향하다가 금사사金沙寺에 이르러 중봉重峰 조헌趙憲과 제봉霽峰 고경명高敬命이 전사했다는 말을 듣고 통곡하다가 얼마 후에 한 수의 시를 지었는데 말하기를,

十日金沙寺 십 일 동안 금사사에서
三秋故國心 삼추三秋 동안 고국을 생각했다오.
夜潮分霜氣 밤 조수는 서리 기운을 나누었고
歸鴈有哀音 돌아가는 기러기에 슬픈 소리가 있다.
虜在頻看劒 오랑캐가 있으니 칼을 자주 보게 되고
人亡欲斷琴 사람이 죽자 거문고 줄을 끊고자 한다.
平生出師表 평생에 좋아했던 출사표를
臨亂更長吟. 난리에 다다라 다시 길게 읊었다.

라 했는데, 감정과 뜻이 슬프고 간절하다.

충장공忠壯公 김덕령金德齡은 단정함이 선비와 같았다. 일찍 시가 있는데 말하기를,

絃歌不是英雄事 노래함은 영웅의 일이 아니며
劒舞誰要玉帳遊 칼춤을 누구나 장막에 놀면서 요구하랴.
他日洗兵歸去後 다른 날 칼을 씻고 돌아간 뒤에

江湖魚釣更何求. 강호에서 낚시하기를 어찌 다시 구하리오.

라 하여 그의 뜻을 가히 볼 수 있었으나 성공을 하는데 미치지 못하고 마침내 비명으로 죽었으니 남쪽 사람들이 지금도 슬퍼한다.

권필權韠의 형 도韜가 남해에 유배되어 지은 시가 있는데 말하기를,

臣罪如山死亦甘 신의 죄 산과 같아 죽임도 달게 여기겠는데
聖恩寬貸謫江南 임금 은혜 너그러워 강남으로 유배시켰다.
臨歧別有無窮恨 떠나면서 따로 무궁의 한이 있는 것은
慈母時年八十三. 어머니 연세 여든셋이요.

라 하니, 듣는 사람들이 슬퍼했다.

윤결尹潔 교리校理는 사관史官인 안명세安名世가 화를 입은 것을 모르게 원통해 하면서 구사안具思顔과 더불어 잠두蚕頭에 모여 술을 마시고 명세名世가 무슨 죄로 죽었느냐 하며 물었다. 그리고 잇따라 시를 한 수 지었는데 그 시에 말하기를,

三月長安百草香 삼월에 장안의 꽃들은 향기가 나며
漢江流水正洋洋 한강에 흐르는 물은 넘치려 한다.
欲知聖世無窮意 좋은 세상 무궁한 뜻을 알려고 하면
看取王孫舞袖長. 왕손의 춤추는 소매가 얼마나 긴가 보라.

라 했는데, 구사안具思顔이 궁중에 가서 아뢰었더니 문정후文定后가 화를 내어 시장에 내어 처형하게 명령했다. 아 시로써 죄를 받은 자가 어느 시대인들 없을까마는 윤결尹潔과 권필權韠의 죽음은 더욱 슬프다고 할 것이다.

임대충任大冲의 『수촌만록水村漫錄』에 말하기를 한림翰林 안명세安名世가 아홉 살이었을 때 두견화杜鵑花를 연적 물에 꽂아놓고 그의 아버지가 시를 짓게 하니 바로 한 절구를 지어 말하기를,

杜鵑花一萼　　두견화 한 송이가
來自碧山中　　푸른 산 가운데서 왔다.
硯滴生涯寄　　연적에 생애를 붙였으니
他鄕旅客同.　　타향의 길손과 같다오.

라 하니, 그의 아버지가 이 시를 보고 울었다고 하는데, 대개 이 시의 의취가 슬프고 고되어 전혀 멀리 갈 수 있는 기상이 아니라는 것을 알았기 때문이다. 뒤에 젊은 나이에 과거에 급제하여 사관史官으로서 구전柩前에서 세 대신의 일을 바로 썼다가 화를 입었다.

오산五山 차천로車天輅의 시는 하룻밤에 간혹 백 편 이상을 지었다. 일찍 일본日本에 사신으로 갔을 때 일본 사람이 모기를 막기 위해 흰 무늬 장막을 설치해 놓았는데 넓이가 몇 칸이 될 것 같았다. 하룻밤 사이에 오산五山이 여러 체의 시를 지어 붓을 휘둘러 장막을 다 쓰게 되자 왜인들이 바꾸어 놓으면 또 그와 같이 하여 세 번에 이르러 그쳤다고 한다. 스스로 말하기를 만리장성에 종이를 발라놓고 나를 하여금 시를 쓰게 하면 성은 다할 때가 있지만 내 시는 다하지 않을 것이라 했으니 대개 이로써 오산은 우주에서 사이를 두고 태어난 재주다. 항왕項王[84]이 홀로 소리를 질러 천 사람을 당적했다는 말과 같이 교룡은 적고 청개구리가 많아 뒤에까지 전하기는 어려울 것이라 했으나 다음과 같은 구句에,

---

84) 중국에서 楚漢이 다툴 때 楚의 項羽를 말함.

愁來徙倚仲宣樓　근심이 들면 다만 중선루仲宣樓[85]에 의지하리라.

라 한 구는 사람들이 전하며 외우고 있으니 옥을 가리지 못할 것이다.

지봉芝峰 이수광李睟光은 일생동안 당시唐詩를 좋아해 그의 시가 한가하고 깨끗하며 따뜻하고 맑으나 모자라는 것은 박력迫力이다. 그러나 그의 시,

風生九塞秋橫劒　구새의 가을에 바람이 부니 칼을 빗겨들었고
雪照三河夜渡兵.　삼하에 눈빛이 비치자 병사들은 밤에 건너간다.

窓間小雨天難曉　창 사이로 내리는 비에 하늘은 새벽이 어렵고
城枕寒江地易秋.　성을 끼고 흐르는 찬 강에 땅은 가을이 쉽다.

라 한 구들은 모두 아름답다. 그의 아들 민구敏求는 명明나라 시를 좋아하고 격조格調가 있어 혹은 자기 아버지보다 나을 것이라고 말하나 깊이는 그의 아버지를 미치지 못할 것이다.

구봉龜峰 송익필宋翼弼은 성리학性理學에 대해서도 높고 시의 성조도 매우 맑다. 그의 시에,

日午千花靜　해가 한낮이면 꽃들은 고요하고
池淸萬象形　못이 맑으니 만 가지의 형상이 나타난다.

花欲開時方有色　꽃은 피려 할 때 바야흐로 색이 있고
水成潭處却無聲.　물은 못을 이루는 곳에 도리어 소리가 없다.

---

85) 중국 湖北省에 있는 樓의 이름. 杜甫의 短歌行에 仲宣樓頭春色深이라 한 구가 있기 때문인지 우리나라 送別詩에 간혹 볼 수 있다.

라 한 구들은 매우 기이하다. 평하는 자들이 이르기를 호음湖陰 정사룡鄭士龍, 소재蘇齋 노수신盧守愼, 지천芝川 황정욱黃廷彧을 관각館閣의 삼걸三傑이라 하고, 매월당梅月堂 김시습金時習, 추강秋江 남효온南孝溫, 구봉龜峰 송익필宋翼弼을 산림山林의 삼걸三傑이 된다고 했다.

아계鵝溪 이산해李山海의 시가 지나치게 연약하다고 하기 때문에 혹은 말하기를 죽은 양귀비楊貴妃가 꽃 아래 누워있는 것으로 나무라기도 하나 절구는 묘하다. 예를 들면,

白雨滿船歸棹急 비가 배에 가득 내리자 돛을 급하게 저어 돌아가고
數村門掩荳花秋. 몇 개 마을 문은 닫혔고 팥꽃은 가을이라오.

라 한 구는 참으로 시 가운데 그림이 있다고 하겠다.

오탄梧灘 심유룡沈攸龍이 강호루江湖樓에서 시와 술로서 스스로 즐거워하고 있으면서 지은 시에,

南溪春水欲乘船 남쪽 시내 봄물에 배를 타고자 하니
越女明粧載管絃 월녀가 밝게 화장하고 관현을 실었다.
笑喚垂虹橋畔客 웃으며 무지개 드리운 다리 옆에 손을 부르자
隔花遙擲買魚錢. 꽃 너머에서 고기 살 돈을 멀리 던진다.

라 했는데, 맑은 운은 당시唐詩에 가깝다.

구봉龜峰 송익필宋翼弼은 문장과 도덕이 일세에 높았으며 율곡栗谷과 매우 두텁게 사귀었다. 율곡이 병중에 있으면서 구봉에게 편지를 써 보냈는데 중도에서 막혀 전달이 되지 못하고 있다가 율곡이 세상을 떠난 후 부음訃音과 같이 왔다. 구봉이 빨리 열어보고

잇따라 율시 한 수를 지었는데 말하기를,

一封書到淚漣漣 봉한 편지를 받으니 눈물이 계속 흘러
病裡情言死後傳 병중에 정을 담은 말이 사후에 전해졌다.
浩氣平生爭白日 호기浩氣[86]를 평생 백일白日과 다투었으며
斯文此夕閉黃泉 사문斯文이 오늘 저녁 황천黃泉에 닫혔다.
荷傾玉露三更月 삼경 달빛에 연잎의 이슬이 기울어지고
門掩秋江萬里天 문을 닫으니 가을 강과 넓은 하늘 뿐이다.
風物各隨人事變 풍물이 각각 인사를 따라 변해
神交冥邈只依然. 신교神交[87]는 어둡고 멀어져도 전과 같으면 하오.

라 했는데, 말이 극히 슬프고 상쾌하면서도 맑다.

문곡文谷 김수항金壽恒이 웅주객관雄州客館에서 지은 시에 말하기를,

天氣常寒地不毛 천기가 항상 추워 땅에는 풀이 나지 않고
海洋曾被鞨奴臊 바다에는 일찍 말갈의 누린내가 난다.
戎粧妓隊能騎馬 오랑캐 장식을 한 기생 무리 말을 잘 타며
皮服人家盡養獒 가죽옷 입은 집에는 다 개를 기른다.
官酒苦酸蕎麥汴 관주官酒는 변수汴水에 보리로 해 매우 쓰고
旅燈垂碧熱鯨膏 여관의 등 푸른 불은 고래 기름을 태운 것이다.
陰山大雪埋行路 음산에 내린 큰 눈이 가는 길을 묻었으며
聽時城頭虎夜噪. 때때로 성 머리에서 밤에 범 우는 소리 들린다.

라 했는데, 말이 매우 아름답고 뛰어나다.

수암守菴 홍주일洪柱一의 호는 정허당靜虛堂이다. 그의 글은 말

86) 孟子의 浩然之氣에서 나온 말로서 道에 뿌리를 두고 공명정대함을 말함.
87) 정신적으로 사귀는 것.

이 통달하고 이치가 화창한 것을 위주로 했기 때문에 계곡谿谷과 택당澤堂도 모두 그를 대수大手로 일컬었다. 그가 영죽시咏竹詩의 한 절구에 말하기를,

澤畔有孤竹	못가에 외로운 대나무가 있어
霜稍秀衆林	서리 내린 가지가 뭇 숲에 빼어났다.
斜陽雖萬變	사양에 비록 많이 변하나
終不改淸陰.	끝까지 맑은 그늘은 고치지 못했다.

라 했는데, 대개 그때 청淸나라 사신이 와서 조선에 김사양金斜陽이라는 사람이 있느냐 하므로 없다고 했더니 그 사신이 또 척화론자斥和論者를 물으므로 답해 말하기를 바로 김상헌金尙憲이라 했다. 대개 글자 음이 비슷하기 때문에 잘못 전하게 된 것이다. 청음淸陰은 김상헌金尙憲의 별호이므로 위의 시에 언급한 것인데 시에 붙인 뜻에 풍자성이 있었기 때문에 일시에 회자되었다. 일찍 월과月課[88]에서 반죽시斑竹詩를 지었는데 말하기를,

蒼梧愁色白雲間	창오산蒼梧山[89] 근심 빛이 흰 구름 사이에 끼었는데
帝子南奔幾日還	제자帝子[90]들이 남쪽으로 달려가 언제 돌아올까.
遺恨不隨湘水去	남은 한은 상수湘水를 따라가지 못하고
淚痕猶着枝頭斑	눈물 흔적만 항상 대머리에 아롱졌다.
勁節千秋凌霜雪	긴 세월 굳센 절개는 서리와 눈을 이겼고
半夜寒聲響佩環	깊은 밤 찬 소리는 차고 있는 옥을 움직인다.

88) 달마다 정해놓고 보이는 시험. 옛날 湖堂에서 유생들에 있었다고 함.
89) 舜임금이 순행을 하다가 세상을 떠난 곳.
90) 순임금의 두 妃인 娥皇 女英을 일컫은 것이 아닌가 한다. 이들은 堯임금의 딸이며 순임금이 세상을 떠났다는 말을 듣고 그곳 남쪽으로 찾아갔다고 함.

啼罷鷓鴣人不見 자고 우는소리 그쳤는데 사람은 보이지 않고
數峯江上露烟鬟. 이슬과 연기에 강상의 몇 봉우리가 상투처럼 솟았다.[91)]

라 했는데, 말이 극히 맑고 높아 호주湖州 채유후蔡裕後가 장원으로 뽑으면서 칭찬을 그치지 않았다.

허격許格 처사處士의 호는 창해滄海이며 젊었을 때 시를 동악東岳 이안눌李安訥에게 배웠다. 병자호란 후에 스스로 대명일민大明逸民이라 하고 서울에 가지 않았다. 그의 춘첩시春帖詩에 말하기를,

栗里陶潛宅 율리栗里에는 도잠陶潛의 집이 있고
荊州王粲樓 형주荊州에는 왕찬王粲[92)]의 루가 있다.
眼前無長物 눈앞에 불필요한 물건이 없고
江漢一孤舟. 강한에 하나의 외로운 배만 있다오.

라 했고, 또 백헌白軒 이경석李景奭 부연시赴燕詩에 말하기를,

天下有山吾已遯 천하에 산이 있다면 내가 이미 숨었을 것이며
城中無帝子誰朝. 성중에 임금이 없는데 자네는 누구에 조회하느냐.

라 했는데, 절개와 시의 격格이 아울러 높다. 세상을 떠날 때 그의 시고詩稿를 모두 살라버리고 한 절구를 써 말하기를,

簇簇千峯削玉層 모여 있는 많은 산봉우리들은 옥층玉層[93)]으로 깎았고

91) 이 結句는 대본에는 烟鬟 두 자만 있고 비워두었는데 河謙鎭의 『東詩話』에 실려있는 것에서 옮겼음.
92) 魏나라의 시인 山東省 사람. 자는 仲宣 曹操 때 벼슬했다.

悠悠一水繞村澄 천천히 흐르는 물이 마을을 둘러 맑다.
臨流故斫桃花樹 냇가에 복숭아나무를 일부러 베고자 하는 것은
恐引漁郞入武陵. 어부를 무릉으로 끌어들일까 겁나기 때문이오.

라 했는데, 그의 의지를 볼 수 있다.

내 선인先人의 시에 놀랄만한 말이 많다. 그 예를 들면,

小雨花生樹 적은 비에 꽃은 나무에서 피고
東風燕入幕. 봄바람에 제비는 장막으로 들어온다.

라 한 것과,

天在峽中鷄子大 하늘이 산골 가운데 있으니 계란만큼 크고
地從關外犬牙分. 땅이 관외로 가니 개 어금니처럼 나누어졌다.

라 한 것이다. 또 영태극시咏太極詩[94]에 말하기를,

一極由來有一誠 일극이 오게 된 것에는 한나의 정성이 있었고
一誠斯立道由行 일성이 서게 된 것은 도가 행했기 때문이다.
欲敎畵出眞難畵 그림으로 나타내고자 해도 그리기 어렵고
正使名言亦未名 이름으로 말하려 해도 역시 못할 것이다.
月滿江寧有迹明 달빛이 강에 가득하나 어찌 밝은 흔적이 있으며
落花隨水本無情 떨어진 꽃이 물을 따르나 본디 정이 없다.
東君忽送霏霏雨 봄이 갑자기 이슬비를 내리게 해
處處春山草自生. 곳곳의 봄 산에 풀이 스스로 나게 한다.

93) 玉層은 산봉우리가 층층으로 쌓인 것을 말함.
94) 儒家에서 말하는 우주만물이 생긴 근원의 본체를 의미함.

라 했다.

수촌水村 임방任埅의 공북루시拱北樓詩에 말하기를,

垂楊拂地亂鶯啼 수양은 땅에서 흔들어 우는 꾀꼬리를 어지럽게 하고
夢破高樓歸思迷 고루에서 꿈을 깨자 돌아갈 생각이 아득하다.
細雨飛花村遠近 가는 비로 마을 원근에 꽃이 날고
煖烟芳草水東西 따뜻한 연기에 꽃다운 풀은 동서쪽 물에 있다.
春如棄我無情去 봄은 나를 버리고 무정하게 가는 듯하고
詩爲逢君得意題 시는 자네를 만나자 마음에 흡족하게 쓰는 듯하다.
霽後憑欄獨回首 갠 뒤에 난간에 의지해 홀로 머리 돌리니
亭亭落日下江堤. 고독하게 떨어지는 해는 강 언덕으로 진다.

라 했는데, 말과 생각이 맑고 멀다. 또 한 절구에 이르기를,

一抹炊烟生 약간 불을 때자 연기가 오르고
孤村在山下 외로운 마을이 산 아래 있다.
柴門老樹枝 사립문의 늙은 나뭇가지에
未繫行人馬. 가는 사람의 말을 매지 못하게 한다.

라 했는데, 고촌孤村의 저문 경치를 잘 표현했다.

우해于海 홍만종洪萬宗이 일찍 병이 있어 글을 읽지 못하고 동명東溟 정두경鄭斗卿으로부터 시를 배웠기 때문에 격과 가락이 맑고 준걸스러웠다. 그의 채연곡采蓮曲에 말하기를,

彼美採蓮女 저 연밥을 따는 아름다운 처녀가
繫舟橫塘渚 배를 못가에 가로 매었다.
羞見馬上郎 말 탄 사내를 수줍게 보고
笑入荷花去. 웃으며 연꽃 속으로 들어간다.

라 하니, 동명東溟이 보고 말하기를 이것은 성당盛唐의 시다. 내가 마땅히 의발衣鉢[95]을 전하리라 했다. 또 수종사水鍾寺에서 지은 시에 말하기를,

蕭寺白雲上　　절은 흰 구름 위에 있고
秋江明月西　　가을 강에 밝은 달이 서쪽에 있다.
禪樓無夢寐　　선루에서 잠은 오지 않고
風露夜凄凄.　　바람과 이슬에 밤은 쌀쌀하다.

라 했는데, 천연스러움이 매우 뛰어나 당唐의 시인들의 의취를 얻었다.

내가 호정湖亭에서 한 수의 절구를 얻었는데 이르기를,

古木寒雲裡　　고목은 찬 구름 속에 있고
秋山白雨邊　　추산 언저리에 비가 내린다.
暮江風浪急　　저물 즈음 강에 풍랑이 급하니
漁子急回船.　　어부가 급히 배를 돌린다.[96]

라 했는데, 나의 다른 작품이 이 시보다 좋은 작품이 많다. 그런데 이 시가 가장 회자되었는데 어찌 시도 또한 만나고 만나지 못함이 있지 아니한가. 들은 바 효묘孝廟께서 일찍 화공에게 이 시를 궁중의 병풍에 그리게 명령했다고 하니 외람되게 임금께서 보시고 그리게까지 했으니 세상에 없는 은혜라 할 것이다.

백곡栢谷 김득신金得臣의 호행시湖行詩의 절구에 말하기를,

95) 선생이 성취한 학문을 우수한 제자에게 전하는 것.
96) 이 작품은 전하는 책에 따라 글자가 달리 기록되기도 했는데, 여기서는 「栢谷集」의 기록을 따랐다.

湖西踏盡向秦關　호서湖西를 가서 다 보고 진관秦關을 향하니
長路行行暫不閑　먼 길 가면서 잠시도 한가롭지 않았다.
驪背睡餘開眼見　검은 말 등에 졸다가 눈을 떠보니
暮雲殘雪是何山.　저문 구름과 남은 눈이 있는 곳은 무슨 산인가.

라 했는데, 말과 운이 극히 아름답다. 나는 평생 시를 공교하게 짓기 위해 다듬고 깊게 생각하여 한 글자를 천 번이나 단련해 반드시 공교함이 뛰어나야 했는데,

落日下平沙　해는 넓은 사장 너머로 지고
宿禽投遠樹　자려는 새는 먼 곳의 나무로 찾아간다.
歸人晩騎驢　나귀타고 늦게 돌아가려는 사람은
更惻前山雨.　다시 앞산에 내리는 비를 겁낸다.

夕照轉江沙　석양이 강변 사장을 비추고
秋聲生野樹　가을 소리가 들의 나무에서 들리는 듯하다.
牧童叱犢歸　송아지를 꾸짖으며 가는 목동은
衣濕前山雨.　내리는 비에 옷이 젖는다.

라 한 작품들은 당나라 시인들에 양보하지 않을 것이다.

양곡陽谷 소세양蘇世讓은 젊었을 때 마음이 굳센 것으로 스스로 인정하고 매양 말하기를 "여색女色에 미혹되는 자는 장부가 아니라"고 했다. 송도松都 기생 황진이黃眞伊는 재주와 얼굴이 뛰어났다. 양곡陽谷이 사람들에 약속해 말하기를 "내가 이 계집과 한 달 동안 같이 생활하다가 바로 약속한 기간이 지나면 끊고 헤어져 조금도 다시 생각하지 않을 것이라" 했다. 이러한 약속에서 하루라도 머물게 되면 그대 무리들이 나를 사람으로 인정하지 말라고 했다.

그리고 송도에 가서 진이를 보니 과연 아름다웠다.

양곡陽谷이 그곳에서 한 달을 머물고 내일이면 장차 헤어져 떠날 것이므로 진이眞伊와 더불어 남루南樓에 올라 주연을 하게 되었는데 진이는 조금도 서운한 표정은 없고 다만 말하기를 공公과 더불어 서로 헤어질 것인데 어찌 한 수의 시가 없겠느냐 하고 바로 율시 한 수를 썼다. 그 시에 말하기를,

月下庭梧盡	달빛 아래 뜰에 오동잎이 다 지고
霜中野菊香	서리 내리자 들국화도 향기롭다.
樓高天一尺	누가 높아 하늘과는 매우 가깝고
人醉酒千觴	천 잔 술에 사람은 취했다오.
流水和琴冷	유수는 거문고와 화합해 차고
梅花入笛香	매화는 피리 소리와 합쳐 향기롭다.
明朝相別後	내일 아침 서로 이별한 후에도
情意碧波長.	정은 푸른 파도처럼 길 것이오.

라 하니, 양곡陽谷이 읊고 탄식해 말하기를 "내가 사람이 아니라" 하고 다시 머물렀다.

나의 처조부 순당蓴塘 채진형蔡震亨은 일찍 사마시司馬試에 합격했으나 광해군光海君 때를 만나 세상을 피해 상산常山에서 일생동안 시를 전공했다. 일찍 한 연을 얻었는데,

畏蛇築燕壘	제비는 뱀이 무서워 토담을 쌓고
憐蝶壞蛛絲	거미줄이 끊어지자 나비가 좋아한다.

라 했는데, 참으로 얼마나 궁한 사람의 말인가. 내 처부妻父 지평공持平公 성구聖龜의 호는 지비재知非齋였는데, 시의 격格이 범상치

않았으나 세상에서 아는 자가 없었다. 매양 조정의 김증지치金繒之恥[97]를 아프게 여겼다. 일찍 남한산성南漢山城을 지나면서 율시 한 수를 지었는데 말하기를,

三綱之斁國垂傾 삼강이 무너지자 나라도 기울어지고
公議千秋愧汗靑 천추의 공의는 역사에 부끄러운 것이오
忍背神宗皇帝德 차마 신종 황제[98]의 덕을 배반하며
何顔宣祖大王靈 무슨 낯으로 선조대왕의 영을 뵈옵겠느냐.
寧爲北地王諶死 차라리 북지왕 심諶[99]이 되어 죽을지언정
不作東窓賊檜生 동창의 적인 진회秦檜로 태어나지 않을 것이다.
野老呑聲行且哭 늙은이가 울음 머금고 가다가 또 우는데
穆陵殘日照微誠. 목릉의 남은 해가 가는 정성을 비친다.

라 했는데, 한 때 전해 외우며 악왕묘시岳王墓詩[100]에 견주었다. 작자가 누구인지 알지 못한 것이 가탄스럽다고 했다.

조직趙溭의 호는 지재止齋이며 광해군光海君 때 벼슬하지 않은 사람으로 영창대군永昌大君의 억울함에 대해 혼자 글을 올려 논했다가 육 년 동안 옥에 가두어져 있었으며, 잇따라 형을 받고 먼 변방으로 유배되었다가 인조반정 후 비로소 표창을 받고 관직에 임명되었다. 일찍 사선정四仙亭에 올라 지은 절구가 있는데 말하기를,

97) 金繒之恥는 어떤 사건을 말하는 것인지 알아보지 못했다.
98) 임진왜란 때 우리나라에 파병한 明나라 임금.
99) 蜀漢의 마지막 임금 後主의 아들로서 晋의 침입에 後主가 항복하려 하자 못하게 하다가 자결했음.
100) 중국 西湖에 있는 岳飛의 墓. 岳飛는 南宋의 武將으로서 主和說에 반대하다가 옥사했음. 岳王墓 시를 들어놓는다.
落盡靑松百草深 鷺鷥斜日叫寒林 可憐一片西湖土 埋却英雄未死心.

四仙亭上一僊遊 사선정 위에 놀던 한 신선이
三日浦中半日遊 삼일포 가운데서 반 일 동안 놀았다.
春晩碧桃人不見 늦은 봄 푸른 복숭아에 사람은 보이지 않고
月明長笛倚蘭舟. 밝은 달밤에 피리 불며 작은 배에 의지했다.

라 했는데, 사람들이 이 시를 전하며 사선정四仙亭에서 지은 시 가운데 으뜸이라 했다.(기승起承 양구兩句의 끝 자가 같은 유遊 자字인데, 특히 운자韻字로서 같다.)

손필대孫必大의 전가시田家詩에 말하기를,

日暮罷鋤歸 해가 저물어 밭일을 파하고 돌아오니
稚子迎門語 어린 아들이 문에서 맞이하며 말을 한다.
隣家不愼牛 이웃집에서 소를 조심하지 않아
吃盡溪南黍. 시내 남쪽 기장을 모두 먹었다.

라 했으며, 백곡栢谷 김득신金得臣의 전가시田家詩에 말하기를,

籬壞翁嗔犢 울타리가 망가져 늙은이는 송아지를 꾸짖으며
呼兒早閉門 아이 불러 문을 일찍 닫게 한다.
分明雪中跡 분명히 내린 눈에 찍힌 자국은
昨夜虎過村. 간밤에 범이 마을을 지나간 것이다.

라 했는데, 두 시가 모두 뛰어나 상하를 가릴 수 없다.

융경년간隆慶[1]年間에 제천정濟川亭에 쓴 시가 있는데 말하기를,

曾見先朝種李辰 일찍 선조先朝때 오얏 심는 때를 보았는데

1) 明의 穆宗의 연호. 조선조 宣祖 卽位한 해보다 일 년 앞에 시작됨.

花開一十二回春　꽃이 열두 번을 돌아 봄이면 핀다.
詩題華表千年柱　시를 천 년의 망주석望柱石[2]에 썼고
淚灑青山一掬塵　푸른 산 한 움큼 흙에 눈물을 뿌린다.
風岸曉鍾神勒寺　바람 부는 언덕에 신륵사 새벽 종소리 들리고
烟沙晩笛廣陵津　안개 낀 사장 광릉 나루에 늦게 피리 소리 난다.
清秋扣枻驪江去　맑은 가을 상앗대 두드리며 여강으로 가는데
樓上何人識洞賓.　누상에 어떤 사람이 동빈洞賓[3]을 알겠느냐.

라 했는데, 말을 좋아하는 자들은(호사자好事者) 참신선이 지은 것이라 했다. 임진왜란 때 두 능陵이 변을 당하자 사람들이 청산일국진青山一掬塵이라 한 말의 증험이라 했다.

화헌樗軒 이석형李石亨이 호남방백湖南方伯으로 순행을 하다가 익주益州에 이르러 육신六臣의 죽음을 듣고 시를 지어 말하기를,

虞時二女竹　우시의 두 여인 대나무가 되었고[4]
秦日大夫松　진나라 때의 대부는 소나무였다.[5]
縱有哀榮異　영광과 슬픔을 임의대로 선택한다해도
寧爲冷熱容.　어찌 차고 더운 것을 용납하랴.[6]

라 했는데, 대개 육신의 죽음에 슬픔을 붙이고 구차하게 녹을 받는

---

2) 무덤 앞에 양쪽에 세운 한 쌍의 돌기둥
3) 呂洞賓이 아닌가 생각되는데, 그는 唐의 말년에 갑자기 자취를 감추어 신선이 되었다고 함.
4) 虞는 舜임금의 나라 이름인데, 이 구는 순임금이 순행하다가 세상을 떠나자 두 妃가 그곳에 가서 울다가 죽었는데 눈물 흘린 곳에 대나무가 났다는 전설과 상관이 있는 듯하다.
5) 이 구도 故事와 상관이 있는 듯하다.
6) 이 연은 난해하다.

자신에 대해 상심한 것이다. 당시 죄로써 다스리자는 청이 있었으나 세조世祖가 하교下敎하여 이것은 문인이 사물에 대해 읊은 것인데 어찌 꼭 큰 죄가 되겠는가 하고 결국 묻지 않았다.

옥봉玉峰 백광훈白光勳이 여덟 살이었을 때 어른들이 춘春 자字를 짚어 고시古詩로 짓게 하니 대해 말하기를 강화수수춘江花樹樹春이라 하므로 어른들이 그 출처를 물으니 옥봉이 대해 말하기를,

夕陽江上笛	해질 즈음 강상에 피리 소리 들리고
細雨渡江人	가는 비 내리는데 사람들은 강을 건넌다.
餘響杳無處	남은 울림은 아득해 나는 곳이 없으며
江花樹樹春.	강변에 피는 꽃은 나무마다 봄이라오.

라 하므로 어른들이 출처로 믿었는데, 또 스스로 말하기를 사실은 입을 가지고 응한 대답이라고 하자 자리에 있던 사람들이 크게 놀라며 이르기를 비록 당시唐詩 가운데 두어도 쉽게 구분하지 못할 것이라 했다.

중봉重峯 조헌趙憲의 쌍계사雙溪寺 석문石門에서 지은 칠언절구에 말하기를,

寒溪飛下碧潭流	찬 냇물이 날아 내려 푸른 못으로 흐르며
石刻丹書在路頭	돌에 새긴 단서丹書[7]는 길머리에 있다.
緩步松陰投石寺	소나무 그늘로 천천히 걸어 석사로 가니
錦屛秋擁夕陽樓.	비단 병풍이 가을철 석양에 루를 안았다.

라 했고, 증인시贈人詩에 말하기를,

7) 金石에 새긴 글, 임금이 붉은 글씨로 써 주는 것.

孤城雨雪正濛濛 고성에 눈비가 부슬부슬 내리는데
匹馬聯鞭客路中 필마에 채찍하며 길을 가고 있다오.
戀闕誠隨星拱北 대궐을 연연하는 정성은 별을 따라 북쪽에 읍하고
思家心逐水歸東 집을 생각하는 마음은 물을 좇아 동으로 간다.
長鯨未奮滄海水 긴 고래는 넓은 바다에서 떨치지 못하고
病鶴空懷碧峀風 병든 학은 푸른 구멍의 바람을 부질없이 생각한다.
明主方虛宣室席 명주明主가 선실宣室 자리를 비우고 기다릴 것이니[8)]
莫嗟湖南伴漁翁. 호남에서 어옹과 짝함을 슬퍼마오.

라 했는데, 맑고 굳세 외울 만하다.

내 증조曾祖 일봉공一峯公은 시의 운율이 맑고 아름다워 식암息庵 김석주金錫胄가 본디 탄복했다. 젊었을 때 낙목落木에 대해 오언절구五言絶句가 있는데 말하기를,

落木蕭蕭下 나뭇잎이 소소히 떨어지고
秋江一夜寒 가을 강은 하루 밤에 추워졌다.
孤舟風露滿 고주에 바람과 이슬이 가득해
移棹入前灘. 노를 저어 앞 여울로 간다.

라 했다. 강행오언율시江行五言律詩에 말하기를,

八月蘋風起 팔월에 마름 바람이 불고
蕭蕭蘆荻多 소소히 갈대가 많다.
秋聲向暮緊 가을 소리가 빨리 저물려하고
孤笛隔江過 강 건너 피리 소리는 지나간다.

8) 前漢의 文帝가 宣室에 賈誼를 불러 여러 가지를 물었다는 故事를 인용한 것임.

拖白雲起洞　　타백拖白[9]을 하자 구름이 골짜기에서 일고
翻金月湧波　　번금翻金[10]을 하니 달이 파도에서 솟았다.
此時何處客　　지금 어느 곳에서 나그네 되어
更唱竹枝歌.　　다시 죽지가竹枝歌[11]를 부른다.

라 했다. 태극정太極亭의 칠언절구七言絶句에 말하기를,

寒塘水落石稜出　한당寒塘의 물은 떨어져 돌밭으로 나오고
霜着巖楓一半紅　서리가 바위에 내리자 단풍나무는 반이나 붉다.
談罷小庭僧獨去　뜰에서 이야기가 끝나자 스님은 홀로 가버리고
亂山秋色夕陽中.　석양에 가을빛이 산을 어지럽힌다.

라 했다. 송삼척재시送三陟宰詩에 말하기를,

形勝關東第一州　경치는 관동에서 제일의 고을이며
竹西從古號仙邱　죽서루竹西樓는 예부터 신선의 지역으로 이름했다.
百年有分丹沙境　평생 단사丹沙[12]의 지역과 인연이 있으며
五馬催行赤葉秋　단풍잎의 가을에 오마五馬를 재촉하며 간다.
雲外玉峰當檻出　구름 밖의 아름다운 봉이 난간 앞에 솟았고
海門銀漢撲天流　해문에서 은하수는 하늘을 치며 흐른다.
應知謝眺警人句　분명히 사조謝眺[13]의 경인구를 알고 있어
十二欄高獨倚樓.　높은 열두 난간에 홀로 누에 의지했다.

---

9) 과거 보는 자리에서 답안을 쓰지 못하고 백지를 내는 것. 그런데 여기서는 그러한 의미인지.
10) 翻金斗의 준말이 아닌가 하며 廣大의 연기에서 머리를 땅에 닿게 하여 돌리고 돌고 하며 또 넘기도 하는 연기를 말함.
11) 竹枝歌는 시의 한 체, 그 지방의 풍속 등을 표현 내용으로 한 것.
12) 丹沙는 붉은 빛의 흙이지만 方士에 의해 黃金이 된다고 함.
13) 晋나라의 유명한 시인.

라 했다. 중흥동시重興洞詩에 말하기를,

上房秋色欲黃昏 상방上房[14]은 가을빛에 황혼이 되려하니
獨抱瑤琴步石門 홀로 거문고 안고 석문石門을 걸었다.
流水繞山雲滿壑 흐르는 물이 산을 안았고 구름은 골에 가득해
不知何處武陵源. 어느 곳이 무릉도원武陵桃源인지 알 수 없다오.

라 했다. 나의 종증조從曾祖 졸수재공拙修齋公은 경학經學에 몰두해 사장詞章은 힘쓰지 않았으나 때때로 서파西波 오도일吳道一과 삼연三淵 김창흡金昌翕 및 여러 사람들과 주고받고 한 바가 있는데, 그의 간화시看花詩에 말하기를,

洛陽無限賞花人 낙양에 꽃을 구경하는 사람이 많은데
謾說年年花柳新 해마다 버들 꽃이 새롭다고 속여 말한다.
誰識天機均物物 천기가 물건마다 고르게 하는 것을 누가 알랴
各隨時節弄情神. 각각 시절을 따라 정신을 희롱한다오.

라 했고, 송연사시送燕使詩에 말하기를,

星槎西去隔水還 성사星槎[15]로 서쪽을 가다가 물에 막혀 돌아오니
萬里山河倚劒看 만 리의 산과 물을 칼에 의지해 보겠다.
地接黃雲秦後堞 땅은 황운은 秦나라 뒤의 치첩에 접하게 하고[16]
天留明月漢時關 하늘은 밝은 달은 漢나라때의 관문에 머물게 한다.

---

14) 제일 윗사람이 있는 방.
15) 임금의 사절이 타고 가는 배.
16) 성위에 설치한 조각인듯함, 이연은 故事를 알지 못해 난해하다.

崢嶸碣石吟邊出　높고 험한 갈석碣石[17]을 읊으며 변방으로 가고
莽蕩神州眼底寬　크고 넓은 신주神州[18]에 눈 밑이 너그럽겠다.
男子壯觀古快意　남자로서 장한 것을 보는 것은 예부터 통쾌하니
休言王事此行艱.　국가의 일로 가는 것을 어렵다고 하지 마오.

라 했는데, 염락濂洛[19]의 의취다.

해승위海嵩尉 윤진지尹新之의 『현주잡기玄洲雜記』에 말하기를 백씨伯氏가 關東 지방의 안절按節로 순행을 하면서 강릉에 도달했더니 젊은 기생 후비연後飛燕이 얼굴도 아름답고 예능도 익숙했다. 시를 한 수 지어주었는데 말하기를,

澄江一色淨如練　맑은 강이 한 빛으로 비단처럼 깨끗해
客子登臨興不淺　나그네가 오르니 흥이 얕지 않다오.
從古江陵佳麗地　예부터 강릉은 아름다운 땅이었는데
佳人又出後飛燕.　가인으로 또 후비연後飛燕이 나왔다.

라 했는데, 택당澤堂 이식李植이 그 운에 따라 말하기를,

江陵兒女顏如練　강릉의 계집아이 낯이 비단같아
荳蔻梢頭春意淺　두구荳蔻[20] 가지 머리에 봄이 얕을 듯하오.
只恐他日使華歸　단지 다른 날 사화使華가 돌아가면
東飛白鷺西飛燕.　동쪽은 백로 서쪽은 제비가 날까 두렵다네.

---

17) 바다에 있는 산 이름이라 한다.
18) 중국 사람들이 중국 대륙을 신주라 함.
19) 宋學 즉 程朱學을 말함.
20) 藥草 이름이라 한다. 밑에 使華는 임금의 명령을 받고 지방으로 내려간 사람.

라 했다.

무인년戊寅年 봄에 우리나라는 청淸나라에 곡식 팔기를 청해 그들로부터 수만 석의 곡식을 얻어 각 도에 나누어주어 굶주린 백성을 구했다. 이에 대해 해서海西의 선비 김만거金萬擧의 시가 있었는데 말하기를,

聞道西京粟	들으니 서경의 곡식을
東輸數萬石	동쪽으로 수만 석을 실어왔다고 한다.
莫貸海西民	해서海西 백성에게 빌려주지 마오.
首陽薇蕨綠.	수양산首陽山 고사리가 푸르다네.[21]

라 했는데, 말이 매우 분하게 여기고 자극적이다.

동명東溟 정두경鄭斗卿이 북관北關에 있을 때 밤에 시를 지으면서 추고推敲를 다하지 않았는데 닭 우는 소리를 듣고 닭을 꾸짖으며 말하기를 "내 시를 다 짓지 못했는데 네가 감히 먼저 우느냐"하고 바로 닭을 죽였다. 약천藥泉 남구만南九萬이 듣고 지은 시가 있는데 말하기를,

半夜先鳴曾起舞	밤중에 먼저 울자 일어나 춤을 추었다는데
司晨一唱反逢嗔	사신司晨[22]이 한 번 울다가 도리어 꾸짖음을 만났다.
長卿自是多淹思	장경長卿[23]이 이로부터 오래 두고 생각하겠지만
枉殺窓前絳幘人.	창 앞에 붉은 수건 쓴 사람은 잘못 죽였다.[24]

---

21) 伯夷 叔齊는 殷나라가 망하자 首陽山에 들어가 周나라 곡식을 먹지 않고 고사리를 먹다가 굶어죽었다는 故事를 인용한 것이다.

22) 새벽에 운다고 하여 닭을 司晨이라 함. 晋나라 祖逖이 새벽에 닭 우는 소리를 듣고 일어나 춤을 추었다고 함.

23) 漢나라 司馬相如의 字. 이 시와 상관되는 사실은 알아보지 못했다.

24) 궁중에서 새벽이면 닭 모양으로 머리에 수건을 쓰고 닭 우는 소리를 하

라 했다.

동명東溟 정두경鄭斗卿이 북평사北評事를 하고 있을 때 성진城津 조일헌朝日軒에서 시 팔 수를 지어 병풍에 써 두었다. 약천藥泉 남구만南九萬이 북도北道의 방백方伯이 되어 순행하면서 성진城津에 가서 그 병풍을 읽어보고 상쾌해 시를 지었는데, 그 시에 말하기를,

鄭老曾經北幕賓 정로鄭老가 일찍 북막의 평사評事를 거치며
題詩屛上在城津 병풍에 시를 쓴 것이 성진城津에 있다.
聯篇八首夔州興 연달아 쓴 여덟 수는 기주夔州의 흥[25]이오
氣力祇敎石與敵 기력은 돌을 상대할 만큼 가르쳤고
波瀾長傍海爲隣 파란은 바다와 이웃되게 옆에 했다.
遙知此日揚雄宅 오늘은 멀리 양웅揚雄[26]의 집임을 알았으나
寂寂兼無載酒人. 쓸쓸하고 아울러 술을 싣고 오는 사람도 없다.

라 하고 인해 그 고을 목사牧使에게 청해 깨끗하게 잘 보관해서 뒤에 와서 좋아하는 사람들에게 보이게 했다. 다음 해 동명東溟이 세상을 떠나고 약천藥泉이 또 성진城津에 가서 그 병풍을 가져오게 했더니 보관하고 있었던 자가 조심하지 않아 이미 불에 태우고 타다 남은 몇 폭이 있었다. 약천이 슬프게 생각하고 다시 시를 한 수 지었는데 말하기를,

文章海內鄭東溟 이 세상에서 문장이었던 정동명은
此地曾留醉墨屛 일찍 이곳에서 취해 병풍에 글씨를 남겼다.

며 궁중을 돌아다니며 새벽을 알리는 사람을 絳幘人이라 하는데 여기서는 닭을 말한 것이 아닌가 한다.

25) 夔州는 중국의 땅 이름인데 기주의 흥은 알아보지 못했으나 그곳에 杜甫가 후기에 오래 있었기 때문에 상관이 있지 않을까 한다.

26) 前漢 때의 학자 「太玄經」을 저작했다고 한다.

天上玉樓今杳漠　천상 백옥루에서 지금은 아득할 것이고
人間寶唾亦凋零　인간 세계에서도 보배스러운 시가 시들어 떨어졌다.
焚燒豈是緣三昧　불에 탄 것이 어찌 깊게 생각한 인연이며
雷電應知自六丁　우레와 번개도 분명히 육정六丁[27]이 했음을 알 것이다.
幸未成灰留數疊　다행히 다 타지 않고 몇 폭이 남았으니
曠音猶擬爨餘昤.　밝은 음이 오히려 남은 빛을 끊는 것으로 추측된다.

라 했다.

남약천南藥泉이 방언方言의 노래를 한시漢詩로 번역한 것이 네 수가 있다. 그 시에 말하기를,

此身死復死　이 몸이 죽고 다시 죽어
百死又千死　백 번 죽고 또 천 번 죽어
白骨爲塵土　백골이 진흙이 되어
魂魄復何有　넋이 다시 어찌 있겠는가
向君一片丹心　님을 향한 한 조각 단심은
到此猶未已.　이에 이르러도 오히려 마지않는다.

라 했는데, 이것은 포은圃隱 정몽주鄭夢周가 지은 것이다. 또,

咸關嶺高復高　함관 고개 높고 다시 높아
夜宿曉去寒雲飛　밤에 자고 새벽에 가니 찬 구름이 난다.
孤臣寃淚欲復汝　고신의 원통한 눈물 너에게 주려 하니
願帶爲雨長安歸　원컨데 비가 되어 서울로 돌아가서
長安宮闕九重裡　서울의 궁궐 제일 깊은 곳에
倘向君前一霏霏.　꼭 임금님의 앞을 향해 이슬비로 뿌려주오.

---

27) 遁甲術에 부르는 神將의 이름. 六丁 六甲으로 부른다.

라 했는데, 이 시는 백사白沙 이항복李恒福이 북청北靑으로 유배되어 가면서 지은 바이다. 또

靑石嶺已過	청석령은 이미 지났는데
九連城何許	구연성은 얼마나 되느냐
胡風寒又寒	호풍은 차고 차며
陰雨苦復苦	계속 내리는 비는 괴롭고 괴롭다.
誰能畵我此行李	뉘가 내 이 모습을 그려
遠寄君王處.	멀리 군왕이 계신 곳에 부쳐주랴.

라 했는데, 이것은 효종孝宗께서 심양瀋陽으로 가면서 지은 것이다.

또 말하기를,

東方明否鶬鴰已鳴	동방이 밝았느냐 노고지리 이미 울었다.
飯牛兒胡爲眠在房	소 먹이는 아이는 어찌 방에서 자고 있느냐
田外有田隴畝濶	밭 너머 있는 밭도 이랑이 넓은데
猶今不起何時耕.	지금도 일어나지 않고 언제 갈려느냐.

라 했으며, 또 말하기를,

誰謂余爲老	누가 나를 늙었다 하느냐
老者乃能如此	늙은 자가 이와 같이 할 수 있는가.
看花笑自發	꽃을 보자 스스로 웃음이 나오며
把酒興還多	술잔 잡으면 도리어 흥이 많다오.
只此春風亂白髮	이 봄바람이 백발을 어지럽히니
渠自生來吾奈何.	백발이 스스로 오는데 낸들 어찌하랴.

라 했고, 또 말하기를,

何曾妾無信　　어찌 첩이 신의가 없었느냐
乃與君相欺　　바로 임과 서로 속인 것이오.
深夜遠來意　　깊은 밤에 멀리서 온 뜻은
而君諒不知　　임이 알지 못함을 믿었기 때문이오
鳴風落葉本無情　우는 바람에 떨어지는 잎은 본디 정이 없음이니
渠自爲聲妾何爲.　그가 스스로 우는 것을 첩이 어찌하랴.

라 했는데, 이 시들은 세상에 전하는 가곡歌曲을 한시漢詩로써 번역한 것이다.

이민서李敏敍 상서尙書가 대제학大提學을 하다가 다른 직위로 옮길 때 남약천南藥泉을 대신으로 추천하고 시詩와 소서小序를 짓고 연적硯滴을 보냈는데, 그 소서小序에 말하기를 문형文衡(대제학大提學)이 벼루를 전할 때 부르고 답하는 시가 있는 것은 좋은 일이다. 근래에는 없어졌다. 내가 족하足下와 더불어 같이 배우고 자랐으며 지금 함께 벼슬도 높았으니 이것은 진실로 어려운 일이다. 그리고 또 동시에 문형文衡으로서 이 벼루를 전후에서 서로 주고받는 것은 또한 기이한 일이니 말이 없을 수 있겠는가. 이것은 문원文苑[28]의 고사故事로 남길 것이라 하고 지은 시에 말하기를,

金聲玉質琢磨奇　좋은 바탕을 다듬고 갈아 기이해
文苑相傳自昔時　문원文苑에서 예부터 서로 전했다.
授受幾經人得失　주고받음이 사람의 득실을 몇 번 지났고
浮沈曾閱世興衰　부침으로 일찍 세상의 흥쇠를 겪었다.

28) 문단과 같은 의미임.

伊浦法訣憑衣鉢　이포伊浦[29]의 법의 비결은 의발衣鉢에 의지했고
河朔威風變皷旗　하삭河朔[30]의 위풍은 북과 깃발을 변하게 했다.[31]
想見據梧揮洒處　생각해보면 오동에 의지해 휘둘러 씻는 곳에
彩毫濡染字淋灕.　빛난 털이 젖어 글자가 힘이 있다.[32]

라 했다. 약천藥泉이 답시에 이르기를,

詞章舊物近相傳　사장의 옛 물건이 근간까지 서로 전해
盛事于今閱幾年　좋은 일이 지금도 몇 년 지났다.
押主齊盟吾與子　나와 자네는 주인과 친하고자 같이 맹세를 했고
幷驅秦鹿後還先　진록秦鹿[33]을 같이 몰아 뒤가 도리어 앞이 되었다.
寧忘少日同磨鐵　차라리 젊은날 같이 공부한 것을 잊고
深愧虛名共點硯　헛된 이름이 함께 벼루에 점치는 것이 부끄럽다오.
從此弘農重得守　이로부터 홍농弘農[34]을 거듭 지키게 되었으니
龍蛇旗影動池邊.　용사龍蛇[35]의 깃발 그림자가 못가에서 움직인다오.

라 했다.

남약천南藥泉이 상사上使로서 중국에 가면서 옥하관玉河館에 머

---

29) 불교에서 戒行을 받는 승려를 의미하는 듯함. 그리고 윗구에 閱世興衰라 한 것은 옛날 것은 병자호란에 잃어버리고 지금 것은 새로 만든 것이기 때문에 말한 것이라 했다.

30) 黃河 이북의 땅을 말함.

31) 이 句는 어떤 의미인지 난해하다.

32) 옛날 전수되던 벼루는 병자호란 때 잃어버렸고, 그러한 사실을 안 후에 새로 만든 것이기 때문에 浮沈閱世라는 말을 했다.

33) 項羽와 劉邦이 秦나라를 차지하기 위해 서로 다투는 것을 말함. 그리고 二世때 指鹿爲馬에서 鹿은 秦나라를 상징적으로 표현한 것임.

34) 중국의 지명

35) 우리나라에서 壬辰倭亂을 龍蛇之亂이라 하는데, 이 시의 龍蛇도 상관이 있지 않을까 한다.

물렀는데 그때 부사副使가 이상서李尙書 세화世華(민서敏敍의 자字인 듯함)였다. 그가 직접 한 두루미의 술을 빚어놓고 옷과 이불로 싸서 자는 방아랫목에 두고 아침저녁으로 익기를 기다렸으나 수십일이 지나도록 익지 않았다. 약천藥泉이 물어 말하기를 "일찍 술을 빚는다고 하더니 그 술이 오랫동안 익지 않은 것은 무슨 까닭인가" 부사副使가 말하기를 "올 때 누룩을 의주義州에서 샀는데 품질이 좋지 않아 발효를 못하기 때문이며 빚은 자의 잘못이 아니라" 하니 서장관書狀官 이공李公이 말하기를, "누룩만 좋지 않은 것이 아니고 술을 빚는 솜씨도 또한 좋지 않았다."고 했다. 약천藥泉이 시로써 희롱해 말하기를,

旅館營春釀	여관에서 봄에 먹고자 술을 빚었는데
三旬未醱醅	삼순이 되어도 술이 괴지 않았다.
耳勞頻聽甕	귀는 자주 독에 술 익는 소리 듣기에 괴롭고
口欠一含杯	입은 한 모금 마신 잔도 없었다.
縱有宣尼量	공자 같은 아량이 있어야 하겠고
還無傳說才	도리어 부열傳說[36]처럼 재주도 없다.
不如歸去早	일찍 돌아가서
更覓閤中裁.	부인이 만든 것을 찾는 것만 못하네.

라 했다.

남약천南藥泉이 북쪽 방백方伯으로 옮겨지게 되자 여성제呂聖齊와 더불어 오래 사귀게 되었다. 무진년戊辰年에 영상領相과 우상右相으로 있다가 같이 관북關北으로 유배를 가게 되었는데 선후로 부계涪溪에 이르러 길을 나누기까지 짝이 되었다. 십 수 년 전에 약천

36) 殷나라 때 유명했던 인물.

藥泉이 호서湖西의 시골집에 있을 때 꿈에 여몸정승과 더불어 경성鏡城에서 모여 오율五律 한 수를 지었는데 맨 뒤에 연을 기록해 말하기를,

姮娥眉似月　향아의 눈썹은 반달 같고
玉帝坐如春.　옥제는 봄처럼 앉았다.

라 했는데, 비록 그 말이 무엇을 이름인지 살펴보지 못했으나 북쪽 지방에서 서로 만나게 되어 꿈속의 예언을 실제로 밟은 것이다. 약천藥泉이 시를 지어 헤어지면서 주었는데 말하기를,

按節交承十載前　안절按節로서 십 년 전부터 사귀었는데
那知今日又同遷　어찌 오늘 또 같이 옮김을 알았으랴.
升沈汗漫元無定　오르고 잠기는 것은 넓어 원래 정한 것이 없고
離合分明亦有緣　헤어지고 만남도 분명히 인연이 있다.
夢裡題詩猶記得　꿈속에 쓴 시가 오히려 기억이 되며
路中分手信依然　길에서 만나 헤어지는 것도 참으로 전과 다름이 없다.
萬千珍重何多語　천만 번 진중할 것을 어찌 말을 많이 하리오
生死惟當任昊天.　생사는 마땅히 큰 하늘에 맡기자.

라 했다.

남약천南藥泉이 그의 자형姊兄 서계西溪 박세당朴世堂에게 답한 글에 말하기를 아이로 인해 들으니 노주鷺州에 산을 팔려고 하는 자가 있다고 말하는데 제弟의 근력이 이미 다해 아침저녁으로 죽기만을 기다리고 있으니 어찌 살 곳을 경영할 때가 있겠는가 하고 편지 끝에 한 수의 절구를 써 말하기를,

結髮相逢有老妻　머릿발을 매고 서로 만난 늙은 처가 있어

布裙麤醜亦治棲　입은 옷이 굵고 추하나 또한 쉬게 하고 있다.
東隣處子雖云美　동쪽 이웃 처녀가 비록 아름다우나
吾髮其如白雪齊. 내 머릿발이 흰 눈과 같으니 어찌하랴.

라 했다.

이의현李宜顯 상공相公의 『도협총기陶峽叢記』에 말하기를 정축년丁丑年 강화講和한 뒤에 후금後金의 임금이 우리나라에 송덕비頌德碑를 세우게 했는데 백헌白軒 이경석李景奭이 글을 짓고 죽남竹南 오준吳竣이 쓰고 여이징呂爾徵 참판參判이 액額에 전자篆字를 해 삼전포三田浦에 세웠다. 용주龍洲 조경趙絅이 시를 지어 말하기를,

世人重文章　세상 사람들이 문장을 무겁게 여기므로
生子必祝太學士　자식을 낳으면 반드시 태학사 되기를 빈다.
世人重書法　세상 사람들이 글씨를 무겁게 여기므로
教兒必操蘭亭紙　아이를 가르칠 때 반드시 난정지蘭亭紙[37]를 잡게 한다.
出入蓮閣演絲綸　연각蓮閣[38]을 출입하며 사륜絲綸[39]을 윤택하게 하고
揮灑螭頭刻貞珉　교룡의 머리를 씻어 곧고 고운 글을 새겼다.
一日聲價動四方　갑자기 명성이 사방에 알려졌으며
衆人視若天上郎　뭇사람들이 천상의 사내처럼 보았다.
誰知人事又翻覆　인사가 또 번복함을 누가 알았으랴
文章書法還爲役　문장과 글씨가 도리어 부림이 되었다오.
君不見三田七尺碑　그대는 삼전도三田渡의 칠척비를 보지 못했는가.
波瀾浩盪蠆尾奇　물결이 넓고 벌 꼬리가 기이하다.
復有篆額幷三人　다시 전액篆額에 세 사람이 아울러 했고

---

37) 王羲之의 蘭亭序가 글씨로서 가장 유명한데, 글씨를 잘 쓴 것을 말한 것이 아닌가 한다.

38) 군왕 측근의 일을 맡은 관료들의 사무실.

39) 임금의 말을 전하고 기록하는 것임.

姓名藉藉於胡兒 성명은 호아胡兒들에까지 자자했다.
陋矣淮西韓退之 더럽게도 회서淮西비문碑文[40]의 한퇴지韓退之는
高詞但使中原知. 좋은 글을 단지 중국에만 알게 했다오.

라 했으니, 나무라고 조롱하는 바에 온 힘을 다했다고 말할 것이다.

옛말에 이르기를 시가 사람을 궁하게 한다고 했는데, 대개 한가하게 자연을 노래하며 말을 다듬다가 수염을 태우는 것이 결국 출세한 사람의 일이 아니다. 그러나 높은 벼슬을 한 사람의 말에서 느낄 수 있는 것은 가난한 선비와는 매우 다르다. 임당林塘 정유길鄭惟吉은 태평한 시기의 재상이었다. 그때 국가는 북도北道에서 전사한 인물들에 대한 관심이 많았는데 정임당의 시에 말하기를,

聖祖槁骨亦添恩 성조聖祖에 마른 뼈가 은혜에 젖어
香火年年降寒門 향화香火가 해마다 한미한 가문에까지 내린다.
祭破上壇雷雨定 제를 마친 단상에 소나기도 그쳐
白雲如海隔前村. 흰 구름이 바다 같아 앞마을을 멀리 했다.

라 하여 내용은 슬프고 쓰라리나 말은 여유가 있고 아름답다.

선원仙源 김상용金尙容이 금강錦江에서 지은 칠언절구七言絶句에 말하기를,

江南江北草萋萋 강남북 쪽에 풀이 짙었는데
滿目春光客意迷 눈에 가득한 봄빛에 생각이 혼미하다.
愁上木蘭尋故跡 조심스럽게 작은 배를 타고 옛 자취 찾으니
青山無語鳥空啼. 청산은 말이 없고 새만 부질없이 운다.

---

40) 韓退之의 유명한 글에 平淮西碑文이 있음.

라 했고, 또 신춘서회시新春書懷詩에 말하기를,

春風吹入曲欄東 봄바람이 굽은 난간 동쪽으로 불어오는데
徒倚高樓恨不窮 다만 높은 누에 의지하니 한이 많다오.
一抹雲山孤島外 고도 밖에 약간의 구름이 산에 끼었고
萬家烟火夕陽中 석양에 집집마다 연기가 오른다.
光陰鼎鼎將催老 세월이 빠르게 늙음을 재촉하며
歸計悠悠又墮空 돌아갈 계획은 느리다가 또 공중에 떨어진다.
忽憶去年今日事 갑자기 지난해 오늘에 있었던 일 생각하니
百官朝罷建章宮. 백관이 건장궁에서 조회를 파했다.

라 했다.

수북水北 김광현金光鉉이 송성천재시送成川宰詩에 말하기를,

繁華非復舊關西 번화했던 옛 관서 회복되지 않으며
亂後樓臺物色凄 난 후에 누대의 형상이 처량하다.
客子掩門仍月落 나그네가 문을 닫으니 잇달아 달도 지고
城頭吹角夜烏啼. 성두에 대평소 불고 밤에 까마귀가 운다.

라 했다.

봉래蓬萊 양사언楊士彦의 시에 말하기를,

美人如玉隔三山 옥 같은 미인이 삼산에 막혀
十載江湖鬢雪斑 십 년 동안 강호에서 살쩍머리 눈처럼 아롱졌다.
願寄裏情明月夜 밝은 달밤 깊은 정을 부치고자
和風吹入玉欄干. 바람과 함께 난간에 불어온다.

라 했는데, 대개 양사기楊士奇는 일찍 용안龍顔을 뵈옵고자 했으나

얻지 못하고 능행陵行을 할 때 군중 속에서 곤룡포만 우러러보고 이 시를 지었다고 하니 일대의 기걸奇杰했던 선비로서 뜻이 웅대했는데 때를 만나지 못했으니 가석하다.

백강白江 이경여李敬輿가 차만사次晩沙의 칠언절구시七言絶句詩에 말하기를,

城市山林進退憂 도시에서 산골로 진퇴하는 것도 근심스러워
十年强半負沙鷗 십년에 반이 넘게 사장 백구를 등졌다.
東風昨夜金鑾夢 지난밤 동풍에 금방울 꿈을 꾸었는데
猶到江南白鷺洲. 오히려 강남 백로주에 이르렀다.

라 했고, 기백주寄白洲 이명한시李明漢詩에 말하기를,

東城南陌惜離群 동성과 남쪽 거리에서 무리와 떠나기도 아까운데
況復如今萬里分 하물며 지금은 만 리로 헤어진다오.
家在未央宮外住 집을 미앙궁 밖에 머물고 있어
上林歸鴈最先聞. 상림으로 돌아가는 기러기 소리 제일 먼저 듣는다.

라 했다. 또 병학病鶴의 오언율시五言律詩에 말하기를,

庭空眷一足 빈 뜰에 한 발이 근심스럽고
天遠入雙眸 먼 하늘이 두 눈에 들어온다.
對月憐攲影 달을 대하면 그림자가 가련하고
臨風叫素秋 바람을 만나면 가을을 부른다.
雲霞華表想 구름과 안개가 끼면 화표華表[41]를 생각하고
霜露玉溪愁 서리와 이슬이 내리자 맑은 시내를 근심한다.

---

41) 묘 앞에 세워둔 표시.

自是吹笙伴　　이로부터 짝을 해 저를 불게 되면
緱山夢幾遊.　　꿈에 구산을 얼마나 놀았을까.

라 했다. 차두릉추흥시次杜陵秋興詩의 한 율시에,

岷峨勢盡楚江頭　초강 머리에 민아산岷峨山[42]의 형세가 다했고
井給風烟白帝秋　백제성 가을에 바람과 연기가 연결을 한다.
月峽波濤終古險　월협月峽의 파도는 예부터 험했고
陽臺雲雨至今愁　양대陽臺의 운우雲雨[43]는 지금도 근심스럽다.
臥龍壁壘空砂磧　와룡臥龍[44]의 진터 벽에는 모래와 자갈이 없고
躍馬興亡問沙鷗　말을 달려 사장 갈매기에 흥망을 묻는다.
只是少陵名不泯　두보杜甫의 이름이 빠지지 않은 것은
暮年詞賦數夔州.　모년까지 기주夔州[45]에서 글을 계속 지었기 때문이오.

라 했는데, 음운이 매우 놀랄 만하다.

서계西溪 박세당朴世堂의 동교東郊에 물러나 있으면서 역사책을 탐독하며 지은 영두시咏蠹詩가 있는데 말하기를,

蠹魚身向卷中生　좀이 책 속에 살면서
食字多年眼似明　다년 간 글자를 먹었으니 눈이 밝을 듯하다.
畢竟物微誰見計　필경 미물이기에 누가 잘 보았겠느냐
秪今長負毁經名.　지금에는 길이 경서를 훼손한 이름을 지게 되었다.

라 했는데, 자신의 현실을 표현하고자 지은 것인데, 끝 절과 시인詩

42) 岷山과 峨山을 말함.
43) 남녀의 정사를 의미함.
44) 蜀漢의 諸葛亮을 말함.
45) 중국의 지명.

人의 현실이 더불어 서로 같으니 어찌 먼저 알았던 것이 아니겠느냐.

석주石洲 권필權韠이 백의白衣로서 중국 사신을 맞이하는 종사從事가 되었는데 용재容齋 이행李荇이 추천한 것이다. 선조宣祖가 그의 시를 듣고자 하니 월사月沙 이정귀李廷龜가 석주石洲의 몽구용시夢具容詩 한 절구를 아뢰었는데 그 시에 말하기를,

幽明相接杳無聞　유명이 아득해 서로 만나 들을 수 없는데
一夢慇懃未是眞　꿈속에서 은근히 만났으나 믿지 못하겠다.
掩淚出山尋去路　눈물 거두고 산을 나와 길을 찾아 나서니
曉鶯啼送獨歸人.　새벽 꾀꼬리가 울며 혼자 가는 사람 보낸다.

라 하니, 선조가 크게 칭찬하며 그의 시고詩稿를 들이라고 명령했다. 벼슬하지 않은 사람으로서 영광이 이공봉李供奉에 아래 되지 않을 것이다. 간이簡易 최립崔笠의 증시贈詩에 말하기를,

聞說至尊徵稿入　들은 바 임금께서 시고를 들이라 하니
全勝身到鳳凰池　직접 봉황지鳳凰池[46]에 이르는 것보다 영광이었소.

라 했으며, 선주宣祖께서 매양 석주石洲라 일컫고 이름을 부르지 않았다.

남창南窓 김현성金玄成은 글씨로써 세상에 이름이 있으며 시도 또한 아름다워 사랑스럽다. 그의 신월시新月詩에 말하기를,

光斜恰然萱三葉　빛이 비끼면 원추리 잎 세 개 같고
輪缺纔容桂一枝.　바퀴가 깨지면 겨우 계수나무 한 가지를 수용하겠다.

46) 궁중에 있는 못.

라 했는데, 사람들이 교묘하다고 일컬었다. 동악東岳 이안눌李安訥이 차운次韻해 말하기를,

釣沈刺惻魚龍窟 낚시가 잠기니 놀란 어룡은 굴로 가고
弓掛偏驚睡鶴枝 활을 걸자 가지에 자던 학이 놀라다.

라 했는데, 원운原韻에는 미치지 못하나 그 재주는 볼 만하다. 두보杜甫의 시에 말하기를,

光射潛蛟動 빛이 쏘자 숨었던 교룡도 움직이고
明翻宿鳥頻. 밝음이 번쩍이니 자던 새도 자주 깬다.

라 했고, 왕원지王元之의 추월시秋月詩에 말하기를,

冷濕流螢草 찬 것에 젖자 날던 반딧불은 풀에 숨고
光凝睡鶴枝 빛이 엉기니 자던 학도 가지로 간다.

라 했는데, 동악東岳도 이 두 구에서 가지고 온 것이다.

서포西浦 김만중金萬重이 을사년乙巳年에 남해南海로 유배가 되어 그의 사위 이양숙李養叔의 시에 차운해 말하기를,

聖君天覆嚴程近 성군이 하늘처럼 덮어 갈 길이 가까웠는데
慈母年高別語難 자모의 연세 높아 간다는 말하기 어렵다오.
空有微誠戀北極 미성이 북극北極[47]을 사랑하는 마음은 크게 있으나
不堪斜日迫西山 비낀 해가 서산에 가까워 견디지 못하겠다.

47) 여기서는 임금의 자리를 말한 것이다.

書傳驛使歲將盡　편지를 역사에 전했으나 이 해도 저물려 하며
春動邊城風更寒　봄이 움직이자 변성의 바람이 다시 차다.
氷雪崢嶸江頭濶　얼음과 눈이 높아 강 머리는 넓은데
杖藜矯首片雲還.　지팡이 짚고 머리 바로 드니 구름은 돌아간다.

라 했는데, 말이 극히 차고 결정적이었으나 결국 돌아오지 못했으니 슬프다.

내가 동춘同春 송준길宋浚吉과 우암尤庵 송시열宋時烈 두 분 선생을 고향 회덕懷德에서 뵈옵자 시를 짓게 했다. 내가 사양을 했으나 얻지 못하고 율시 한 수를 지어 드렸는데 그 시에 말하기를,

同春堂下試春衣　동춘당 아래에서 활활흐르자 봄옷을 시험하니
春興悠然想浴沂　봄흥에 여유가 있어 욕기浴沂[48]를 생각한다.
芳草小庭觀物性　아름다운 풀이 있는 뜰에 사물의 성정을 관찰하고
杏花小雨覓天機　살구꽃이 적은 비에 젖어 천기를 찾는다.
源泉活活初肥泳　샘물이 활활 흘러 처음부터 수영하기 좋으며
雛鳥翩翩漸學飛　어린 새가 오락가락 점차 나는 것을 배운다.
隨處一般眞趣在　곳에 따라 대부분 참다운 의취가 있으며
却令遊于澹亡歸.　문득 담수에서 놀다 돌아가는 것을 잊게 했다.

라 하니 두 분 선생이 칭찬하며 바로 벽에 붙였는데 지금 생각하면 당돌해 부끄럽다.

성완成琓 진사進士는 시를 동명東溟 정두경鄭斗卿으로부터 배워 그의 큰 것을 얻었는데 만년에는 재주가 물러나자 스스로 말하기를 강운强韻에 능하다고 했다. 일찍 사신을 따라 일본日本에 갔더니 왜인倭人이 험한 운韻으로 어렵게 했다. 어느날 창瘡 자字를 운

48) 論語 先進篇에 있는 말로서 명예와 이익을 떠나 자유롭고 깨끗하게 노는 것.

으로 하여 매우 빨리 짓게 하자 바로 불러 말하기를,

戛曲遙山答	곡을 상고하는데 먼 산이 답하고
銘詩老石瘖.	시를 새기자 늙은 바위가 병이 났다.

라 하니 여러 왜인들이 모두 놀랐다. 뒤에 만蠻 자字를 부르므로 유하柳下 홍세태洪世泰의 시에,

青天繞百蠻.	푸른 하늘이 많은 만인을 얽었다.

라 한 구句가 있다고 하니 왜인들이 화를 내며 어찌 만蠻 자字로써 기다리게 하느냐 하며 칼을 뽑아 찌르고자 하므로 성완成琬이 그 구에 이어 말하기를,

黃鳥絶錦蠻.	꾀꼬리가 오랑캐 비단을 끊었다.

라 했다. 대개 일본에는 꾀꼬리가 없기 때문에 왜인들이 모두 칼을 던지고 절을 하며 신재神才라 했다.

내가 일찍 동애東崖 김진표金震標 건중建中과 더불어 한강의 정자에 놀았더니 만주晩洲 홍원구洪元九와 구당久堂 박장원朴長遠 중구仲九가 뒤따라 와서 배를 타고 시를 짓기도 했다. 중구仲九가 나에게 말하기를 자네의

吟病老僧秋閉殿	읊는 병이 있는 노승은 가을에 대웅전 문을 닫았고
覓詩孤客夜登樓.	싯구를 찾던 나그네는 밤에 누를 오른다.

라 한 구句는 김로승金老僧이라 이를 만하고 원구元九의

似惜落花春鳥語 낙화가 아까운 듯 봄에 새는 지저귀고
鮮紛長日午鷄鳴. 조용하게 된 긴 날 한낮에 닭이 운다.

라 한 구는 홍오계洪午鷄라 이를 만하다 하니 김건중金建中이 좌우를 돌아보고 일러 말하기를 중구仲九는 시를 알아 평을 잘한다고 말하겠다 했다. 자공子公은 얼굴이 노승老僧 같으니 마땅히 그에게 부를 만한 이름이고, 원구元九는 그럼에도 닭을 잡고 있으니 실로 그 이름이 합당하다고 했다. 자공子公은 바로 나의 자이다. 나의 머리는 일찍부터 머리털이 빠졌기 때문에 중과 같다는 희롱을 들었다. 또 속담에 여종을 가깝게 하는 것을 종계집種鷄執이라 하는데 원구元九는 그것을 즐기기 때문에 이른 것이라 하고 서로 크게 웃었다.

구당久堂 박장원朴長遠은 열한 살 때 삼각산에 놀러가서 지은 시에 말하기를,

溪路却憑樵客問 시냇길은 나무꾼에 의지해 묻고
藥名時與老僧評 약명을 때때로 노승과 더불어 다툰다.
三更睡起禪窓下 삼경에 창 밑에서 자다 일어나니
松桂花陰繞鶴聲. 계수나무 꽃 그늘에서 학 우는 소리 들린다.

라 했다. 우복愚伏 정경세鄭經世가 보고 이마를 만지며 계로溪路 약명藥名을 지은 아이라 했다.

옛날부터 중국에는 은군자隱君子가 많아 이들이 산림山林에 있기도 하고 혹은 성중城中에 섞혀 있으면서 옷도 좋지 않게 입었으

나 이름이 후세에까지 알려진 자가 있었다. 우리나라는 인물을 논할 때 가문家門을 말하게 되어 좋은 집안의 후손이 아니면 글이나 글씨에 스스로 하겠다고 분발하는 자가 적은데 하물며 상공인商工人과 같은 서민으로서 발탁이 가능하겠는가. 근간에 시장 사람으로 박계강朴繼姜이라는 자가 있어 시에 능했다. 중종中宗이 왕위에 오른 직후에 창의문彰義門 밖에 놀면서 구句를 얻었는데 말하기를,

乾坤新雨露	이 세상에는 새로운 비와 이슬이 내리고
詩酒舊山川.	시주를 옛 산천에서 한다오.

라 하니 같이 놀던 여러 사람들이 아름답다고 칭찬했다. 목계木溪 강혼姜渾이 포은전布隱傳을 지었다.

옛 사람이 말하기를 천하의 일에서 뜻과 같이 되지 않은 것이 십에서 팔구 할이 되는데 사람으로 이 세상에 태어나서 마음에 부끄럽게 여기는 자가 얼마나 될까. 내가 일찍 위심시違心詩 십이 구句를 지은 것이 있는데 그 시에 말하기를,

人間世事却參差	인간세계의 일은 고르지 못해
動輒違心莫適宜	움직이면 마음에 어기어 적당하다고 못하겠다.
盛歲家貧妻尙侮	젊었을 즈음 가난해 처가 항상 업신여겼으며
殘年祿厚妓將追	나이 많아 녹이 두터우니 기생들도 따른다.
雨淫多是出遊日	넘치는 비는 나가 놀려고 하는 날에 많고
天霽皆吾閑坐時	하늘 갠 날은 내가 모두 한가하게 집에 있을 때였소.
腹飽掇飡逢美酒	배가 불러 저녁밥을 먹지 못했을 때 좋은 술을 만났고
喉瘡忘飯遇深卮	목병으로 밥도 잊었는데 큰 술잔을 보았다.
儲珍賤售市高價	좋은 것 저장하고 천하면 팔아 값은 올랐고
宿疾方痊鄰有醫	묵은 병이 나으려 하니 이웃에 의원이 있다.

碎小不諧猶類此 작게 부수지도 못해 기롱함이 이와 같으니
楊州跨鶴況敢期. 양주에서 학 타기를 감히 기약하랴.

라 했는데, 대개 만사가 마음에 어긋나는 유가 이와 같다. 적게는 일신의 영광과 초췌 및 쓰고 즐거운 것이며, 크게는 국가의 안위와 치란이 마음에 위배되지 않은 것이 없다. 내 졸시拙詩가 비록 그 작은 것을 들었으나 사실은 큰 것을 비유한 것이다. 세상에 전하는 사쾌시四快詩에 말하기를,

大旱逢甘雨　　큰 가뭄에 단비를 만나고
他鄉見故人　　타향에서 친구 보는 것이오.
洞房花燭夜　　동방에 촛불 켠 밤이며
金榜掛名時.　　금방에 이름 걸렸을 때라오.

라 했는데, 가문 나머지 비를 만났다가 비가 내린 뒤에 또 가물기도 하며, 타향에서 친구를 만났다가 바로 다시 헤어지기도 한다. 동방洞房의 화촉花燭이라 하지만 어찌 살아서 이별하지 않는다는 보장은 할 수 없으며, 금방金榜에 이름이 붙는다 해도 그것이 어찌 근심과 걱정이 아니 된다는 것을 알 수 있느냐. 이것이 마음에 어기는 것이 많고 부끄러움이 적지 않다는 것이다.

이수광李睟光의 『지봉류설芝峯類說』에 말하기를 이목은李牧隱의 시詩에 이르기를,

詩書未必皆君子 글을 읽었다고 반드시 모두 군자가 되지 않으며
卿相由來起匹夫. 경상의 유래도 필부로부터 일어난다.

라 했는데, 고려 공민왕恭愍王 때 간하는 신하가 글을 올려 말하기를 백정白丁도 갑자기 경상卿相으로 임명되고 노예들도 조정 신하들의 반열에 많다고 한 것이 이러한 것을 말한 것이다.

점필재佔畢齋 김종직金宗直의 시에 말하기를,

詩書舊業戈舂黍　시서詩書를 옛 업으로 하는 것은 창으로 기장을 찧는 것이고[49]
翰墨新功獺祭魚.　한묵翰墨에 새로운 공은 날제어獺祭魚라네.[50]

라 했는데, 나余는 이르기를 글을 하되 편철編綴하고 용사用事에 능한 자는 바로 문인의 병이다. 근세에 호음湖陰 정사룡鄭士龍이 시서詩書에서 뽑아 큰 주머니에 넣어 글을 짓게 될 경우가 있을 것 같으면 반드시 가지고 다닌다고 한다. 그러므로 그의 글이 억지스럽게 기울고 깎고 한 흔적이 많고 전혀 평온平穩한 기상이 없는 것은 대개 이러한 병에 걸렸기 때문이다.

이직李直 대간大諫의 은대시銀臺詩에 말하기를,

孔雀屏深燭影微　공작 병풍이 깊어 촛불 그림자 희미하며
鴛鴦雙宿豈分飛　원앙鴛鴦[51]이 같이 잤는데 어찌 헤어지랴.
自憐憔悴靑樓女　스스로 불쌍히 여기는 초췌한 청루의 여인은
長爲他人作嫁衣.　항상 다른 사람의 시집갈 옷만 짓는다.

---

49) 荀子는 禮義를 말하지 않고 詩書를 한다는 것은 창끝으로 기정을 찧는 것과 같다고 했다.

50) 李商隱은 글을 지을 때 서책을 많이 점검하기 위해 좌우에 고기 비늘처럼 늘어놓은 것을 獺祭魚라 이름한다 했다.

51) 우리말로는 원앙 또는 지경새라 한다.

라 했다. 대개 이공李公이 오랫동안 양제兩制에서 오히려 승진을 하지 못하고 동료들은 규정에 따라 승진되었는데 공公은 매양 교서教書만 초하고 있었기 때문에 이러한 시를 지었다.

이견간李堅幹의 시에,

旅館挑殘一盞燈　여관에서 남은 등잔에 불을 켜니
使華風味淡於僧　사화의 멋진 모습이 스님보다 맑다.
隔窓杜宇終宵聽　창 밖에 두우새 소리 밤 내내 들리는데
啼在山花第幾層. 산에 있는 꽃의 몇 층에서 울고 있을까.

라 했는데 당시 이 시를 절창絶唱이라 했다. 내가 자주 관동지방에 여행을 하는데 이른바 두우杜宇라는 것은 바로 정소鼎小[52]와 유類유사 할 것이다. 절강인浙江人 왕자작王子爵과 사천인泗川人 방기상邦奇商이 함께 강릉江陵에 왔는데 내가 위의 시에서 두우杜宇에 대해 물었더니 두 사람이 다 두우가 아니라고 했다. 대개 시인이 흥을 의탁하고자 하는 것이 비록 그 사물이 아니라도 시 가운데 사용한 것이 있다. 그 예를 들면,

隔林空聽白猿啼. 숲 너머 흰 원숭이 우는 소리 듣는다.

라 한 것과 같은 것이며,

脩竹家家翡翠啼. 집집마다 긴대나무에 비취가 운다.

라 한 것과,

52) 鼎小는 우리말로 어떤 새 인지. (소쩍새?)

鷓鴣驚篰海棠花. 자고가 대 가지에서 놀라자 해당화가 떨어진다.[53)]

라 한 것이 위에서 말한 탁흥托興한 것과 다른 것이다. 문정文靖 이색李穡의 과영명사過永明寺의 작품이 꾸미지도 탐색도 하지 않았는데 우연히 궁상宮商이 맞아 읊으면 신기하고 뛰어났다. 중국 사신인 허영양許穎陽이 이 시를 보고 말하기를 "너희 나라에서도 이러한 작품이 있었느냐" 했으며, 그의 부벽루시浮碧樓詩에 말하기를,

門端尙懸高麗詩 문 끝에는 아직도 고려시가 걸려있어
當時已解中華字. 당시 이미 중국 글자를 알았다.

라 했으니, 비록 우리나라 문인을 가볍게 보면서 문정文靖의 시에는 승복했다.

오봉五峰 이호민李好閔은 천재로 세상에 알려졌으나 만년에는 재주가 말라 중국 사신과의 응대하는데 군색했다. 그가 왕성한 나이 때 지은 바,

東南間氣金臺盡 동남의 뛰어난 기운은 금대金臺에서 다했고
宇宙英風易水長 우주의 꽃다운 바람은 역수易水[54)]에서 길었다.

天心錯莫臨江水 천심이 잘못되어 강물에 다다랐고
廟算凄凉對夕暉. 나라의 운명이 처량해 저녁 햇빛을 대한다.

라 한 말들은 일시의 친구들이 감히 바라볼 수 없었다. 당唐나라

53) 이 구는 해석을 어떻게 하는 것이 좋은지 모르겠다.
54) 중국의 물 이름. 춘추전국시대 燕의 荊軻가 始皇을 죽이고자 秦으로 가면서 易水에서 연나라 사람들과 이별했다고 함.

문인의 시에,

三人告母猶投杼 세 사람이 고해도 오히려 베를 짜고 있으며[55)]
百犬聞風只吠聲. 바람에 백견이 짖으나 들리는 소리는 단지 개소리 뿐이다.[56)]

라 한 것이 비록 참소하고 비방하는 것을 상하게 했으나 지나치게 원망하고 비방했다. 우암尤庵 송시열宋時烈의 시에 말하기를,

上天手摘星辰易 하늘에 올라 손으로 별은 따기 쉬우나
處世人無毁謗難. 살면서 비방함이 없게 하기는 어렵다.

라 했는데, 말이 매우 감상적이고 혼후하여 노출이 되지 않았다. 양파陽坡 정태화鄭太和가 관서關西 지방을 안찰할 때 춘첩시春怗詩의 끝 구에,

關西老伯閒無事 관서의 늙은 방백이 일이 없어 한가해
醉倚春風點紛紅. 취해 봄바람에 의지해 분홍빛을 살펴본다.

라 했으니, 무한의 기상이 있어 사십 년 동안 국가의 중요한 축이 되어 부귀를 하게 된 것이 모두 위의 시 한 구 가운데 있다.

---

55) 孔子 제자인 曾子와 성명이 같은 사람이 사람을 죽였는데 그때 증자 어머니는 집에서 베를 짜고 있었다. 두 사람이 차례로 와서 증자가 사람을 죽였다고 했으나 증자의 어머니는 내 아들이 그렇게 하지 않을 것이라 하며 베를 계속 짰는데 세 번째 사람이 와서 말하니 북을 버리고 도망을 갔다고 한다.(後漢書) 위의 구句는 이 내용을 반영한 것이다.
56) 이 句도 典故가 있는 말인 듯한데 出典을 보지 못해 이해가 어렵다.

춘소春沼 신계량申季良은 명明나라 시를 배웠다. 나와 같이 삼청동三淸洞에 놀러 가서 취해 돌아와 시를 지어 보았는데 말하기를,

抱病尋常不啓扉 병이 있어 보통 사립문을 열지 않는데
忽驚春事雨中非 갑자기 봄일이 빗속이 아닐까 겁낸다오.
寧嫌沾濕花間過 꽃 사이를 지나다가 옷이 젖는 것을 혐의할지언정
却喜翩聯醉裡歸 오락가락 취해 돌아오는 것이 기쁘다오.
詞客彩毫干氣像 사객詞客의 아름다운 무늬의 붓은 기상을 구하며
佳人寶瑟怨芳菲 가인佳人의 보배로운 비파는 좋은 향기를 원망한다.
君看天地風塵起 자네는 천지에 풍진이 일어나는 것을 보라
趁日淸遊且莫遣. 날을 좇아 청유하는 것을 보내지 마오.

라 하여 노성老成함이 좋은데 불행하게도 일찍 세상을 떠나 아깝다.

이지백李知白은 이천梨川의 서손庶孫이며 시재詩才가 민첩했다. 내가 젊었을 때 같이 산에 가서 있었는데 그가 강운强韻에도 잘 짓는다고 스스로 자랑했다. 내가 망건網巾을 제목으로 하고 공蛩, 공銎, 용庸 석 자를 불렀더니 바로 응해 말하기를,

巧似蜘蛛織似蛩 교묘함은 거미같고 짠 것은 귀뚜라미 같으며
細嫌針孔濶嫌銎 가는 것은 바늘구멍과 넓은 것은 도끼를 혐의한다.[57)]
朝來歛盡千莖髮 아침이면 많은 털을 모두 거두어 와서
烏帽紗巾作附庸. 검은 모자에 수건을 만들어 덧붙였다.

라 하니 앉아있던 사람들이 모두 그 교묘함에 탄복했다. 세상 사람들은 내가 지은 것으로 알고 있으나 사실이 아니다.

백옥伯玉 김시진金始震은 비록 시에 힘쓰지 않았으나 묘하게 이

57) 起 承 兩句는 표현은 정교한듯 하나 이해는 쉽지 않다.

해하는 것이 법에 있기 때문에(묘해재법妙解在法) 절구絶句에는 간혹 좋은 시가 있다. 그의 유산시遊山詩에 말하기를,

閒花自落好禽啼 한가한 꽃은 스스로 지고 꾀꼬리는 울고
一道淸陰轉碧溪 가는 길에 맑은 그늘이 푸른 내로 바뀐다.
坐睡行吟皆得句 앉으면 졸고 가면 읊어 괜찮은 구를 얻었으나
山中無筆不須記. 산중에 붓이 없어 쓰지 못했다.

라 했다.

호남湖南에는 글을 잘하는 선비들이 많았다. 어떤 사람이 한거閑居를 제목으로 한 시에 말하기를,

黃牛飽齕無餘念 누런 소는 배부르게 먹었으니 다른 생각이 없고
白鷺閑眠有底愁 백로는 한가하게 졸고 있으나 속에 근심이 있다.

라 했는데, 말이 매우 맑고 상쾌한데 이름을 잊은 것이 아깝다.

북정北汀 홍처량洪處亮은 스스로 전해오는 드문 시격詩格이 있다고 말했는데 그의 곡자시哭子詩에,

靈帷盡掩暗生塵 휘장으로 모두 가리니 먼지도 일지 않으며
寂寞虛堂酒果陳 쓸쓸한 빈 집에 주과만 놓여있다.
床有借來詩卷在 상에 빌려온 시권詩卷이 있었는데
婦人收取哭還人. 부인이 거두어 울며 돌려주었다.

라 했는데, 옛 시에 접근했음을 알겠고 사람으로 하여금 슬프게 한다.

임탄林坦은 백호白湖 임제林悌의 손자이다. 만우시挽友詩에 말하기를,

風流處士別孤山 풍류 있는 처사가 고산孤山을 이별하니
雪滿溪橋鶴影寒 눈이 가득한 시내 다리에 학의 그림자가 차다.
一片詩魂招不得 한 조각 시혼을 불러도 얻지 못했는데
先春應共早梅還. 봄 먼저 일찍 핀 매화와 함께 돌아오겠지.

라 했는데, 운이 맑고 뜻은 처량하다고 하겠다.

류도삼柳道三은 독서를 많이 했고 시재詩才가 있었다. 그의 고란사시皐蘭寺詩에 말하기를,

逍遙百濟舊山河 백제의 옛 산하를 거닐어 다니다가
擧目其如慷慨何 눈을 들어보니 그 강개함을 어찌하랴.
伯業長空孤島沒 백업伯業 장공長空도[58] 고도孤島에 빠졌고
繁華廢寺一僧過 번화했던 폐사에 한 스님이 지나간다.
層巖花落春無跡 높은 바위에 꽃이 떨어지니 봄은 흔적도 없고
古渡龍亡水自波 옛 건너던 곳에 용은 없고 파도가 인다.
最是隔江明月夜 가장 강 건너 달 밝은 밤에
不堪風送後庭歌. 바람이 보낸 후정가後庭歌에 견디지 못하겠다오.

라 했는데, 운을 고른 것이(조운調韻) 맑고 고와 외울 만하다.

이백길李伯吉 사명師命이 호남에 안찰로 임명되었다가 돌아올 즈음 시를 기생이 가지고 있는 부채에 써 말하기를,

榴花初綻日如年 석류꽃 처음 필 때 낮이 길어
蟬翼羅彩擁髮編 비단 채색으로 매미 날개처럼 머리를 묶었다.
歡意已隨衣漸薄 즐거운 생각은 옷을 따라 점점 얇아지고
好緣那得扇長圓 좋은 인연을 어찌 부채 같이 길고 둥글게 얻으랴.

---

58) 伯業은 다른 의미가 없는 듯하고 여러 사람의 字로 쓰였으나 여기서는 누구인지 알 수 없다. 그리고 長宮도 애매하므로 원문대로 옮긴다.

秋來篋笥渾無賴 가을이 되자 상자에 전혀 믿을 것이 없어
別後腰肢任可憐 이별한 후 허리와 팔다리가 가련하게 되겠다.
留與他人饒樂事 다른 사람에 즐거운 일을 머물러 주고자 하면
且將新曲度新絃. 또 신곡을 가지고 새로운 줄을 생각해야 한다.

라 했는데, 그 재주를 볼 수 있겠다.

윤렴尹濂 제천堤川이 금강산 스님을 만나 차축중운次軸中韻의 시에 말하기를,

明月葉山夜 엽산의 밝은 달이 비치는 밤에
適來何處僧 마침 스님은 어느 곳에서 왔나뇨.
歸程指蓬島 돌아갈 길은 봉래도인데
笻外玉層層. 지팡이 밖은 산봉우리가 층층이라오.

라 했는데, 김익렴金益廉이 보고 놀라며 말하기를 적래하처승適來何處僧 한 구句가 바로 절조絶調라 했다.

홍수주洪受疇 구언九言이 경주慶州를 맡게 되어 떠날 때 차인별시次人別詩에 말하기를,

樽酒城隅送客行 두루미 술로 성 모퉁이에서 가는 손을 보내니
菊花楓葉滿中庭 국화와 단풍이 뜰에 가득하다.
關河西北山常白 관하의 서북쪽 산은 항상 희고
天地東南海自青 천지의 동남에는 바다가 푸르다.
敢言六年險道路 감히 말하노니 육 년 동안 험한 길이었고
不堪千里遠朝廷 천리로 조정과 멀어지니 견디지 못하겠다.
丈夫輕別出門去 장부가 이별을 가볍게 여기고 문을 나서 가니
匣裡秋蓮影拂星. 갑 속 가을연의 그림자가 별빛을 흔든다.[59]

라 했는데, 가락이 맑고 말이 장하다.

이관해李觀海는 금강산을 유람하면서 한 구句를 얻었는데 말하기를,

千崖駐馬身全倦　천 길 절벽에 말을 세우니 전신이 피곤하며
老樹題詩字未成.　고목에 시를 쓰니 글자를 이루지 못했다.

라 했는데, 청음淸陰 김상헌金尙憲이 미未 자字를 반半 자字로 고치자 갑자기 정신이 난다.

사포沙浦 이지천李志賤이 젊었을 때 좋아하는 기생이 있었다. 어느 날 찾아 갔더니 기생은 없고 거문고만 벽에 결려 있었다. 사포沙浦가 시 한 수를 써놓고 돌아왔는데 십 년이 지난 뒤에 사포沙浦가 호남湖南으로 여행을 하면서 여관에서 한 여인을 만났는데 얼굴은 쇠했으나 아직도 고운 점이 있었다. 그 여인이 사포沙浦에게 "공公이 이모李某가 아닌가" 하며 물었다. 그렇다고 하니 그 여인이 말하기를 "공公이 옛날 좋아했던 기생 아무개를 기억할 수 있겠느냐 내가 그 기생의 친구인데 공公이 아직도 벽에 써놓은 시를 잊지 않고 있느냐 내 친구는 지금 이 세상에 없으며 나는 또한 늙어 무당이 되어 남쪽 지방으로 떠돌아다니고 있으면서 꿈같은 지난 일을 좇아 생각한다"고 하며 인해 눈물을 흘렸다. 사포沙浦가 말하기를 "네가 내 시를 기억하겠느냐" 하니 그 여인이 바로 외웠는데 그 시에 말하기를,

碧窓殘月曉仍在　푸른 창에 남은 달빛은 새벽까지 있으며

---

59) 이 句는 이해를 하지 못해 해석을 어떻게 할지 모르겠다.

曲渚輕蘭漸覺秋 굽은 냇가의 난초에 점점 가을을 느끼겠다.
斜抱玉琴彈不得 거문고 빗겨 안고 타지를 못했으니
祗今離恨在心頭. 지금도 이별의 한이 마음에 남아있다.

라 하고 그 여인이 인해 적삼을 벗어 한 수의 시를 얻고자 한다고 했다. 사포沙浦가 지어주었는데 말하기를,

越羅衫袂動生香 비단 적삼 소매에 향내가 나며
嫋嫋纖腰一掬强 약하고 가는 허리 힘껏 안았다.
晩入巫山作神女 늦게 무산巫山으로 들어가서 신녀神女가 되었으니
時隨行雨下高唐. 때를 따라 비가 되어 고당高唐에 내린다.[60]

라 했다.

옛날이나 지금에도 학문에 깊은 선비들은 부지런히 하여 이루어진 것이 아님이 없다. 우리나라에서도 문장으로 크게 알려진 인물들에서 많이 읽은 자를 분명히 헤어 볼 수 있다. 괴애乖崖 김수온金守溫은 문을 닫고 글을 읽으면서 밖을 엿보지 않았기 때문에 뜰에 내려 낙엽을 보고 비로소 가을임을 알았다고 했다. 허백虛白 성현成俔은 낮에는 읽고 밤에는 외워 손에 책을 놓지 않았으며 측간에 가서 간혹 돌아오는 것을 잊었다. 탁영濯纓 김일손金馹孫은 한유韓愈의 글을 천 번이나 읽었고, 윤결尹潔은 『맹자孟子』를 두루 천 번이나 읽었다 한다.

소재蘇齋 노수신盧守愼은 『논어論語』와 두시杜詩를 이천 회를 읽었고, 백호白湖 임제林悌는 『중용中庸』을 팔백 번이나 읽었으며,

60) 전,결 양구는 巫山에서 神女를 만나 정사가 이루어졌다는 설화를 반영한 것임.(巫山雲雨)

간이簡易 최립崔笠은 『한서漢書』를 오천 번, 항적전項籍傳만을 만 번 읽었다고 한다. 창주滄洲 차운로車雲輅는 『주역周易』을 오백 번을 읽었고, 동악東岳 이안눌李安訥은 두시杜詩를 수천 번이나 읽었다고 하며, 어우於于 유몽인柳夢寅은 『장자莊子』와 유종원柳宗元의 글을 수천 번이나 읽었으며, 동명東溟 정두경鄭斗卿은 사마천 『사기史記』를 수천번 읽었다고 한다.

나는 본디 노둔하여 읽은 바가 다른 사람의 배가 되어 사마천司馬遷의 『사기史記』와 한유韓愈 유종원柳宗元 같은 글을 초록하여 만여 번이나 읽었는데 그 중에 『백이전伯夷傳』을 가장 좋아하여 일억 일만 삼천 번이나 읽어 드디어 내 서재의 소와小窩라 이름한 것을 억만재億萬齋라 했다. 지난 경술년庚戌年에 전국이 크게 흉년이 들었고, 다음해 역질이 크게 유행하여 도시와 실골에 시체가 그 수를 알 수 없을 정도로 쌓여 있었다. 어떤 사람이 나에게 희롱해 말하기를 금년에 죽은 사람과 자네가 책을 읽은 수와 어느 것이 많겠는가 했다.

허균許筠은 석주石洲 권필權韠의 시를 평해 말하기를 "화장을 하는데 햇빛을 막는 것을(알운遏雲) 하지 않고 절대가인이 우조羽調[61]와 계면조界面調[62]의 노래를 부르는데 곡이 끝나기도 전에 일어나 간다"고 했는데, 대개 그것은 그의 시어詩語가 좋아 오래되어도 잊지 아니한다고 한 것이다.

창주滄洲 차운로車雲輅가 동악東岳 이안눌李安訥의 시를 평해 말하기를 "형악衡岳에 구름이 없고 동정호洞庭湖에 파도가 일지 않는 것과 같다."고 했는데, 대개 그의 시격詩格이 뛰어나게 크고 아름다

61) 五音의 하나. 五音은 宮, 商, 角, 徵. 羽.
62) 슬프고 비장한 느낌을 주는 가락.

움도 적지 않지만 조화造化의 뜻이 적다고 했다.

광해군光海君 때 시에 능하다고 하는 사람은 유몽인柳夢寅 허균許筠 박정길朴鼎吉 몇 사람이다. 유몽인柳夢寅의 글은 진실로 기이하나 시가 산문散文에 미치지 못하고, 허균許筠의 재주는 참으로 미치기 어려우나 시격詩格이 크게 높지 못해 형과 누이보다 아래였다. 그러나 그의 궁사宮詞 백百 수首는 가히 기묘하다고 이를 만 하나 음운音韻이 모두 본체本體에 합치되지 못했다.

박정길朴鼎吉은 애김응하哀金應河의 한 절구를 가장 잘 지었고, 이 작품 이외는 이를 만한 작품이 없다. 박엽朴燁은 작자가 아니지만 가저금고별리난歌低琴苦別離難이라 한 절구는 뛰어난 가락이라고 할 것인데, 혹은 이르기를 시마詩魔가 있어 그렇다고 했다. 모든 체가 다 갖추어졌고 묘하게 풀고 옆으로까지 통한 것은 허균許筠과 같은 자는 있지 않을 것이다.

택당澤堂 이식李植은 행문行文과 여문儷文까지 겸해 잘하지 않은 것이 없으나 시는 격格이 매우 높지 않지만 여러 체를 모두 갖추었다. 일찍 말하기를 내 글은 자객刺客이 간인奸人을 짧은 칼로 찌르는데 가장 긴요한 곳을 찔러 죽인다고 했으니 말은 간단하나 뜻은 정밀하다고 하겠다.

체소體素 이춘영李春英은 본디 많이 읽고 넓게 배웠으나 시가 정밀하게 다듬어지지 못했는데, 영보정永保亭에서 지은 여러 편의 시와 같은 것은 읍취헌挹翠軒박은朴誾과 월사月沙 이정귀李廷龜 시를 이을 만하다. 그의 시가 편편하게 펼쳐져 수가촌水家村[63]의 시와 같고 조직은 비단 같다고 했다.

시詩를 아는 것이 시를 짓는 것보다 어렵기 때문에 예부터 시에

---

63) 어떤 의미인지 알아보지 못했다.

능한 자가 모두 시를 선발하는 것이 어렵다고 한다. 내가 선배들을 통해 들으니 석간石澗 조운흘趙云仡이 편한 바 『삼한시귀감三韓詩龜鑑』은 빠지고 간략한 바가 많고, 몽와夢窩 유희령柳希齡의 『대동시림大東詩林』은 완고함을 면하지 못했다. 사가四佳 서거정徐居正의 『동문선東文選』은 바로 하나의 유취類聚이며 또한 선법選法이 아니다. 양곡暘谷 소세양蘇世讓의 『속동문선續東文選』은 취하고 버리는 것이 바르지 못해 좋아하고 미워한 것에 말미암은 것이며, 점필재佔畢齋 김종직金宗直의 『청구풍아靑丘風雅』는 버리고 취한 것이 분명하지 못해 요령을 얻지 못했다. 오직 허균許筠의 『국조시산國朝詩刪』은 택당澤堂 이식李植을 비롯한 제공諸公들이 모두 좋다고 했고, 시를 가리는 것(간시揀詩)에 많이 유행한 것은 대개 국조시산 때문이다. 그러나 그 가운데 귀작鬼作이라고 한 것이 이수二首와 가야산선녀시伽倻山仙女詩 및 이현욱李顯郁의 시는 모두 옛 사람이 지은 바이다. 내가 그것을 지적해 보여 그 망령됨을 깨고자 한다. 선녀시仙女詩는 바로 국초國初의 인물인 도원여都元輿가 지은 바 차임춘운次林椿韻이라한 시로서 『여지승람輿地勝覽』에 기록된 것이다. 그 시에 말하기를,

金碧樓明壓水天　금벽루가 밝아 물과 하늘을 눌렀는데
昔年誰搆此峯前　옛날 누가 이 봉 앞에 지었을까.
一竿漁父雨聲外　낚싯대 잡은 어부는 빗소리 밖에 있고
十里行人山影邊　십 리를 가는 사람은 산 그림자 가에 있다.
入檻雲生巫峽曉　난간에 들어서니 무협 새벽에 구름은 생기고
逐波花出武陵烟　파도에 좇기자 꽃은 무릉 연기쪽으로 나간다.
沙鷗但聽陽關曲　사장의 백구는 단지 양관곡[64]만 들었으니

64) 唐의 王維가 지은 送元二使安西의 시 結句에 西出陽關無故人이라 했는데 이

那識深愁送別筵. 어찌 깊은 근심에서 송별하는 자리를 알겠느냐.

라 했는데, 이 시는 왕양명王陽明[65]이 지은 바로서 그의 본집本集에 실려 있다. 또 주천현酒泉縣 칠률七律은 기재企齋 신광한申光漢의 시로서 이미 본집에 실려 있는데 복재服齋 기준奇遵의 칠절七絶 가운데 잘못 실려 있다. 제승축시題僧軸詩에,

疎雲山口草萋萋 성긴 구름으로 산 입구의 풀은 무성하고
夜逐香烟度水西 밤에 향불을 좇아 수서水西를 건넌다.
醉後高歌答明月 취해 고가高歌로 밝은 달에 답하며
江花落盡子規啼. 강변 꽃은 다 떨어지고 자규만 운다.

라 한 시가 권석주權石洲에 매여 있고 본집本集에는 실려 있지 않다. 시산구본詩刪舊本을 고찰해 보면 바로 이영李嶸의 시라 했다.

옛날부터 시를 뽑는 자는 박식하고 생각이 넓다 해도 취하고 버리는 것을 정밀하고 확실하게 하는 것은 진실로 어렵다. 근세 호곡壺谷 남용익南龍翼은 새로이 우리나라 풍아風雅, 시산詩刪, 시화詩話 등에서 모으고, 또 근대시에서 취해 모아 하나의 책으로 하여 이름을 『기아箕雅』라 하고 스스로 서문을 쓰면서 선배들이 뽑은 시에 잘못한 것을 차례로 논했는데, 대개 자신이 선발한 것을 가장 정밀하다고 스스로 생각했다. 그러나 내가 관찰한 것으로는 취하고 버리는 것을 명예와 실상에서 잘못했고 좋아하고 미워하는 것과 친하고 성긴 것에 치우쳐 향기가 있고 석은 냄새가 나는 풀이 뒤섞

시를 送別하면서 부르며 陽關曲이라 했다. 陽關은 서역西域의 地名이라 함.

65) 明의 정치가이며 학자인 王守仁의 자. 그의 학설은 陽明學 知行合一說을 주장했다.

여 있으며, 또한 작자의 성명에 대해서도 많이 틀린 기록이 있다. 그 가운데 여인들에서 이옥봉李玉峯의 춘일유회春日有懷의 율시律詩는 바로 난설헌蘭雪軒 허씨許氏의 시로서 그의 문집에 실려 있다. 그 시에 말하기를,

章臺迢遞斷腸人	장대章臺[66]는 멀고멀어 사람의 창자를 끊는데
雙鯉傳書漢水濱	두 마리 잉어는 한강 가에서 글을 전한다.
黃鳥曉啼愁裡雨	근심 속 내리는 비에 꾀꼬리는 새벽에 울고
綠楊晴裊望中春	푸른 버들은 망중의 봄에 맑게 간들거린다.
瑤堦寂歷生春草	고요한 계단에는 봄풀이 돋고
寶瑟凄凉閑素塵	비파는 처량하고 흰 먼지는 한가하다.
誰念木蘭舟上客	누가 목란주에 탄 손을 생각하며
白蘋花滿廣陵津.	흰 마름꽃은 광릉 나루에 가득하다.

라 했다. 또 김만영金萬英이 읊은 사고시西菰詩는 바로 옥호자玉壺子 정성경鄭星卿이 지은 것인데 역시 그의 문집에 실려 있다. 그 시에 말하기를,

色似靑天初霽後	색깔은 처음 갠 후의 푸른 하늘같고
形如太極未分前	형상은 태극太極이 나누어지기 전과 비슷하다.
擘破丹心香露滴	나누니 붉은 속에 향기 있는 이슬이 맺혀 있어
相如從此懶尋泉.	상여相如[67]가 이로부터 샘을 찾는데 게을러졌다.

라 했고, 또 권협權韐의 은산시殷山詩에,

---

66) 춘추전국시대에 秦나라의 咸陽에 있는 궁전. 화려한 궁전을 말함.
67) 漢나라의 문인 司馬相如로 짐작된다. 이 시와 상관되는 내용은 알아보지 못했다.

首陽亦周土　　수양산首陽山도 또한 주나라 땅이며
薇蕨累淸風　　고사리는 청풍과 얽히었다.
若解殷山在　　만약 은산殷山[68]이 있는 것을 알았다면
應先箕子東.　　분명히 기자箕子 먼저 동으로 왔을 것이다.

라 했다. 이 시가 석주石洲 오형제五兄弟의 『연주록聯珠錄』에 실려 있지 않은데 호곡壺谷이 어디로부터 얻었을까.

신방申昉의 『둔암시화屯菴詩話』에 말하기를 명明나라의 시집詩集에 우리나라의 시를 기록한 것이 매우 많은데, 조선조에서 대가인 박은朴誾, 노수신盧守愼의 시들이 기록하는데 들어가지 못했고 허난설헌許蘭雪軒의 시가 가장 많다. 이렇게 된 것은 대개 우리나라에 온 사신 주지번朱之蕃에게 허균許筠이 기록해서 준 것이다. 허균이 그때 주지번으로부터 인정을 받았는데, 주지번이 우리나라 시를 보고자 했을 때 이것이 진실로 하나의 기회였으나 허균이 기록한 바는 자신과 서로 친한 사람과 부녀자들의 작품이었고, 다른 작가들의 맑고 준걸스럽고 깨끗한 말들의 시를 중국에 알리지 못했으니 극히 개탄스럽다고 했다.

설정雪汀 이흘李屹이 봉은사奉恩寺에서 사람을 기다렸으나 오지 않아 시를 지었는데 말하기를,

晴沙一掉濟川湄　맑은 사장에 돛으로 내를 건넜다가
解纜東風泝上遲　동풍에 닻줄 풀고 거슬러 오르니 더디다.
孤島落花春去後　고도는 봄이 간 후에 꽃이 떨어지고
二陵芳草夕陽時　석양 즈음 두 능에 풀이 아름답다.
仙槎往蹟經年夢　떼배로 사적 찾아 가는 것이 지난해의 꿈이었으며

68) 땅 이름인 듯한데, 이 시와 상관되는 내용은 알아보지 못했다.

蕭寺香燈此夜期　소사의 향등은 이 밤을 기약했다.
怊悵別懷難忍處　슬픈 이별을 품고 참기 어려운데
曉窓殘月子規枝.　새벽 창 자규가 있는 가지에 남은 달이 비친다.

라 했는데, 말이 맑고 뜻이 주밀해 당운唐韻을 얻은 듯하다.

상포霜浦 윤돈尹暾은 월정月汀 윤근수尹根壽의 끝에 아들이다. 십 팔 세에 일찍 죽었는데, 시의 가락이 맑고 놀랄만 하여 조금도 속된 기운이 없었다. 그의 시 두서너 편의 아름다운 것을 들어보고자 한다.

踈雨滴梧桐　　성긴 비는 오동잎에 떨어지고
秋聲亂蟋蟀　　가을 소리가 귀뚜라미를 어지럽힌다.
山窓客夢回　　산창에 손이 잠을 깨어
卽詠逢壺月.　　바로 둥근 달을 만나 읊는다.

라 했으며, 하나에 말하기를,

山外杜鵑聲　　산외에 두견새 울고
東風三月暮　　동풍에 삼월도 저물다.
中宵客夢醒　　밤중에 손이 잠에서 깨니
月滿梨花樹.　　달빛이 배꽃나무에 가득하다.

라 했으며, 또 말하기를,

碧水三千里　　푸른 물은 삼천리를 흐르며
青雲九萬程　　청운은 구만리 길이라오.
瑤臺明月夜　　요대에 밝은 달밤에

笙鶴夢中聲. 저 소리의 학은 꿈속에 들린다.

라 했으며, 그의 억우憶友에 말하기를,

三山仙子昔相逢 삼산의 신선들은 옛날 서로 만났는데
鶴背冷然萬里風 학의 등에 만 리의 찬 바람이 분다.
一別千年消息斷 이별한 지 천 년 동안 소식이 끊어져
海天回首彩雲空, 해천海天으로 머리 돌리니 채색 구름이 걷혔다.

라 했다. 그리고 두보杜甫의 추흥시秋興詩에 비겨 지은 시에 말하기를,

碧樹經霜成錦林 푸른 나무에 서리가 지나자 비단 숲을 이루었고
楚山秋氣曉森森 초산의 가을 기운이 새벽에 삼삼하다.
孤城乍過千峰雨 고성을 잠깐 지나니 많은 봉우리에 비가 내리고
片帆長留萬壑陰 조각배가 길게 머물자 구렁마다 컴컴하다.
黃菊花前憂國淚 국화꽃 앞에 우국하는 눈물 흘리고
玄猿聲裡憶鄕心 검은 원숭이 우는 소리 속에 고향을 생각한다.
寒衣未授常爲客 겨울옷을 입지 못하고 항상 나그네 되었으나
應有佳人詠藁砧. 분명히 가인이 내 시를 읊으며 다듬이 하리라.

라 했다.

권극중權克仲은 호남 사람이었는데 호는 청하淸霞이다. 시詩의 격格이 매우 맑았다. 그의 등루시登樓詩에 말하기를,

長川水落見沙洲 긴 내에 물이 떨어지자 모래섬이 보이며
倦客登樓百尺臨 게으른 나그네 높은 누에 올랐다.
安得酒未消悄悄 어찌 술로써 근심을 풀지 못하랴

聊自詩就遣悠悠 스스로 시를 짓는 것으로 한가하게 보내기를 바라오.
孤雲獨峀當斜日 고운이 홀로 산골에서 지는 해를 맞이하며
小雨殘虹作晩秋 남은 무지개와 적은 비가 늦가을을 느끼게 한다.
一陣西風臨鴈下 서풍에 한 무리의 기러기가 아래로 내려오고
渚邊枯柳葉颼颼. 물가의 마른 버들잎에 바람 소리 들린다.

라 했다. 공사宮詞에 말하기를,

春聲霽色動樓臺 봄소리와 갠 빛이 누대를 움직이고
上苑瓊林錦繡堆 공원의 아름다운 숲에 비단 무늬가 쌓였다.
當午內官催索杖 한낮이 되자 내관이 지팡이를 재촉해 찾더니
賞花仙馭不時來. 갑자기 꽃을 구경하러 수레가 온다.

라 했고, 또 말하기를,

合殿回廊白日遲 합전合殿 곁채에 햇빛이 늦게 들고
東風時動萬年枝 동풍이 때때로 오래된 가지를 흔든다.
深深簾幙無人見 깊은 주렴에 사람은 보이지 않고
帳額同心結自垂. 휘장에 함께 수를 놓아 드리웠다.

라 했고, 산행시山行詩에 말하기를,

翳葉鳴蟬秋日斜 숲속에 매미가 울고 가을해는 비꼈으며
行行谷口訪人家 가면서 골짜기 입구에 인가를 찾고자 했다.
人家應在不深處 인가가 분명히 깊지 않은 곳에 있을 것인데
山麓風搖蒿麥花. 산기슭에 다북쑥 꽃이 바람에 흔들린다.

라 했다.

윤정尹渟은 문과에 장원했고 벼슬은 전랑銓郎을 했다. 동서東西로 나누어지던 때를 당해 서로 이름을 다투던 자가 부방浮榜으로 흠을 잡았으나 공公은 스스로 변명하려 하지 않고 시를 지어 말하기를,

弊履堯天下	해진 신발은 요임금 천하에 신었고
清風有許由	맑은 바람은 허유許由[69]도 있었다.
分中無棄物	나누어지는 가운데 버릴 물건이 없는데
猶挈自家牛.	오로지 자기 집 소만 몰았다.

라 하니, 흠잡던 자가 부끄럽게 여기고 승복했다고 한다.

호곡壺谷 남용익南龍翼은 아이 때 시재詩才가 출중했다. 어른들이 잠蠶 자字로서 제목으로 하여 시를 짓게 했더니 바로 응해 지었는데 그 함련頷聯에 말하기를,

稚引墨脣迎綠葉	어릴 때는 검은 입술로 녹색 잎을 맞아 끌었고
老拖黃腹上靑梯.	늙어서는 누런 배를 붙이고 청색 사다리에 올랐다.

라 했고, 말구末句에 말하기를,

失却眞形因化蝶	참형상을 잃게 되자 인해 나비로 변했으니
却疑莊叟夢迷長.	장수莊叟[70]의 꿈이 길어 혼미함을 의심한다오.

라 하니, 장로長老들이 가상히 여기며 잇달아 말하기를 "이 아이가

69) 堯임금 때 인물로서 요임금이 양위를 하겠다고 했으나 받지 않겠다고 하고 물러난 인물.

70) 莊子가 아닌가 짐작되나 이 구와 상관되는 꿈은 알아보지 못했다.

일찍 맑고 요긴한 벼슬을 하겠지만 말구末句에서는 끝까지 부귀를 보장하지 못할 형상이라"고 했다. 공公이 이십일 세에 과거에 급제했고 늙어서는 높은 위품에 올랐는데 뒤에 간악한 무리들에 얽힌 바 되어 북쪽 변방으로 유배되었다가 세상을 떠났으니 장로長老들의 말이 과연 증험하는 바가 되었다.

『홍허백집洪虛白集』에 말하기를 소동파蘇東坡가 팽성彭城에 있을 때 왕정국王定國이 장차 남도南都로 돌아가고자 했는데, 그때 동생인 소철蘇轍이 송막宋幕에 있었다. 동파東坡가 취해 한 절구를 지었는데 말하기를,

王郎西去路漫漫　왕랑王郎이 서쪽으로 가는 길은 아득한데
野店無人霜月寒　야점野店에 사람은 없고 달빛에 서리는 차다.
涙濕粉牒書不得　분첩이 눈물에 젖어 글을 쓸 수 없으니
憑君送與卯君看.　그대에 의지해 동생이 보게 보낸다네.

라 했다. 소재蘇齋 노수신盧守愼이 유배되어 있으면서 그곳을 찾아온 동생과 헤어질 때 지은 시에 말하기를,

長枕欹危夢未闌　자면서도 불안해 깊은 꿈을 꾸지 못하며
杏花微雨渭城寒　살구꽃에 가는 비로 위성渭城이 차겠다.
明朝楊柳千條綠　내일 아침이면 버들은 가지마다 푸르겠고
人在樓頭路漫漫.　누 머리에 있는 사람은 길이 멀다오.

라 했는데, 두 시의 정경과 운어韻語가 너무나 비슷하다.

퇴도선생退陶先生의 시에 말하기를,

花發巖崖春寂寂 낭떠러진 바위에 꽃이 피고 봄은 고요하며
鳥鳴澗水水潺潺 시냇물에 새가 울고 물은 천천히 흐른다.
偶從山後携童丱 아이를 데리고 우연히 산 뒤로 갔다가
閑到山前問考槃. 한가하게 산 앞에 와서 고반考槃[71]을 묻는다.

라 했는데, 욕기浴沂의 기상이 있다.

남이성南二星 판서判書의 호는 의졸宜拙이다. 갑인년甲寅年에 의례議禮한 여러 신하들을 구하고자 하다가 섬으로 유배되었다. 당黨 세력에 아부하는 자로 성명술星命術에 통한 자가 공에게 글을 부쳐 말하기를 공公은 금년에 액운이 있으니 술잔이 매우 방해가 된다고 했다. 공公이 시로써 답해 말하기를,

萬事懶從詹尹卜 만사에 첨윤詹尹의 점을 좇는데 게으르며
一生長恨楚臣醒. 일생 동안 초나라 신하의 깬 것을 길이 한한다.

라 했으니, 그가 정밀하고 간절하며 높고 강함이 이와 같았다.

어떤 선비가 갈산葛山의 점포에서 자고 새벽에 일어나 출발하고자 하는데, 그때 상인들 삼사 인이 같이 콩을 말에 싣고 가다가 짐을 부리고 앉았다. 그 상인들 가운데 한 사람이 주머니에서 붓과 먹을 내어 절구絶句 한 수를 써 같이 가는 사람들에 보이는데 그 시에 말하기를,

店樹溪雲曉色悽 상점 나무와 시내 안개에 새벽빛이 처량하고
行人秣馬第三鷄 가는 사람은 말을 먹이고 닭은 세 번째 울었다.[72]

71) 산골이나 냇가에 집을 지어 마음대로 즐길 수 있는 것.
72) 시계가 없을 때 새벽에 닭 우는 것이 일정하기 때문에 시골에서 첫 닭,

阿郎販豆京城去 남편은 콩을 팔러 서울로 가고
少婦舂還月在西. 젊은 부인은 절구질하고 돌아오는데 달이 서쪽에 있다.

라 했는데, 한 사람이 시를 쓴 종이를 취해 그 밑에 써 말하기를,

夫婿遠去 남편은 멀리 장사하러 가고
少婦獨宿 젊은 부인은 홀로 잔다.
落月在西 지는 달은 서쪽에 있고
四隣俱寂 사방 이웃은 모두 고요하다.
得無惡少年 나쁜 소년으로부터
可笑之事乎. 가히 웃을 만한 일은 없을까.

라 하고 서로 더불어 같이 웃었다. 그 선비가 창으로 그것을 보고 크게 놀라 일어났다. 희噫라 재능 있는 자가 상인들 속에 숨어있는 사람이 진실로 있는데 세상 사람들이 보고도 알지 못하니 아깝지 아니한가.

청심루淸心樓는 고려말에 목은牧隱 포은圃隱 두 늙은이와 아조我朝에는 읍취헌挹翠軒 박은朴誾과 여러 인사들이 올라 시를 지었는데 벽에 걸려있는 목로牧老의 시에,

捍水功高馬巖石 물을 보호하여 공이 높은 것은 마암석이요.
浮天勢大龍門山. 하늘에 뜨게 할 만큼 큰 세력은 용문산이라오.

라 한 구가 기세의 웅장함과 곧음이 누의 높이와 다툴 수 있겠고, 다른 사람들의 시들은 모두 좀스러워 볼만한 것이 되지 못하며, 기

둘째 닭 우는 것으로 시간을 짐작했다.

둥 밖에 우암尤庵 송시열宋時烈이 쓴 액자 석 자는 기세가 산악 같아 또한 이 누와 더불어 우수한 것을 다툴 만하다.

어떤 학생이 강독에 참석하지 않았기 때문에 시로써 속죄를 하게 되었는데 선생이 두견杜鵑을 제목으로 했더니 바로 불러 말하기를,

前身自是出蠢魚 전신은 가물치에서 나와
啼向江南誤屬猪 울며 강남을 향하다가 돼지로 잘못 속했다.
邵子當年聞不樂 소자邵子도 당시 듣고 즐거워하지 않아
天津橋上駐蹇驢. 천진교 위에 발을 저는 나귀를 세웠다.[73)]

라 했다.

옛날 천한 기생이 시인을 만나 이름이 썩지 않은 기녀가 진실로 많이 있었는데, 두자미杜子美에서 황사낭黃四娘과, 이의산李義山에서 유지柳枝와, 백락천白樂天에서 상부商婦와 황노직黃魯直에서 국향國香이 그들인데, 어찌 풍치가 있고 멋이 있는 일이 아니겠는가. 여인으로서 크게 행복한 것이다. 근세에 서울의 기생 상림춘上林春이 거문고를 잘해 한 때에 유명했는데 과거에 세 번 장원한 신종호申從濩가 그를 좋아했다. 일찍 시를 주어 말하기를,

第五橋頭楊柳斜 다섯 째 다리 위에 버들이 비꼈고
晩來風雨轉淸和 늦게 온 비바람이 맑고 화창하게 변했다.
緗簾十二人如玉 누런 빛 장막 열 두 폭 속에 있는 사람은 옥 같은데
音鎖詞臣信馬過. 소리가 막혀 사신이 말을 믿고 지나간다.

73) 내용이 난해하여 이해가 쉽지 않다. 邵子는 宋나라 때 象數學者인 邵雍이 아닌가 한다.

라 했다. 그 기생의 나이 칠십이 지나서 이상사李上舍가 그 경치를 그리고 신종호申從濩의 시를 그 위에 쓰고 직위가 높은 분들에 시를 청했다. 호음湖陰 정사룡鄭士龍의 시가 있는데 말하기를,

十三學得猗蘭操 열 세 살에 의란조猗蘭操[74]를 배워
法部叢中見藝成 법부의 무리 가운데 재주가 이루었음을 보였다.
遍接舊遊連密席 옛날 놀던 곳 두루 접하고 엄밀한 자리까지 연했으며
又通官籍奏新聲 벼슬하는 사람을 통해 새 소리를 아뢰었다.
嬌鶯過雨花間滑 고운 꾀꼬리는 비로 꽃 사이 미끄러운 데를 지나가고
細溜侵宵磵鳴底 가는 처마물이 밤에 흘러 냇물이 운다.
才調終慚白司馬 재조가 백사마白司馬에 부끄럽다 할지라도
豈能商婦壽佳名. 어찌 상부商婦만이 아름다운 이름이 오래 가지랴.

라 했고, 모재慕齋 김안국金安國이 지은 한 절구에 말하기를,

容謝尙存傾國手 아직 경국의 솜씨가 있음을 기뻐하며
哀絃彈出夜深詞 슬픈 줄로 야심사夜深詞를 탄다.
聲聲似怨年華暮 나이 저물어 소리마다 원망스러운데
奈爾浮生與老期. 부생이 늙어지는 것을 어찌하리.

라 했다. 희噫라 이 기생의 기이한 만남이 옛 여인의 뒤에 있지 않을 것이다.

석아石娥는 여성위礪城尉의 종이었다. 노래 잘하는 것으로 이름이 있었는데 수월정사水月亭詞에 이른바 절창絶唱 가인佳人이 그였다. 수암守菴 박지화朴枝華의 시에 말하기를,

---

74) 孔子가 지었다는 거문고의 곡 이름. 밑에 白司馬는 白樂天이며 商婦는 그가 좋아했던 기생이다.

主家亭子漢濱秋 한강 변의 가을 주인집의 정자에서
庚月依稀逝水流 초저녁달은 희미하고 물은 흘러간다.
惟有鳳凰天外曲 오직 봉황만은 하늘 밖의 곡이 있어
人間贏得錦纏頭. 인간에 여유가 있게 비단으로 머리를 싸게 한다.

라 했고, 임백호林白湖의 시에 말하기를,

秦樓公子風流盡 진루의 공자는 풍류가 다했고
檀板佳人翠黛殘 단판檀板[75]의 가인은 화장한 흔적만 남았다.
惟有當時歌舞處 오직 그때의 노래하고 춤추던 곳에
春江水月暎朱欄. 춘강과 水月이 붉은 난간을 비친다.

라 했다.

몽와夢窩 김창집金昌集이 강도江都에 머물고 있으면서 문루門樓를 중수하고 낙성한 잔치를 열었는데 삼연三淵 김창흡金昌翕도 자리에 있었다. 장차 시를 짓고자 하는데, 갑자기 누 밑에서 지껄이는 소리가 들리므로 물으니 한 선비가 누에 올라 참석하겠다고 한다 했다. 몽와夢窩가 허락하게 하여 올라와 자리에 앉았는데 의관이 매우 낡아 걸인 같았다. 삼연三淵이 그의 행색을 물으니 그가 마니산馬尼山을 보기 위해 왔다가 이곳에서 큰 잔치를 한다는 말을 듣고 당돌하게 올라오고자 했을 뿐이라고 했다. 삼연이 말하기를 "자네가 이미 산을 구경했다면 반드시 시를 잘 지을 것인데 지은 가구佳句를 읊어보겠느냐" 하고 잇따라 운자韻字를 보이며 술을 대접했다. 그 사람이 말하기를 "가는 길이 바쁘기 때문에 먼저 졸구拙句를 지어드리겠다." 하고 바로 읊어 말하기를,

75) 악기의 이름. 박달나무로 만든 박자를 맞추는 판. 위의 水月은 礪山에 있는 정자 이름이라 한다.

一帶長江擁石門 한 띠의 긴 강이 석문을 안았고
天教形勝護東藩 하늘이 준 좋은 곳이 동번을 보호했다
追思丙子年間事 병자년 사이에 있었던 일을 생각하면
幾斷王孫塞外魂 왕손이 변방 밖의 혼으로 몇이나 끊어졌는가
今日諸公休進酒 오늘 제공들은 술을 마시지 마오
當時大將好傾尊 당시의 대장도 두루미 기울이는 것 좋아했다.
書生袖裡明三尺 서생의 소매 속에 분명히 가진 삼척三尺[76]은
欲向陰山刷舊寃. 음산을 향해 옛 원통함을 씻고자 한다.

라 하여 쓰기를 다하고 바로 갔다. 몽와가 말하기를 "이것은 우리들을 경계하게 하는 것이라" 하고 잔치를 바로 중지했다.

농암農巖 김창협金昌協이 청풍부사淸風府使로 있다가 사직하고 돌아오면서 절구 한 수를 지었는데 말하기를,

烟雨霏霏滿北津 안개비 부슬부슬 북진에 가득하며
江城無限柳條春 강성에 무한한 버들가지는 봄이라오.
孤舟此日遲遲發 이 날 고주孤舟가 천천히 출발하는 것은
半爲屛山半故人. 반은 병산 반은 친구[77] 때문이라오.

라 했다. 그리고 노량진露梁津 삼총三塚 밑을 지나다가 느낌이 있어 지은 시에 말하기를,

颯爽春天變雪霜 상쾌했던 봄 하늘이 눈서리로 변해
蕭條古塚寄綱常 쓸쓸한 옛 무덤에 강상이 전했다.
玉環縱少當時殉 옥환玉環은 당시 순절을 적게 어지럽히고

76) 三尺은 몇 가지 다른 뜻이 있는데 여기서는 칼을 의미하는 것이 아닌가 한다.
77) 여기에서 친구는 權尙夏라고 한다.

碧血猶徵是處藏 푸른 피는 오히려 이곳에 감추어진 것을 밝힌다.
數字荒碑唯有姓 몇 자의 거친 비에 오직 성만 있으나[78]
千秋朽骨尙聞香 천추의 썩은 뼈는 아직 향기가 들린다.
英靈陟降知何所 영령이 어느 곳으로 내리고 오르는 것을 아느냐
錦水東來接露梁. 금수가 동쪽에서 와서 노량에 닿는다.

라 했다. 또 보문암시普門庵詩에 말하기를,

每憶騎牛過翕公 매양 소를 타고 지나는 흡공翕公을 생각하며
夜聽禪誦白雪中 백설이 내리는 밤에 선사의 염불 소리 들었다.
忽驚絶海相逢再 갑자기 먼 바다에서 두 번 서로 만나는 것에 놀라며
更怪精廬舊號同 다시 좋은 집이 옛 집 이름과 같음을 이상히 여긴다.
貝葉題識如昨日 어제처럼 패엽貝葉[79]에 예언을 쓰며
楊枝在手幾春風 손에 있는 버드나무는 몇 번 봄바람을 맞겠는가.
殘年未卜重來此 남은 나이에 이 곳에 다시 올지 알 수 없고
瓶錫他年倘復東. 병석瓶錫[80]하는 다른 해에 다시 동으로 오게 될 지.[81]

---

78) 六臣이 화를 입을 때 한 사람의 의사가 있어(일설에는 梅月堂 金時習이라 한다.) 그 시체를 거두어 매장하고 그 묘 옆에 한 개의 돌에 성만 기록해 묻었기 때문에 荒碑唯有姓이라 했다.

79) 貝多羅葉의 略語라 함.

80) 托鉢과 같은 말이라 한다. 즉 승려가 동냥하는 것.

81) 農巖이 일찍 永平 白雲山에 갔었는데 어느 날 伯氏와 같이 소를 타고 普門庵을 찾았더니 翕然이라는 중이 있어 그의 무리 수십 명과 더불어 精進會를 하면서 새벽까지 염불을 하고 있으므로 마음으로 기쁘게 여겨 오랫동안 잊지 않았다. 지금은 伯氏를 따라 江都에서 우연히 바다 가운데 있는 普門庵이 경치가 매우 좋다고 하여 같이 가서 방문을 했더니 마침 翕師가 그곳에 있어 이십 년 간 기약하지 않았던 곳에서 두 번 만나게 되었고 절 이름도 또 普門이니 진실로 이상하다 하겠다. 翕師가 또 그의 傳燈錄을 내어 놓고 그 책에 쓴 글자를 가리키며 이것이 公이 쓴 것이라고 했다.

라 했다. 청휘각시淸輝閣詩에 이르기를,

羅崔門前客少過 나최문 앞에 지나가는 손이 적으며
君未對酌遂微酡 그대는 잔을 대하지 않았는데 낯이 약간 붉다오.
松巖雨氣流尊斝 송암의 우기는 술통과 잔에 흐르고
水檻泉聲入笑歌 난간의 샘물 소리는 노래하는 데까지 들린다.
白髮已將黃菊晩 백발은 이미 국화와 같이 늦었으며
緇塵曾染素衣多 검은 먼지가 일찍 흰 옷을 많이 물들였다.
祗今始覺休官好 지금에 비로소 관직에서 쉬고 있는 것이 좋음을 깨달았으며
世上浮名在我何. 세상에 뜬 이름이 나에게 있으나 무엇하겠는가.

라 했는데, 역시 천연스러운 기상을 가히 볼 수 있는 듯하다.

삼연三淵 김창흡金昌翕은 시의 격이 맑고 굳세며 풍부하고 여유가 있다. 그의 증금강산시贈金剛山詩에,

象外淸遊病未能 형상 밖의 맑은 유람을 병으로 하지 못해
夢中皆骨玉層層 꿈속에 개골산이 옥으로 층층이 쌓였다오.
秋來萬二千峰月 가을이 오면 만 이천 봉의 달이
應作山僧禮佛燈. 분명히 산승의 예불하는 등이 될 것이요.

라 했다. 유관서오률遊關西五律에 말하기를,

雪岳幽捿客 설악산 깊숙한 곳에 사는 나그네가
關河又薄遊 관하에 또 잠깐 놀았다.

대개 당시 이 글씨로 다른 날 증거가 될 것이라고 했는데 과연 지금 징험이 되었다고 했다. 내가 처음에는 실신해 믿지 않다가 한동안 생각한 나머지 꿈처럼 깨어 감동해 시 한 수를 지어 주었다.

隨身有淸月　　몸을 따르는 맑은 달이 있고
卜夜在高樓　　예정한 밤에는 높은 누에 있었다.
劍舞魚龍靜　　칼춤을 추니 어룡은 고요하고
杯行星漢流　　술잔은 은하수처럼 흐른다.
鷄鳴相顧起　　닭이 울자 일어나 서로 바라보니
留興木蘭舟.　　흥은 목란주에 머물러 있다.[82)]

라 했다. 삼연三淵이 일찍 배로 수호水湖와 제천濟川 사이를 건너게 되었는데 눈에 보이는 인가人家들이 반이나 허물어졌다. 혹은 부엌이 잠겼고 평상도 벗겨졌는데 바라보니 어떤 선비 집에 물이 뜰에까지 가득했으나 그 사이에서 그 선비는 옷을 단정하게 입고 붓으로 글을 쓰고 있는데 표정이 매우 한가해 바람과 물결에 마음이 흔들리지 않는 것 같았다. 짧은 노를 멈추고 묻고자 했으나 배가 갑자기 지나 그림처럼 바라볼 따름이었다. 이에 시를 지어 말하기를,

赤浪高軒及　　붉은 물결이 높은 마루까지 미쳤는데
烏紗好客留　　오사烏紗를 한 호객은 머물러 있다.
蒲桃半簷濕　　포도蒲桃[83)]의 처마는 반이 젖었고
苔草滿庭浮　　이끼풀은 뜰에 가득히 떴다.
自在臨池戱　　스스로 못에 다다라 희롱하고 있으면
蕭然滅水愁　　바빠도 물의 근심을 없게 할 수 있다.
停橈欲有問　　짧은 노를 멈추고 묻고 싶은 것이 있으니
君豈異人否.　　그대가 어찌 이인異人인가.

라 했다. 그때 어떤 선비 및 사람이 상류로부터 같이 배를 타고 내

82) 申恕菴이 評해 말하기를 起頭는 평범(凡)하고 頷聯은 신선(仙)이요 頸聯은 호걸(豪)스럽고 結語는 생각(思)하게 하여 한 편 가운데 四禮가 있다고 했다.
83) 蒲桃는 과일 이름으로 葡萄와 같다고 함.

려오면서 여강驪江에 이르자 바야흐로 운韻을 불러 시를 짓고자 했다. 다른 일행의 손이 옷을 허름하게 입은 사람에게 행장을 지우고 물가 사장에 서 있다가 배를 같이 태워줄 것을 청했다. 선비 무리들이 허락했더니 그 손이 배에 올라 성명을 통할 생각은 하지 않고 뒤에 따로 앉아 때때로 운자韻字를 엿보고 있었다. 선비 무리들이 같이 짓기를 청했더니 그 손이 먼저 한 수 율시律詩를 쓰자 그 자리에 있던 선비들이 모두 넋을 놓았다. 헤어질 때 몰래 행장을 지고 있는 사람에게 물으니 바로 삼연三淵이라 했다. 그 시에 말하기를,

擊汰梨湖山四低　이호梨湖의 파도에 밀리자 사방 산은 낮아졌고
黃驢遠色草萋萋　황려黃驢의 먼 빛은 풀만 무성하다.
婆娑城影淸樓上　너풀거리는 성 그림자는 맑은 누에 오르고
神勒鍾聲白塔西　신륵사 종소리는 백탑 서쪽에서 들린다.
積石波沈龍馬跡　물결에 잠겨 쌓인 돌은 용마의 자취요
二陵春入子規啼　이릉二陵에 봄이 오자 자규가 운다.
翠翁牧老今安在　읍취挹翠와 목은牧隱은 지금 어디에 있나뇨
如此風光不共携.　이같은 아름다운 경치 함께 하지 못했다오.

라 했는데, 삼연三淵이 북관北關에서 지은 여러 편의 작품이 맑고 매우 비장해 모두 기녀妓女들이 부르는 가사에 들어갔다고 한다.

삼연三淵의 북병영시北兵營詩에 이르기를,

古路寒蕪綠未萌　옛 길이 차고 거칠어 푸른 싹이 돋지 않았으며
歸來草色遍龍城　돌아오니 풀빛이 용성에 두루 있다.
風沙馬黑長楡隴　바람과 모래로 장유長楡[84] 언덕의 말은 검고
海日旗紅細柳營　바다의 해로 세류영細柳營[85]의 깃발은 붉다.

84) 중국 漢나라 때 塞方 이름이라 한다.

關外無憂方臥析 관외에는 근심 없어 바야흐로 누워서 목탁치고
軍中無事或吹笙 군중에 일이 없어 간혹 저를 분다.
布衣頭白吾何見 베옷 입고 흰 머리의 나를 무엇으로 보겠느냐
元帥臺邊○將迎. 원수元帥의 대 주변에서 장차 맞이한다.[86]

라 했으며, 증경흥쉬贈慶興倅에 말하기를,

塞外逢君偶問年 새방 밖에서 자네를 만나 우연히 나이를 물으니
生同癸巳兩歡然 계사년으로 생년이 같아 둘이 기뻤다.
風流各在桑榆境 풍류로 이름이 상유桑榆[87] 지경에 있고
意氣相看靺鞨天 의기로 말갈靺鞨[88]의 하늘을 서로 본다.
設膾赤池龍欲遁 적지에서 회를 베풀려 하니 용이 도망가려 하고
分弓玉帳功高懸 장막에서 활을 나누니 공이 높게 달렸다.
儒冠齷齪消除盡 선비로서 악착스러워 모두 제거해 버리고
歸臥窮廬夢此筵. 궁한 집으로 돌아가 누워 이 자리를 꿈꾸겠다.

라 했다.

삼연三淵이 기사년己巳年의 화가 있은 후에 명산을 두루 유람하여 장사하는 사람처럼 보였다. 그가 장차 설악산雪岳山으로 들어가고자 했는데 가는 도중에 소나기를 만나 잠깐 바위 밑에서 쉬고자 갔더니 먼저 한 늙은이가 앉아있고, 또한 스님은 자고 있었다. 시의 흥이 갑자기 발해 가늘게 읊으니 옆에 있는 늙은이가 말하기를 "매우 아름다운 구句가 있느냐 기쁜 표정이 눈썹까지 움직인다." 하므

85) 前漢 때 周亞夫가 친 陣名. 軍中聞將軍令 不聞天子詔 임금이 위문을 왔는데 진문을 지키던 군졸이 장군의 명령 없이 진문을 열어줄 수 없다고 거절했다.
86) 결구의 ○ 표는 글자가 누락되었음.
87) 서쪽. 해가 지는 쪽.
88) 중국 북쪽에 있는 종족 이름.

로 삼연이 "늙은이가 시를 이해한다면 내가 말을 하리라" 하니 늙은이가 말을 해 보라 하므로 삼연이 말하기를,

仙山一面知無分　선산의 한 면에 분수가 없음을 알았으니
秋雨蕭蕭故作魔.　소소히 내리는 가을비가 일부러 마가 되었다.

라 하니 늙은이가 말하기를 "구법句法이 자못 좋으나 지知 자字가 온당하지 못하니 非비 자字로 시험해 보면 안정이 될 것이라" 했다. 삼연三淵이 크게 놀라며 "자네가 이미 시를 알고 있으니 반드시 아름다운 시가 있으리라" 하자 늙은이가 말하기를 "비가 개었으니 갈 길이 바쁘고 저 스님이 시를 잘 해 말을 할 만할 것이다" 하고 드디어 뿌리치고 가 버렸다. 삼연三淵이 자는 중을 불러 깨워 말하기를 "내가 들으니 네가 시에 능하다고 하는데 지은 시를 외워보라." 하니 중이 천천히 일어나며 말하기를 "구름처럼 떠돌아다니는데 전할 만한 시가 있겠느냐." 하므로 삼연이 그렇다면 지어보라 하니 그 중이 꼭 이렇게 억지로 하면 시험해 지어 보리라 하고 바로 말하기를,

老僧枕鉢囊　　늙은 중이 바리때 주머니를 베고
夢踏金剛路　　꿈에 금강산 길을 걸었다.
蕭蕭落葉聲　　소소히 나뭇잎 떨어지는 소리에
驚起秋山暮.　　놀라 일어나니 가을 산이 저물었다.

라 하고 가버리자 삼연이 계속 읊으며 혼자 앉아 실심한 듯했다.

읍취헌挹翠軒 박은朴誾의 시에,

風從木葉蕭蕭過 바람은 나뭇잎을 좇아 소소히 지나가고
酒許山妻淺淺斟. 산처는 술을 조금씩 따르게 한다.

怒瀑自成風外響 성난 폭포는 바람 밖에서 소리를 이루고
愁雲欲結日邊陰. 수운愁雲이 끼고자 하니 해 주변이 어둡다.

夜深纖月初生影 밤이 깊자 섬월은 처음으로 그림자를 내고
山靜寒松自作聲. 산이 고요하니 한송도 스스로 소리를 만든다.

風帆飽與潮俱上 바람을 잔뜩 실은 돛은 조수와 같이 오르고
漁戶渾臨岸欲傾 어호漁戶는 모두 언덕에 다다라 기울어지려 한다.
雨後海山皆秀色 비 온 뒤에 바다와 산 빛은 모두 빼어났고
春還禽鳥自和聲. 봄이 오니 새들은 스스로 노래한다.

春陰欲雨鳥相語 비 오려는 봄날 새들은 지저귀고
老樹無情風自哀. 늙은 나무는 무정한데 바람만 슬퍼하는구나.

라 한 말들은 슬프고 장하며 노련하고 굳세며 맑고 새로워 매우 주목할 만하다.

오도일吳道一의 자는 관지貫之 호는 서파西坡였다. 일찍 순찰로 강릉江陵에 갔더니 박공신朴公紳이 그 읍의 원으로 있는데 일찍 도백을 지냈다. 오도일吳道一에 예를 하지 않으므로 공公이 여러 번 재촉했으나 박朴이 병을 핑계하고 나오지 않았다. 공公이 형식을 갖추어 파면시키고 인해 시 한 수를 부쳤는데 그 시에 말하기를,

若敎彭澤眞仙境 만약 팽택[89]이 참으로 선경임을 가르쳤다면
陶公寧嫌拜長官 도공[90]이 어찌 장관에게 절하는 것을 불평하랴.

89) 중국의 지명

堪笑臨瀛老太守　웃노니 임영[91]의 늙은 태수는
等閑抛却此江山.　쉽게 이 강산을 포기한다오.

라 했다. 한 선비가 있어 글을 올려 오도일吳道一이 술을 먹으면 폐단이 있는 것을 들어 말했다. 숙종肅宗이 하교下敎하여 말하기를 오도일吳道一이 술을 좋아하여 병이 되어 고질이 되었으나 깨닫지 않으니 진실로 가석하다 하고 옛 계주시戒酒詩를 써 주었는데 그 시에 말하기를,

聖君寵極龍頭選　성군은 용두龍頭[92]로 선발된 것을 지극히 사랑하고
慈母恩深鶴髮垂　깊은 은혜의 어머니는 학발을 드리웠다오.
君寵母恩俱未報　사랑과 은혜를 다 갚지 못했는데
酒如成病悔何追.　술로 병이 되었으니 후회한들 어찌 따르겠는가.

라 한 구句를 들며 항상 주의를 더하게 되면 어찌 매번 낭패하는 폐단이 있겠는가 운운云云 했다. 공이 감읍感泣해 술을 끊고 시를 지어 말하기를,

膏肓麯糵未全醫　낫기 어려운 술병을 완전히 치료하지 못했는데
跪讀綸音血淚垂　임금 말씀 꿇어앉아 읽으니 피눈물이 흐른다오.
骨肉殊恩何以報　골육의 특수한 은혜 어찌 갚으며
死前猶有舊愆追.　죽기 전에 오히려 있는 옛 허물 좇겠다오.

---

90) 陶潛을 지칭한 것임. 이 시의 起承 兩句의 내용은 陶潛이 彭澤令을 하고 있을 때 그 郡의 督郵가 왔는데 아전이 도잠에게 束帶를 하고 보라고 하자 도잠이 사임하고 집으로 왔다는 것을 반영한 것임.

91) 우리나라에서 江陵 지역을 영주라 함.

92) 과거에서 문과 장원을 말함.

라 했다. 뒤에 병조판서兵曹判書로 금중禁中에 번을 하게 되었다. 술을 내리라는 명령이 있었는데 그것은 대개 전에부터 있었던 것으로 예에 따른 것이다. 공公이 바로 시를 지어 말하기를,

三年銘鏤戒常存 삼 년 동안 새긴 경계 항상 있어
縱對黃花不對樽 국화를 대할지라도 술통은 대하지 않았다.
宮醞忽宣西省日 서성西省[93]에 있는 날 갑자기 궁중의 술을 내리시니
此身醒醉摠君恩. 이 몸의 깨고 취함은 모두 임금의 은혜였소.

라 했다. 또 동東쪽 방백方伯이 되어 순행하면서 양양襄陽에 이르러 지은 시가 있는데 말하기를,

三旬持戒忽相忘 삼순 동안 경계함을 지키다가 갑자기 잊어
快倒春風滿滿觴 봄바람에 쓰러지도록 잔에 술이 가득했다.
不使大堤兒拍手 대제의 아이들에 박수를 치게 하지 않으면
後人誰識到襄陽. 뒷사람이 양양에 온 것을 누가 알랴.

라 했다. 신사년辛巳年에 유배를 가게 되었는데 바야흐로 술에 많이 취해 있었다. 집금오執金吾가 공公에게 장성長城으로 유배가 정해졌음을 알리니 공公이 취해 물어 말하기를 "장성長城에도 또한 소주가 있느냐" 집금오가 대해 말하기를 "어느 곳인들 소주가 없겠느냐" 하니 공이 좋다 하며 유배지로 가는 도중에 천앙天安을 지나자 그곳 태수太守가 술을 가지고 와서 위로하자 술을 통음痛飮하고 시를 지어주었는데 그 시에 말하기를,

93) 中書省의 다른 이름이라고 한다.

牢落羈愁不自開 쓸쓸한 나그네의 근심은 스스로 풀지 못했는데
天安太守佩壺來 천안태수가 술통을 가지고 왔다네.
平生好酒尋常飮 평생에 술을 좋아해 예사롭게 마셨지만
白首難忘是此杯. 백수白首까지 이 술잔은 잊기 어려울 것이오.

라 했다. 공公이 길을 가면서도 비틀거리며 유배지에 이르러 얼마 되지 않아 세상을 떠났다. 시인詩人 임도삼任道三이 만시挽詩에,

已矣大司馬 끝났구나 대사마여
詩魂何處在 시혼은 어느 곳에 있나뇨
回首汨羅上 골라수상汨羅水上[94]으로 머리 돌리니
淸風吹不休. 맑은 바람이 쉬지 않고 분다오.

라 했다.

이서우李瑞雨의 자는 윤보潤甫 호는 송곡松谷이다. 도기몽시悼記夢詩에 말하기를,

玉貌依俙看忽無 옥 같은 얼굴이 희미하게 보였다가 갑자기 없어져
覺來燈影十分孤 깨니 등불 그림자에 십분 외롭다.
早知秋雨驚人夢 가을비가 꿈을 놀라게 함을 알고 있기에
不向窓前種碧梧. 창 앞을 향해 벽오동을 심지 않았다.

라 했는데, 이 시가 비록 아름다우나 동회東淮 신익성申翊聖의 도망시悼亡詩에,

殘燈明滅伴羈魂 남은 등불 가물가물 나그네 혼을 짝하고

94) 중국의 강 이름, 屈原이 빠져죽었다는 강.

遠遠鷄聲起別村　멀리서 닭 우는 소리 별촌에서 들린다.
試拓東窓看夜色　시험삼아 동창을 열고 밤빛을 보니
曉山如夢月留痕. 새벽 산이 꿈같고 달은 머문 흔적만 있다.

라 했다. 공公이 북관北關으로 귀양가면서 도끼와 솥을 보내준 사람에게 사례한 시에,

嚬眉恨妾回春色　눈썹을 찡그리며 첩을 한하더니 봄빛이 돌아오며[1]
饒舌痴奴詑野村　말 많은 종이 야촌野村[2]을 신나게 말한다.

라 했고, 술을 먹게 준 사람에게 사례한 시에 말하기를,

午夢先尋槐樹國　낮잠에는 먼저 괴수국槐樹國[3]을 찾았고
春衣不問杏花村. 봄옷을 입으면서 행화촌을 묻지 않았다.

라 했다. 영백연시咏白燕詩에 말하기를,

萬里秋風霜頷老　만리의 가을바람에 서리는 늙음을 머금었고
一樓明月素粧啼. 누의 밝은 달빛에 간소하게 화장하고 운다.

라 했고, 영파초咏芭蕉에 말하기를,

白雪有時同入畵　흰 눈이 내릴 때 함께 그림 속으로 가고
綠天何處不宜庵. 푸른 하늘 어느 곳인들 암자에 마땅하지 않으랴.

---

1) 어려운 말이 아닌데 이해가 쉽지 않다.
2) 글자대로 시골 마을이 아닌가 한다.
3) 槐安樹國은 중국 唐代 傳奇小說 南柯太守傳에 槐安國을 말한 것이다.

라 했으며, 영소거咏繅車에,

雙橫雙立狀如舞 쌍으로 끼고 선 형상이 춤추는 것과 같고
執厥兩端用其中. 그 두 끝을 잡은 것은 그 가운데를 쓸 것이오.

라 했다. 영화咏畫에,

急雨懸山湧江波 급한 비가 산에서 내려 강물결이 솟고
數間茅屋翳靑蘿 몇 칸 띠집이 푸른 덩굴에 가리었다.
箇中人事商量得 그 가운데 할 일은 생각해서 얻을 것이니
兒補漁罾父織蓑. 아이는 어망 깁고 아버지는 도롱이 짠다.

라 했고, 영안咏鴈에 말하기를,

明沙如雪月如霜 밝은 모래는 눈 같고 달빛은 서리 같은데
獨依蘆花一睡長 홀로 갈대꽃에 의지해 길게 잤다오.
雲侶莫須相喚促 구름과 짝하면서 서로 부르며 재촉하지 마오
後飛猶得到衡陽. 뒤에 날아도 같이 형양에 도착할 것이다.

라 했다. 제사호위기도題四晧圍棋圖에 말하기를,

山中無事但圍棋 산중에 일이 없어 다만 바둑만 두어
何事勞心下子遲 무슨 일이 마음을 괴롭혀 돌을 늦게 두나뇨
莫是漢儲書幣至 한고조가 태자를 바꾸려는 것에 막아달라는 부탁이 왔으니
難決意中去留時. 의중에 가고 머무는 때를 결정하기 어려울 것이오.

라 했고, 음병마吟病馬에 말하기를,

長時濕立蹄心腐 긴 시간 젖으며 서있어 발굽 가운데는 썩었으며
幾處瘡完背瘠斑 몇 군데 종기는 나았으나 등은 파리해 알록거리다.

라 했다. 음우과吟雨過에 말하기를,

樹濕半身知雨過 나무가 반이 젖어 비가 온 것을 알겠고
山藏一面尙留雲 산이 가지고 있는 한 쪽은 아직 구름이 머물렀다.

라 했으며, 제목우원題牧牛園에,

斜陽半嶺隨羊下 사양이 산 고개에 반이나 되니 양들은 따라 내려오며
細雨長堤喚犢鳴. 가는비 내리는 긴 언덕에 우는 송아지를 부른다.

라 했다.

우해于海 홍만종洪萬宗이 젊었을 때 성천成川으로 여행을 갔더니 그곳 원이 잔치를 베풀고 기생을 시켜 운을 부르게 하며 시를 짓게 했다. 우해于海가 바로 읊으며 말하기를,

大堤西畔草萋萋 큰 둑 서쪽에 풀이 짙었으며
春盡江頭日欲低 봄이 지난 강 머리에 해가 지고자 한다.
風送落花添酒筭 바람이 낙화를 불어 보내자 술값이 많아졌고
雲拖過雨促詩題 구름이 지나는 비를 끌어 시를 빨리 짓게 재촉한다.
纖腰獻舞何多楚 가는 허리 춤을 잘 추는 것이 어찌 초나라만 많으며
寶瑟挑心自擇齊 좋은 비파로 마음을 잡는데 제나라를 선택하랴.[4]
豪興已闌扶醉返 호흥에 이미 늦어 취해 돌아오니

4) 이 연의 楚와 齊는 중국의 나라 이름인데, 이 시와 상관되는 내용은 알지 못했다.

滿街猶唱自銅鞮. 거리에 가득하게 아직도 백동제를 부른다.[5]

라 했다.

허규許奎의 자는 문오文五 호는 초당草堂이다. 울진蔚珍을 지나게 되었는데 그때 그곳 원은 서파西坡 오도일吳道一이다. 서파西坡는 배를 타고 부벽정浮碧亭[6] 밑에서 놀았는데 초당草堂이 물 건너 쪽에서 지나가며 말에서 내리지 않았다. 서파西坡가 술에 취해 크게 화를 내어 잡아오게 했다. 허규許奎는 크게 군색하여 시로써 면해주기를 원하자 서파西坡가 화를 약간 풀며 제목은 선사함벽정仙槎涵碧亭으로 하고 사운四韻에 칠언七言으로 하되 운韻은 편鞭, 현賢, 연烟, 천遷, 전傳 다섯 자로 하게 하고, 또 말하기를 "만약 빨리 지어지면 단지 죄만 면해 줄 뿐만 아니라 좋은 술과 안주로 반 일 동안 즐겁게 놀게 될 것이라" 했다. 허초당許草堂이 붓을 잡고 바로 써 말하기를,

涵碧亭前促客鞭 함벽정 앞에 채찍으로 손을 재촉하나
行人猶認主人賢 행인은 오히려 주인의 현명함을 인정한다.
斲開崖于千尋翠 천 길 푸른 비탈 바위를 쪼개 열고
收拾松篁十里烟 십리의 연기 낀 소나무와 대를 수습했다.
豈料嚴威遽觸犯 어찌 엄한 위엄을 급하게 범할 줄을 생각했으며
却教歸路半延遷 도리어 돌아가는 길이 늦을 것을 가르친 것이오.
華陰不有青蓮供 꽃그늘이 청연青蓮[7]에 의해 주어진 것이 있지 않아도

5) 자리에 거문고 타는 어린 기녀가 재주와 얼굴이 모두 아름다웠기 때문이라고 했다.
6) 이 정자는 西坡가 지은 것이라 했다.
7) 唐의 李白을 靑蓮이라 부르기도 하는데, 여기서도 푸른 연이 아닌 인물로 보고자 한 것은 華陰이 李白의 시에 있기 때문이다.

安得風流萬古傳. 어찌 풍류가 길이 전하지 않으리오.

라 하여 시를 지어내면서 빨리 보내주기를 청하니 서파西坡가 억지로 배를 타게 하여 예를 갖추고 자못 공손하게 운을 불러 같이 시를 짓고 통인通引 전천석田天錫으로 하여금 붓을 잡게 하고 입으로 불러 말하기를,

含風溪水綠漣漪 바람을 머금은 냇물의 비단결 같은 푸른 물결은
政是仙槎月落時 바로 신선의 떼배에 달이 지려는 때였소.
留客詞人欲投轄 손을 머물게 하는 사인은 빗장을 던지고자 하고
貪程遊子却題詩 길을 탐하는 나그네는 시를 쓰는 것을 멀리 한다.
昇沈自隔青雲路 벼슬길에서 오르고 내리는 것은 스스로 멀리 했으며
意氣相傾白玉巵 의기로 백옥의 술잔을 서로 기울인다.
特地勝遊難復得 특별히 좋은 곳 유람하는 것 다시 얻기 어려우니
樽前落筆故遲遲. 술통 앞에 붓을 던지고 천천히 하세.

라 했다.

이의승李宜繩의 자는 승혜繩兮며 구성인駒城人이다. 시로써 이름이 있었고 오서파吳西坡와 나이 같았다. 영렴시咏簾詩에 말하기를,

錦帳雲屏繚以重 비단 장막 구름 같은 병풍으로 무겁게 둘러
爭如簾箔護深宮 주렴으로 깊은 궁중을 보호하듯 다툰다.
虛庭得月疑林外 빈 뜰에 달빛을 얻으니 숲 밖인가 의심스럽고
晴日看山似夢中 맑은 날 산을 보니 꿈속 같다.
珠瑩不分凝白露 구슬은 엉긴 이슬과 나누지 못하며
竹疎容易漏淸風 대가 성글어 맑은 바람이 쉽게 들어온다.
養雛免使鷹鸇入 병아리를 기르면서 매들이 오지 못하게 했으니
梁燕何曾忘爾功. 들보의 제비가 어찌 너 공을 잊으랴.

라 했다. 그리고 그는 한배주韓配周 감사監司와 매우 친한 사이였다. 한韓이 취임시就任時에 갑자기 백구白鷗가 금오金吾 '호위하는 관청'에 날아와서 한韓의 옆에 머물며 가지 않았다. 이에 대해 한韓의 시가 있는데 말하기를,

如將爾翼生吾腋　너의 날개가 내 겨드랑이에 났다면
無限烟波盡意飛. 한없는 안개 속에 마음대로 날겠다.

라 했는데, 마침 그때 승혜繩兮가 호남지방을 여행하고 있었는데 한양성상漢陽城上에 춘조지구春潮之句로 세상에 알려지게 되어 호사자好事者들이 드디어 백구白鷗를 이李의 혼이라 했다.

이의승李宜繩이 영암靈巖 처가妻家에 가서 세상을 떠났는데, 그 후 같이 놀았던 이집李揖의 꿈에 나타나 절구絶句 이십팔 자를 알려주었다. 뒤에 목도木道에서 경구京口로 반친(반친返櫬)을 할 때 과연 그 시의 뜻과 더불어 서로 같아 또한 이상했다. 그 시에 말하기를,

江南芳草綠迢迢　강남의 꽃다운 풀은 푸름이 넓고 넓어
寂寞孤魂不復招　적막한 고혼을 다시 부르지 못하겠다.
千里客心何處托　멀리 떨어져 있는 나그네의 마음 어디에 의탁하랴
漢陽城外上春潮. 한양성 밖에 봄 조수가 올랐다.

라 했다. 서파西坡 오도일吳道一의 만시挽詩에 말하기를,

雪樓才調竹林流　설루雪樓의 재주는 죽림竹林[8]의 유인데

---

8) 중국 晋나라 때 벼슬하지 못한 문인들이 결사한 竹林七賢을 지칭한 것이

今世知君我最優 금세에서 자네 아는 사람 중에 내가 가장 잘 안다오.
一醉眼前無俗物 한 번 취하자 눈 앞에 속물이 없고
半生眉上每詩愁 반생 동안 눈썹 위에 매양 시 짓는 근심이요.
江南芳草招魂地 강남의 꽃다운 풀은 넋을 부르는 땅이며
漢水春潮返櫬舟 한강의 봄 조수는 관 실은 배를 돌아오게 한다.
零落籌邊十二絶 계산하는 주변에 떨어진 것은 열두 수의 절구인데
忍看遺墨篋中留. 유묵이 상자 속에 있는 것을 차마 볼 수 없다오.

라 했다.

이병연李秉淵의 자는 일원一源 호는 사천槎川이다. 그의 관왕묘시關王廟詩에 말하기를,

廖落城南廟 고요하고 쓸쓸한 성남의 사당은
斜陽獨閉門 사양에 홀로 문이 닫혔다.
千秋赤免馬 긴 세월로 적토마赤免馬[9]는
不復汗中原. 다시 중원을 위해 땀을 흘리지 않을 것이오.

라 했고, 또 말하기를,

野雀窺金胄 들새가 금 투구를 엿보며
山蛛絡繡衣 거미줄이 비단옷에 얽히었다.
猶聞風雨響 오히려 비바람 울림 소리 듣고
中夜廟中歸. 밤중에 사당으로 돌아갔다.

라 했다. 또 금성대군사익연시錦城大君賜謚宴詩에,

아닌가 한다.

9) 蜀漢의 關羽가 탔다는 名馬.

人人可作首陽山 사람마다 수양산首陽山처럼 할 수 있는데
忠愍嘻嘻骨肉間 형제간에도 충민忠愍은 탄식한다오.
逆順向來天地怒 지나오면서 역순에는 천지도 화를 내고
哀榮今日鬼神潛 오늘의 슬픔과 영화는 귀신도 말이 없다.
祥獜一角搜巢在 상서로운 기린은 일각으로 집 있는 곳을 찾으며
銀河餘波滌洗頒 은하수의 남은 물결로 반백의 머리털을 씻었다.
不是竹橋藏血處 선죽교善竹橋[10]에만 피를 저장한 곳이 아니지만
淸冷灘上未應還. 청랭한 여울 위에서 응당 돌아오지 못했을 것이오.

라 했다. 증김만채시贈金萬綵詩에 말하기를,

蒼然鬢髮未纓長 검은 머리털이 갓끈을 매게 자라지 못했는데
誰識前朝太廟郎 누가 전조의 태묘랑임을 알아주랴
夢裡南風吹大漠 꿈속에 남풍이 큰 사막에서 불며
月籠山下荷鋤忙. 월롱산 밑에 호미질 하기 바쁘다오.

라 한 것과,

岸上遠牛雲漠漠 언덕 위의 멀리 있는 소는 구름으로 아득하고
路邊雙佛雨蕭蕭. 길가의 두 부처에 비가 소소히 내린다.

라 한 것과,

白髮無官是 백발에 벼슬하지 않은 것이 옳고
黃花不飮非. 국화 옆에서 술 마시지 않은 것은 잘못이라오.

---

10) 開城에 있는 다리 이름. 鄭夢周가 그곳에서 偶害를 당했다고 함.

라 한 구와 같은 것이 세상 사람들에 회자되었다.

일찍 그는 중국에 사신으로 가는 일행에 자신의 시를 한 권으로 기록해 이 세상에서 시를 잘 아는 사람에게 비평을 받아 달라고 했다. 역관譯官이 중국에 가서 오늘날 시에 대해 제일 으뜸인 사람을 물었더니 모두 산동山東의 위정희魏廷喜를 추대했다. 그때 위정희魏廷喜가 연경燕京에 있었으므로 그 책을 보였더니 위정희魏廷喜가 좋고 좋지 않은 것에 평을 했는데 칭찬한 작품에는 자신의 의견도 약간 첨가했었으며 그도 이李의 조비원기중鳥飛元氣中이란 한 구를 극히 칭찬했다. 위씨魏氏는 또 자신이 지은 작품을 별도로 뽑아 한 권으로 하여 돌아가서 보고 평을 해 보내달라고 했다. 이병연李秉淵이 일일이 감탄하며 그 가운데 가장 칭찬한 경구는,

月白烏鵲樹　달이 밝으니 새들이 나무에 머물고
天寒蟋蟀階.　하늘이 추우니 귀뚜라미가 뜰에 있다.

라 했다.

성몽량成夢良의 호는 소헌嘯軒이다. 아이었을 때 재주가 뛰어나 매돈梅墩 유사문柳斯文이 칭찬하는 바였다. 유씨柳氏가 기르던 석포石蒲 한 분을 몽량夢良에게 주고 또 시를 지어주며 기념하고자 한다 하니 몽량이 좋아하며 일생 동안 기르고자 했다. 몽량이 일찍 북로北路의 감목監牧이 되어 가면서도 가지고 갔으며 시가 있었는데 말하기를,

石上菖蒲一尺奇　돌 위에 창포가 한 자 되는 것이 신기해
葉間淸露撓垂垂　잎 사이 맑은 이슬에 흔들리어 늘어졌다.
已知大葉延年壽　이미 큰 잎은 오래 살게 하는 약임을 알았고

回想高人贈我時 고인高人이 나에게 주었을 때를 회상했다.
塵埃亦有神仙氣 티끌에도 또한 신선의 기운이 있고
几席長含水石姿 궤와 자리에는 길이 수석의 자태를 머금었다.
相對淡然終日夕 서로 대하면 깨끗해 종일 저녁때까지 있으며
故山歸思爾應知. 고향으로 돌아가고픈 생각 너는 응당 알리라.

라 하여 성몽량成夢良이 이 시를 부쳐 보냈으며, 뒤에 소헌시嘯軒詩가 있었는데 말하기를,

五十悠然至 오십까지 태연히 이르렀는데
餘年今若干 남은 해가 지금 얼마나 될까.
空談周禮樂 주周나라 예악을 부질없이 이야기하고
不見漢衣冠 한漢나라 의관은 보지도 못했다.
宇宙出師表 천지에는 출사표出師表가 있고
風塵行路難 어려운 세상에는 행로난 行路難이 있다.
劃然孤嘯罷 분명히 외롭게 불던 휘파람을 파하자
秋月一鉤寒. 가을 달이 하나의 갈구리처럼 차다.

라 했다. 일찍 귀가 많이 어두울까 근심하면서,

床頭蠶食三春葉 상 머리에 누에는 삼춘의 잎을 먹고
枕上風驅萬壑松 베개 위의 바람은 많은 골짜기 소나무를 몰고 간다.
流鶯百囀渾如夢 꾀꼬리가 많이 울어 완전히 꿈과 같은데
岸幘悠然望遠峯. 높은 건 쓰고 태연히 먼 산봉우리를 바라본다.

라 한 구句가 있다.

일찍 왜국倭國에 간 적이 있었는데, 그곳에서 시를 아는 스님이 자신이 지은 시를 보여주면서 화시和詩를 요구했다. 성몽량成夢良

이 바로 차운하여 지었는데 그 한두 시에서 말하기를,

釰光入夜珠交盪 칼빛은 밤이 되자 진주와 함께 빛나고
槎影橫秋月並高 떼 그림자는 빗겨 가을달과 아울러 높다.
遠客乘秋來似鴈 먼 곳의 손이 가을을 타고 기러기처럼 왔으니
兩邦修好信如潮. 두 나라가 좋게 하여 조수같이 믿게 되면 하오.

라 하니 왜인倭人들이 놀라며 승복했다. 몽량夢良이 살고 있는 곳이 안산安山의 해변이었는데 그는 낚시에 취미가 있었다. 일찍 절구에 말하기를,

罷釣歸來船有霜 낚시를 파하고 돌아오려 하니 배에 서리가 있고
夜深蘆萩月滄茫 밤이 깊자 달빛에 갈대가 질펀하고 넓다.
迎門少女吹松火 문에서 맞는 소녀는 소나무의 불을 불고
筐裡跳魚一尺長. 대광주리에 한 자 길이의 고기가 뛴다.

라 했다.

이현석李玄錫의 자는 하서夏瑞 호는 유재遊齋이며 촉문屬文과 강운强韻을 잘 지었다. 창계滄溪 임영林泳과 더불어 홍문관弘文館에 번을 들게 되었는데, 임창계林滄溪를 궁색하게 했다. 제비를 제목으로 하고 운을 불러 시를 짓게 했더니 말하기를,

穿花掠水杜陵舟 두릉의 배로 꽃을 뚫고 물을 채며
飛入昭陽作物尤 소양으로 날아가서 뛰어난 물건이 되었으면 한다.[11]
若使男兒知爾頷 만약 남아로 하여금 너의 턱(함頷)을 알게 한다면
也應投筆覔封侯. 분명히 붓을 던지고 봉후를 찾을 것이다.

11) 이 시에서 杜陵舟는 어떤 의미인지 알아보지 못했다.

라 했다. 또 순청巡廳에 번을 들면서 지은 시에,

羸驂短僕弊鞍籠 여윈 말 어린 종과 해진 안장과 전통으로
呵道雖前馬後空 앞에는 선도자先導者가 있으나 말 뒤에는 비었다.
破草障泥猶有綠 밟힌 풀과 막은 진흙은 오히려 푸른빛이 있으나
舊綿團領已渝紅 낡은 베로 모아 만든 옷은 이미 변해 붉다.
低頭竊笑諸司吏 모든 관리들은 머리 숙이고 몰래 웃으며
拍手爭嘲一市童 시내 아이들은 박수치며 다투어 조롱한다.
歸來巡廳無事睡 순청으로 돌아와서 무사해 잤더니
護軍微祿亦云豊. 호군의 작은 녹도 또한 많다 할 것이오.

라 했는데, 비록 체體는 아니나 또한 한 번 웃음을 이바지했다. 일찍 청풍淸風을 맡아 있으면서 자신이 지은 시를 이름하여 강산풍월도중기江山風月都重記라 하고 도장을 찍어 두었다. 또 부賦로 세 가지는 있고 열 가지는 없다고 했는데, 있다는 세 가지는 유강산有江山, 유연하有烟霞, 유루관有樓觀이라 했고, 열 가지 없다는 것으로 무미無米 무염無鹽 무장無醬 무주無酒 무찬無饌 무어無魚 무기無妓 무악無樂 무문無文 무무無武라 했다.

이현조李玄祚의 자는 계상啓商이며 한림翰林이었을 때 최상석崔相錫이 항상 상번上番이었다. 옛 규정에 상번上番이 하번下番을 단속할 수 있게 되었는데, 최상석이 하번에게 매우 독하게 하므로 이현조가 괴롭게 여기며 시로써 조롱해 말하기를,

何物奇形院裡過 어떤 기이한 형상의 물건이 원내를 지나는데
望之堪笑亦堪嗟 바라보면 우습고 또한 가엽다.
擡來雙眼疑驚兎 들어오면 두 눈이 놀란 토끼로 의심스럽고
步上層階類躍蛙 층계 위를 걸으면 개구리가 뛰는 것 같다.

每引飯是如擧鼎 매번 숟가락으로 밥 먹는 것은 솥을 드는 것 같고
偶橫烟竹似吹螺 담뱃대를 가로 들면 소라를 부는 듯하다.
人間至怪吾初見 인간에서 지극히 괴이한 것을 처음 보는데
始信今年厄會多. 비로소 금년에 액이 많을 것으로 믿는다.

라 했는데, 대개 최상석崔相錫이 왜소矮小하기 때문에 이 시가 가장 가깝다는 것을 면하지 못해 사람들이 이르기를 최가 반드시 매우 화를 낼 것이라 했는데 최가 보고 웃기만 하고 다만 그의 종을 다스리기 때문에 사람들이 그의 아량을 승복했다. 현조玄祚의 성격이 함께 희롱하는 것을 좋아해 시로써 그의 종형 유재遊齋 현석玄錫에게 주며 희롱해 말하기를,

嶺外關東畵屬地 영외의 관동은 그림에 속한 땅인데
相公依舊臥靑坡 상공은 옛날에 의지해 푸른 언덕에 누웠다.
盲人非也江南是 맹인은 아니고 강남江南[12]이 옳으며
端甫宜乎李屹何 단보端甫는 마땅하나 이흘李屹은 어찌되랴.[13]
夢馱虛隨門外出 꿈에 싣고 헛되게 문밖으로 따라 나가니[14]

12) 盲人江南은 俚語로써 감히 사람을 다치게 하지 못할 것이라는 말이라 했다.
13) 어떤 문사가 스스로 자신의 재능을 믿고 말하기를 重試壯元도 莫哀我京(원문을 옮겨 놓았다.) 홀로 端甫가 무서울 뿐이라 했는데, 그후 端甫가 장원하고 李屹이 이등 했으며 본인은 삼등을 했다. 당시 사람들이 희롱해 말하기를 端甫에게는 본인도 스스로 양보했지만 어찌 李屹의 밑이 되었느냐 했다. 許筠의 자가 端甫인데, 여기서도 端甫가 許筠인 듯하다.
14) 매양 과거를 보게 되면 사람들이 스스로 좋은 꿈을 꾸었다고 자랑하다가 급제한 자를 발표하게 되면 灞水에 파도가 일었다고 한다. 이렇기 때문에 꿈에 짐을 실었다는 사람들은 모두 東大門으로 나왔다고 하는데 이것은 遊齋의 三刀의 꿈이 있었으나 연달아 아름다운 둥우리를 잃은 것을 비웃는 것이라 했다.

詩情遍回鏡中多. 시정이 한 쪽으로 돌아 거울 속에 많다오.[15]

라 했다.

이광하李光夏 상서尙書가 일찍 북쪽 방백方伯이었을 때 좋아했던 기생이 있었는데, 바뀌어 돌아오게 되자 남긴 은혜로 비가 있게 되었고, 그 기생은 절개를 지켰다. 그후 이광하李光夏 감사가 안변부사安邊府使가 되어 함흥咸興에 도착해 그 기생에게 시를 주었는데 말하기를,

星槎舊路正悠悠 떼배로 가는 옛길이 멀고멀어
浮世存亡閱幾秋 뜬세상의 존망은 몇 번의 가을을 보았는가.
但道遼東仙鶴去 단지 요동의 선학이 간 것만 말하고
豈知關北隻鸞留 어찌 관북에 한 마리의 난새가 머무는 것을 알랴.
行人淚淚羊公石 가는 사람은 양공석羊公石[16]에 눈물을 흘리며
過客傷心燕子樓 지나는 손은 연자루에서 슬퍼한다.
棠社風流今寂寞 당사棠社(宣化堂)의 풍류는 지금 적막하고
綠窓深處鎖幽愁. 푸른 창 깊은 곳에 숨은 근심을 막았다.

라 했다. 이공李公이 관동關東에서 돌아오자 원성쉬原城倅인 정협鄭悏도 시를 잘 지었는데 그의 송별시에 말하기를,

扁舟滿載蟾江月 작은 배에 섬강의 달을 가득 실었고
鶴與琴書也自多. 학과 거문고와 책이 많다.

15) 이 작품은 絶句로는 한 연이 많고 율시로는 한 연이 부족하다. 내용으로는 율시인 듯한데, 이 시가 다른데 실려 있는 것을 보지 못했기 때문에 지적만 해 둔다.

16) 무덤에 세우는 돌.

라 하여 시가 자못 맑고 고우며 이감사李監司 시의 간결하고 소박함도 이 시에 부끄럽지 않을 것이라 이른다.

채팽윤蔡彭胤의 자는 중저仲著 호는 은와恩窩이다. 서울에서 고향으로 돌아오면서 송곡松谷[17]을 양재良才 촌서村墅로 방문하니 송곡松谷이 시로서 문답하기로 하고 말하기를,

君今何日還. 그대는 어느 날 돌아올 것이냐

라 하니, 채蔡가 말하기를,

十五月當彎. 십오월 초승이나 그믐

라 했다. 송곡松谷이,

此言誰訂者. 이 말을 바로잡은 자가 누구냐

라 하니, 채蔡가 말하기를,

前有青溪山. 앞에 청계산이 있다.

라 했다. 그후 채팽윤蔡彭胤이 연고가 있어 기약한 것을 넘기고 돌아오니 송곡松谷이 이미 기약을 잃었으므로 마땅히 시로서 잘못한 것을 속죄贖罪한 뒤에 자리에 들어올 수 있을 것이라 하고 앞의 운자韻字로써 짓게 하니 채蔡가 부르는 운에 따라 응했는데 그 한 연

17) 松谷은 李瑞雨의 호.

에 말하기를,

> 白月何心生魄早 밝은 달은 무슨 마음으로 일찍 혼을 나오게 하며
> 青山無恙莅盟還. 청산은 탈 없이 맹세하고 자리에 돌아왔다오.

라 하니 송곡松谷이 그의 정밀하고 민첩함에 탄복했다. 숙종肅宗이 동호東湖에서 호당의 여러 신하들에게 잔치를 하게하고 잔치가 한참 어우러지자 금예禁隷들에게 자리 사이에 있는 시를 가지고 오게 했는데 채팽윤蔡彭胤의 시에 말하기를,

> 洋洋仙樂下天扉 넓고 아름다운 선악이 하늘문에서 내려와
> 童騃微臣荷聖私 어리석은 미신이 임금의 사랑 많이 받았다.
> 平生不識君王面 평생에 임금님의 낯을 알지 못했는데
> 一夢尋常繞玉墀. 꿈에 예사롭게 대궐 섬돌을 돌았다오.

라 했는데 채蔡의 이 시는 자신이 속해있는 범위에서만 통할 뿐이고 임금 가까이 모시는 곳까지 미치지 않기 때문에 숙종이 빨리 비망備忘하는 곳에 내리게 하며 말하기를 "채팽윤蔡彭胤이 임금을 사랑하는 정성은 그의 말과 글에 넘치고 있으니 특별히 불러 보고자 한다" 했다. 그리고 불러 보게 되었을 때 그의 낯을 들게 하여 자세히 보게 했기 때문에 일세의 영광이라 했다. 뒤에는 뜻이 너무 큰 것으로 인해 만년에 양양襄陽을 맡았다. 경종景宗이 처음 왕위에 오르자 이광좌李光佐 정승이 임금 앞자리에 나와 아뢰기를 "채팽윤蔡彭胤이 숙종대왕의 특별한 예우를 받았는데 지금은 침체되어 작은 읍에 있으니 진실로 매우 아깝습니다." 하고 그가 호당湖堂에서 지은 시詩를 외우니 임금이 칭찬함을 마지 않고 있다가 특별히 대

언代言에 제수했다. 그리고 육칠 년간 옮겨 다니다가 이경貳卿과 제학提學에 제수되어 전후로 은혜와 돌봄이 많았던 것은 대개 한 수의 시의 힘으로 인연한 것이다. 그가 남포藍浦를 맡게 되자 전예에 따라 전쟁을 할 때 입는 옷으로(戎服) 여러 읍을 순찰하는데 읍재邑宰한 사람이 채팽윤蔡彭胤이 읊고 있는 시를 보여주기를 청하자 그가 바로 시로서 답해 말하기를,

今日試看腰下釰　오늘 허리 밑에 찬 칼을 시험해 보라
使君胡索篋中詩　사군이 어찌 상자 속의 시를 찾느냐.

라 했다. 부인을 잃고 매우 슬퍼하고 있는데 이웃 고을 원(쉬倅)이 좋아하는 여자를 보이면서 잇따라 시를 지어주기를 청하므로 그 시구에 말하기를,

造物向人偏厚薄　조물주가 사람에 후박이 치우쳐
使君兼有我全無.　사군使君은 겸해 있으나 나는 전혀 없다오.

라 했다. 승지承旨로 임명되어 양양쉬襄陽倅를 떠나 서울에 온 지 며칠 만에 경종景宗의 장례였다. 도감都監이 만장挽章을 빨리 준비하게 하므로 제술관製述官이 당일 내에 지어내게 하자 채공蔡公이 붓을 잡고 바로 나아가 이십二十 운韻의 율시律詩를 지었는데 그 시에 말하기를,

至馨中道屹　　　지극한 향내는 중도에 우뚝하고[18]

---

18) 이 시에는 특수하게 사용한 말이 많아 이해에 어려움이 많으며 번역도 쉽지 않았음을 밝혀둔다.

巨創五年仍	크게 시작하여 다섯 해를 계속했다.
率土哀無祿	모든 백성들이 복이 없음을 슬퍼하고
摹天力未能	하늘을 본받고자 하나 힘에 미치지 못했다.
青邱檀再降	이 땅에 단군檀君이 두 번 내려오고
玄德舜齊升	큰 덕이 순舜임금과 같이 올랐다.
海潤重歌協	바다가 윤택해 거듭 노래하며 화합했고
天工代理凝	하늘은 교묘하게 대리로 다스리게 했다.
翼謨箴勿勿	도운 계획은 하지 말게 경계했고
心法聖承承	심법은 성인聖人으로 잇고 이어졌다.
澣服躬先漢	옷을 세탁할 때 몸을 먼저 하며
居廬禮過膝	집에 있을 때 예는 손을 무릎 지나게 했다.
陰功運眞宰	몰래 쌓인 공은 하늘을 움직였고
仁聞入黎烝	어질다는 소문은 많은 백성에 알려졌다.
倡學三雍盛	배움을 인도함은 세 개의 학교로 성했고
憂農一札登	농사를 걱정해 짧은 글로 풍년이 되었다.
幹旋雷乃發	줄기가 돌자 바로 우레가 발하고
揮霍日方澄	빨리 휘두르자 해가 곧 맑다.
高拱規模遠	높게 손을 끼고 있는데 규모는 멀며
潛孚化澤蒸	믿음을 잠기게 하는 것은 못과 김을 변화시키는 것이다.
連枝愛深篤	두 가지가 연한 것은 애정을 깊고 도탑게 하는 것이며
剪葉事仍徵	잎을 갈겨 일을 인해 밝힌다.
豫建承慈殿	미리 세움은 자전慈殿을 이은 것이며
相傳體孝陵	서로 전하는 것은 효릉孝陵(仁宗)을 법했기 때문이고.
三宮洽愉悅	삼궁三宮이 협족하고 화합하며
萬壽祝升恒	만수를 하게 항상 빈다오.
羸老須臾願	파리한 늙은이가 잠깐이라도 원함은
雍熙不日騰	화하고 빛남이 언제나 오르는 것이요.
方秋驚雪下	가을에 눈이 내리는 것이 놀라우며
是夜哭雲昇	그날 밤 구름이 오르는 것을 곡한다오.

羣望珪何及　　뭇 사람이 바라는 옥에 어찌 미치며
重宸玉已憑　　대궐의 옥은 이미 믿을 만하오.
斂餘無副襚　　염한 나머지 다음 옷이 없으며
書特有編藤　　책은 특별히 엮은 넝쿨이 있다.
付托鴻基奠　　넓은 터에 전 드리기를 부탁하며
投遺聖烈增　　성렬을 더하게 던져주었다.
白頭殘縷在　　흰머리에 남은 머리털이 있었오.
青邱侍書曾　　이땅에 일찍 시서侍書를 했다.
永負涓埃報　　적은 것 갚는 것도 영원히 져버려
拚號痛不勝.　　손을 들고 부르며 아픔을 견딜 수 없다.

라 하여 도감都監에게 보였다. 이광좌李光佐가 먼저 와서 보았고 조태억趙泰億 정승이 이어서 왔는데 이광좌李光佐가 직함과 성명을 가리고 조태억趙泰億에게 "공公이 매양 시에 대한 감식이 높은 것으로 스스로 자랑했는데 이 시를 누가 지었다고 생각하느냐" 하니 조태억이 읽으면서 청구단재강青邱檀再降의 구에 이르자 말하기를 "이 시는 반드시 채모蔡某일 것이다. 단군檀君이 무진戊辰에 강생降生했는데 대행大行(세상 떠난 경종景宗)의 탄강誕降도 무진戊辰이다. 그리고 사실에 대한 표현이 친절하면서도 흔적이나 노출이 없으니 채모蔡某가 아니면 지금 세상에서 능히 이렇게 지을 사람이 없다."고 하며 전편을 읽고 감탄해 마지 않았다.

오상렴吳尙濂의 자는 유청幼淸 호는 연초燕超이다. 삼전도三田渡를 지나면서 지은 시가 있는데 말하기를,

三浦胡書碣　　삼포三浦의 비석에 어찌 글을 씻으며
山城憶解圍　　산성山城에 포위가 풀리는 것을 기억한다오.
空聞千乘國　　천승국으로 크게 들었는데
未見一戎衣　　한사람도 융복戎服[19] 입은 사람 보지 못했다.

將帥無籌策　　장수는 면밀한 대책이 없었고
文章有是非　　문장에는 시비가 있었다.
朝宗迷舊路　　국가의 옛 길이 혼미한데
江漢欲何之.　　강한이 어디로 흐르고자 하나뇨.

라 했는데, 일시에 회자되었다. 또 제야시除夜詩가 있는데 말하기를,

山中又見歲華徂　산중에서 또 해가 가는 것을 보게 되니
似送情人赴遠途　정인을 먼 길로 보내는 것과 같다오.
燭盡杯殘住不留　촛불과 술잔도 없어 머물 수도 없는데
五更鷄鳴是驪駒.　오경에 닭 우는 소리는 검은 망아지라오.

라 했는데, 가히 앞사람들이 말하지 못했던 것을 말했다고 이를 만하나, 시의 뜻이 지나치게 처량함을 면하지 못했다.

또 송인시送人詩에 말하기를,

山空秋雨夜蕭蕭　빈 산에 가을비가 밤에 소소히 내리며
虫語人情兩寂寥　벌레 소리와 인정이 모두 고요하다.
念我窮居少懽日　궁하게 사는 내가 기쁜 날이 적음을 생각하는데
與君相別又明朝　내일 아침이면 또 자네와 이별한다오.
溪邊殘柳誰堪折　냇가 남은 버들가지 누구가 꺾으며
江上歸舟不可招　강에 돌아가는 배를 부르지 못하겠다.
爲問西行到京洛　묻노니 서쪽으로 가서 서울에 도착하면[20]
能將書札訪魚樵.　편지를 가지고 어초魚樵를 찾게 해주오.

라 했는데, 또한 가히 절조絶調라 이를 만하나 수구首句가 적막함

---

19) 병사들이 전투할 때 입는 옷.

20) 대본이 구에 問字가 落字가 되었으므로 「大東詩選」을 보고 찾아 넣는다.

을 면하지 못했다. 아마 그가 수를 하지 못할 것이 근심이 되었기 때문이 아닌가 생각하였는데, 과연 삼십이 되지 못해 요사夭死했다. 옛 작품에 적용해 보면 당唐나라 작가의 작품에 가까운 것이 많이 있다. 그의 명비원明妃怨에 말하기를,

明主恩何晩	명주明主의 은혜가 어찌 늦었나뇨
妾身空自傷	첩신이 공연히 슬퍼한다오.
當辭一顧眄	마땅히 한 번 돌아봄을 사양하며
掩淚重彷徨	눈물을 거두고 거듭 방황한다오.
環佩搖關月	차고 있는 구슬은 관산關山의 달빛에 흔들리고
琵琶拂寒霜	비파는 찬 서리에 떨친다.
行經隴頭水	용두수를 지나가면서
忍洗漢宮粧.	차마 한궁의 화장을 씻을 수 있으랴.

라 했다. 용두소隴頭水에 말하기를,

隴水分流去	용두수가 나누어 흘러가며
潺湲日夜鳴	잔잔한 물 흐르는 소리 밤낮으로 운다.
應添望鄕淚	응당 고향을 바라보는 눈물을 더해
故作斷腸聲	일부러 창자 끊는 소리를 한다.
出塞兼秋淨	새방을 나서니 맑은 가을을 겸했고
經秦共月明	진秦[21]을 지나면서 밝은 달과 함께 했다.
東西兩愁絶	동서로 양쪽 근심이 끊어져
徒御若爲情.	다만 정을 두는 것같이 한다.

라 했다. 그의 대연곡對宴曲에 말하기를,

21) 이 구에서 秦 字는 어떤 의미로 사용된 것인지.

隱約千家柳　　분명히 알 수 없는 천가의 버들은
離披露井桃　　노정 露井주변의 복숭아를 흩어지게 한다.
彤雲扶玉座　　붉은 구름은 옥좌를 도왔으며
白日語柵槽　　밝은 해는 남조柵槽[22]에 말한다.
錦落猉獜重　　비단이 떨어지는 것은 강아지가 무겁기 때문이며
簾開翡翠高　　주렴이 열리자 비취가 높게 난다.
懽餘宣別語　　즐거운 나머지 이별하는 말을 하니
催唱欝輪胞　　울륜포欝輪袍[23]를 부르게 재촉한다.

라 했다. 그의 규원閨怨에 말하기를,

蕩子歸何晩　　방탕한 자가 어찌 늦게 돌아오나뇨
閨人怨未平　　부인은 원망으로 편치 못하다.
春容凋日及　　고운 얼굴은 햇빛이 미치자 시들고
秋意動宵行　　가을이 되면 생각이 밤길가듯 움직인다.
鵲語原難準　　까치 소리는 원래 정하기 어렵고
蛛絲謾自縈　　거미는 줄에 속아 스스로 얽힌다.
猶憑前夜夢　　오직 전날 밤 꿈만 믿어
竟暮依簾旋.　　마침내 저물면 주렴에 의지했다 돌아선다.

라 한 작품들이 많아 삼십 수나 되었는데 이 작품들을 송곡松谷 李瑞雨에게 보였더니 그가 읽으면서 춘용조일급春容凋日及이라는 구句에 이르러 무릎을 치며 칭찬해 말하기를 "앞의 시인들이 말하지 못한 바라" 했다. 인해 답을 써 말하기를 목왕穆王[24]의 수레 앞에

---

22) 술 거르는 틀.
23) 唐의 王維가 지은 음악의 曲 이름이라 한다.
24) 중국 周나라의 임금이며 八駿馬를 타고 천하를 횡행했다고 함. 아래 王良은 어떤 인물인지 알아보지 못함.

바람을 몰고 구름을 쫓지 않은 것이 없는데 내가 왕량王良이 아니면서 어찌 감히 말하기를 이것은 붉은 갈기의 준마며, 이것은 백삼白蔘이며, 이것은 산유자山柚子라 하겠는가 했다.

그리고 은교승월궁부銀橋昇月宮賦에 말하기를,

銀橋飛出白雲間　은교銀橋가 흰 구름 사이에서 솟아나오니
仙樂飄飄舞彩鸞　휘날리는 선악에 난새가 춤을 춘다.
直上青天如踏地　바로 푸른 하늘에 오르는 것이 땅을 밟는 것 같았는데
晩來方識蜀道難.　늦게 와서 바야흐로 촉도란蜀道難[25]을 알았다오.

라 했으며, 또 도원부桃源賦에 말하기를,

桃花源裡別藏天　도화원 안에는 별도로 하늘이 있어
避世逃名六百年　세상을 피해 이름을 숨긴 것이 육백년이었소.
秦帝學仙終不得　진시황이 신선을 배우려 했으나 결국 얻지 못했는데
驅他黔首作神仙.　그를 몰고 검은 머리에 신선이 되었다.

라 했다. 명곡明谷 최상崔相이 『신증여지승람新增輿地勝覽』을 저작하면서 삼전도三田渡 밑에 삼포호서갈三浦胡書碣의 한 편의 율시律詩를 기록하고 그의 이름을 고쳐 일세인一世人이 지은 시라고 했다. 어떤 사람이 꾸짖어 말하기를 "이것은 편자編者가 논論한 것인가" 명곡明谷이 웃으며 말하기를 "소년이 갑자기 큰 이름을 얻게 되면 상서롭지 못하기 때문에 그의 성명을 숨기고자 한 것이며 다른 뜻이 있는 것이 아니라"고 했다.

---

25) 중국에서 蜀나라로 들어가는 길이 험해서 가기 어렵다는 말이며 李白의 蜀道難詩이 유명하다.

이세옥李世玉의 자는 온보蘊甫 호는 색암嗇庵이다. 문장文章에 능했으며 기력과 체질을 숭상했다. 기사년己巳年 후에 과거 보려는 생각을 단념했다. 박정재朴定齋를 장사하는 날에 제문을 소매 속에 넣고 가서 곡하고 주인도 보지 않고 돌아오니 일세의 사람들이 서유자류徐孺子流의 사람이라 했다.

서파西坡 오도일吳道一이 관동關東의 안찰按察로서 순행하면서 낙산사洛山寺에 이르러 밤에 앉아 시를 짓고 있는데 운韻에 천자千字가 있었다. 갑자기 말하기를 "천千 자字를 장차 어떻게 하면 좋은 압押이 되게 하겠느냐" 하니 누 밑에서 말소리가 있었는데 말하기를 "누가 방백方伯을 시에 능하다고 했느냐 가소롭구나" 하므로 서파西坡가 매우 괴이하게 여겨 시험해 보고자 다시 그 말을 반복하니 누 밑에서 들리는 소리도 전과 같았다. 서파西坡가 관리들을 시켜 횃불을 들고 찾아보니 소금 파는 상인이 돌을 베고 자고 있었다. 바로 불러 앞에 앉히고 서파西坡가 말하기를 "네가 어찌하여 나를 비웃느냐 네가 운에 잘 맞추면 상을 줄 것이고 그렇지 못하면 곤장을 면치 못하리라" 하니 염상鹽商이 바로 부르는데 그 연구聯句에 말하기를,

浮天大海東南北　하늘이 뜬 큰 바다는 동남북東南北이며
插地奇峰萬二千　땅에 꽂은 기봉奇峰이 만이천이라오.

라 하니 서파西坡가 크게 놀라며 자네는 과연 기재奇才라 하고 성명이 무엇이냐 하며 물었다. 염상鹽商이 말하기를 "천한 사람의 성명이 세상에 전하는 것을 원치 안는데 어찌 꼭 묻고자 하느냐" 하며 끝내 말을 하지 않았다. 성이 오吳라 하고 밑에 작은 글자로 염

상鹽商은 오희상吳禧商이라 했다.

천한 사람으로서 시에 능한 자라 할지라도 원만하고 익숙하며 민첩하고 풍부해 약간 지름길로 가는 것을 이해하는데 불과하며, 운이 당시唐詩에 가까운 것은 전혀 볼 수 없었다. 근간에 양근楊根에 성이 정鄭인 자는 유생儒生의 집안 종이었다. 스스로 호를 초부樵夫라 하며 시는 극히 맑고 경동할 만하다. 일찍 흉년이 들어 그 고을 원에게 곡식을 팔 것을 청하니 원이 그를 꾸짖어 말하기를 "너는 천한 집인데 어찌 감히 곡식 팔기를 청하느냐 그리고 청하는 이 글은 누가 썼느냐" 하니 자신이 썼다고 했다. 원이 말하기를 "네가 이미 글을 안다고 했으니 내가 운을 불러 너를 시험할 것이다. 네가 시를 지으면 곡식을 줄 것이고 짓지 못하면 매를 맞는 형벌을 면치 못하리라" 하고 즉시 완사명월하浣紗明月下를 제목으로 하고 운을 부르니 정鄭이 바로 율시 한 수를 지었는데 말하기를,

白石磷磷月照沙　흰 돌은 반짝이고 달은 사장을 비추는데
夜天如水水如紗　밤하늘은 물 같고 물은 비단 같다.
輕沾雪藕終分色　연이 눈에 가볍게 젖었으니 결국 색은 나누어지고
亂疊霞紋未作花　안개 무늬가 어지럽고 첩첩이라 꽃은 피지 못한다.
不是鮫盤珠結淚　인어 소반의 구슬은 눈물로 맺는 것이 아니고
也應蟬翼露凝華　분명히 매미 날개에 이슬이 맺혀 빛난 것이오.
招招且待東隣伴　불러 또 동쪽 이웃과 짝해 기다리면
織罷春機垂柳家.　버들이 드리운 집에서 베틀에 짜는 것을 파하리라.

라 하니, 원이 놀라며 이상히 여기고 양식을 넉넉히 주었다. 그리고 이 시도 일세에 회자되었으니 가히 탁한 진흙에 흰 연꽃이며 썩은 풀에 외로운 반딧불이라 이르겠다.

한 선비 사람이 남쪽으로부터 아이종을 데리고 와서 나무와 나물을 해오게 시켰는데 그 종이 종일 가서 해오는 나무가 한 묶음이 되지 않았다. 주인이 꾸짖어 말하기를 "주인이 먹는 것을 위해 종이 나무를 해 와야 하겠는데 너의 게으름이 이와 같으니 뒤에 반드시 많이 해 오게 해라" 하니 종이 예 하고 나갔는데 날마다 전날과 다름이 없었다. 어느 날 주인이 몰래 그 뒤를 밟아보니 그 종은 산언덕이 앉아 열심히 꾀꼬리가 날아오르는 것을 보고 생각하는 바가 있는 듯했다. 주인이 괴이하게 생각되어 물어 말하기를 "네가 나무는 하지 않고 단지 나는 새만 보는 것은 무슨 까닭인가." 그 종이 "양기는 지기가 오르는 것을 좇으며 새는 양기가 오르는 것을 따라 날마다 점점 높아 천기天機를 스스로 얻으니 이것도 또한 사물의 이치를 궁격하는(窮格) 방법의 하나입니다." 주인이 말하기를 "네가 이미 이치를 궁격한다 이르니 글자를 아는가 내가 너에게 시 짓는 것을 시험하고자 하니 네가 가능하겠느냐" 하고 인해 천天 자字를 부르니 종이 바로 대해 말하기를,

躍來魚率性	고기가 뛰어오르는 것은 솔성率性[26]이며
飛去鳥能天	새가 날아가는 것은 능천能天[27]이다.

라 하니 단지 독서만 많은 것이 아니라 연어鳶魚가 그 효과는 크면서 본체는 숨거나 약하게 들어나는(비은費隱) 오묘한 이치까지 알고 있으므로 그 주인이 크게 놀라며 말하기를 "너는 사람들 뒤에 있을 사람이 아니니 너의 집으로 돌아가서 네가 좋아하는 바에 좇

26) 性을 거느린다는 말인데, 中庸 첫 장에 天命之謂性 率性之謂道라 했다.
27) 출처를 알아보지 못했다.

아 하라" 하고 드디어 놓아주었는데, 그 종이 결국 성취를 했는지, 과연 서고청徐孤青[28]과 같게 되었을까.

문관文官인 신유한申維翰의 호는 청천青泉이며 영남의 향인鄕人이다. 문장으로써 이름을 떨치었다. 지금 그가 지은 시에서 가장 아름다운 것을 뽑아 보겠다. 그의 촉석루시矗石樓詩에 말하기를,

晋陽城外水東流 진양성 밖에 물은 동쪽으로 흐르고
叢竹芳蘭綠映洲 많은 대와 꽃다운 난초의 푸름이 물가를 비친다.
天地報君三壯士 천지에 임금 은혜 갚은 자는 삼장사이며
江山留客一高樓 강산에 손을 머물게 하는 것은 하나의 고루 뿐이오.
歌屛日照潛蛟舞 병풍에 해가 비치면 교룡이 춤추고
釰幕霜寒立鷺愁 장막에 서리로 추워지자 백로가 서서 근심한다.
南望斗邊無戰氣 남쪽 북두성 주변을 바라보니 전쟁의 기운이 없으니
將壇笳鼓伴春遊. 장단에서 피리 불고 북 치며 봄놀이를 짝하리라.

라 했는데, 이 시가 한 때에 회자되었다. 신발과천시晨發果川詩에 말하기를,

荒城殘角響天風 거친 성에 대평소 소리 높은 바람에 울리며
明發駸駸馬首東 새벽에 말머리 동쪽으로 하여 빨리 달린다.
深巷鷄鳴孤月黑 깊은 거리에 닭이 울고 외로운 달은 어두우며
遠林人語一燈紅 먼 숲속에 사람 소리와 한 개의 등불이 붉다.
身隨驛使梅花色 몸은 역사驛使의 매화 꽃빛을 따랐고
夢入湖山桂樹叢 꿈은 호산의 계수나무 떨기 속으로 들어갔다.
今夜瓊樓寒幾許 오늘밤 아름다운 누가 얼마나 추울까
黯怨回首五雲中. 모르게 원망하며 오색 구름 가운데로 머리 돌린다.

---

28) 17세기 중반의 인물로서 노비 출신이었으나 학문이 있었기 때문에 면천이 되었다고 하며, 제자에 명사들도 적지 않았다고 한다.

라 했으며, 송인시送人詩에 말하기를,

黃鳥翩翩官柳深 꾀꼬리는 관청 버들 깊은 데서 이리저리 나는데
送君花落鳳城陰 그대를 봉성 꽃이 떨어지는 그늘에서 보낸다.
新愁何客催春酌 새로운 근심으로 손을 향해 봄 술잔 재촉하고
別調驚人罷月琴 별조가 사람을 놀라게 하자 거문고 타는 것을 파했다.
入洛孤燈天外夢 서울에 오니 외로운 등불은 하늘 밖의 꿈이요
渡江脩竹兩邊心 강을 건너자 긴 대는 양쪽의 마음이된다.
秋來鴈浦情多少 가을이 오니 기러기 있는 포구는 다소 정이 있고
珍重相思繫好音. 진중한 서로의 생각을 좋은 노래에 매어두자.

라 했다. 또 증인시贈人詩에 말하기를,

秋風倦客獨徘徊 가을바람에 게으른 손이 홀로 배회하며
極目東南氣色來 동남의 기색이 밀려오는 것을 넓게 본다.
八月寒砧當落葉 팔월의 다듬이는 잎 질 때를 기다리게 되며
三更畵角滿登臺 삼경에 대평소 소리가 대에 오르니 가득하다.
滄江積雨蛟龍老 서늘한 강에 비가 계속 내리니 교룡은 늙었고
古木繁霜鳥雀哀 고목에 서리가 많아지자 새들이 슬퍼한다.
明發與君歌伏櫪 내일 새벽 자네와 더불어 복력伏櫪[29]을 노래하면
恐令槌碎眼前杯. 눈앞에 술잔을 깨게 할까 겁난다오.

라 했다. 화산花山의 한 절구絶句에 말하기를,

鷄林舊譜千年在 계림의 옛 족보에는 천 년이 담겨 있는데
女樂餘姿百種宜 여악의 남은 자태 백종이 마땅하다오.

29) 말이 마구간에 누워 있는 것을 말한다고 했으니 쉬는 것을 의미한 것이 아닌가 한다.

戎粧拂釖黃昌舞 군복으로 장식하고 칼을 떨침은 황창의 춤이며
畵舫撐蒿雪鬢詞. 선실에 김이 오름을 버티는 것은 설빈사라오.[30)]

라 했으며, 또 오언율시五言律詩에 말하기를,

官娥數杯酒 관아가 주는 몇 잔 술을 마셨는데
芳草映欄干 꽃다운 풀은 난간을 비친다.
行色將歸晩 행색이 장차 늦게 돌아가게 되었으며
雛心欲語難 어린 마음에 말하고자 하나 어렵다오.
鴈天江樹廻 높게 나는 기러기는 강변 나무를 돌고
鷄曉驛梅寒 새벽닭이 우는 역에 매화는 차다.
去去皆春事 가고 가는 것이 모두 봄 일인데
樓臺夢裡看. 누대는 꿈 속에서 본다.

라 했으며, 도락강시渡洛江詩에 말하기를,

歲暮商山道 해가 저문 상산商山[31)] 길에
羈愁一夢凉 나그네의 근심으로 꿈에도 서늘하다.
泊船鷗背雨 배가 머물자 갈매기 등에 비가 내리고
彈琴鴈邊霜 거문고 타는데 기러기 주변에 서리가 내린다.
極浦行人少 넓은 포구에 가는 사람 드물고
孤城樹色長 외로운 성에 나무 빛은 길다.
逢君歌舊曲 그대 만나 옛 곡을 노래하니
白雪滿江鄕. 흰 눈이 강과 시골에 가득하다.

---

30) 이 시의 결구는 난해하다. 위의 黃昌은 花郞으로 싸움에 나가 용감하게 전사한 사람이다.

31) 尙州의 옛 이름.

라 했으며, 또 오언절구五言絶句에,

朱軒覆綠池　　붉은 툇마루는 푸른 못을 덮었고
日照幽蘭靜　　햇빛은 깊숙한 난초를 고요히 비치며
中有鼓琴人　　가운데 거문고 타는 사람이
欹巾坐花影.　　두건 쓰고 꽃 그림자에 앉았다.

라 했는데, 각체各體가 모두 기이하다. 제술관製述官으로 일본日本에 들어가서 일본의 죽지사竹枝詞 삼십여 수가 있다.

남유상南有常 수찬修撰의 호는 태화太華며 남호곡南壺谷의 증손이다. 시재가 사람에 뛰어났는데 아깝게도 일찍 죽었다. 그의 채연곡採蓮曲에 말하기를,

皎皎水中月　　물 가운데 달은 밝고 밝으나
水動無定色　　물이 움직이니 정한 빛이 없다.
郎心有如此　　낭군의 마음은 이와 같음이 있으며
愁殺元央浴　　원앙새는 목욕으로 근심이 줄었다.
牽舟下長浦　　배를 끌고 긴 포구로 내려가다
結伴上橫塘　　짝을 맺어 가로 있는 방죽으로 오른다.
儂客知有客　　내 손은 다른 손이 있음을 알고
白馬繫垂楊.　　흰 말을 늘어진 버들에 맨다.

라 했다. 의염곡擬艶曲에 말하기를,

妾有紅羅七寶扇　첩은 붉은 비단의 칠보선이 있어
逢郎笑語牽題詩　낭군을 만나면 웃는 말로 시를 짓게 하리라.
春風暗入珠簾動　봄바람이 모르게 불어와 주렴을 움직이며
淩亂楊花撲硯池.　버들 꽃을 어지럽게 하며 벼룻물에 떨어진다.

라 했다. 기인奇人에 말하기를,

柴門客散不收棋 사립문에 손은 가고 바둑돌은 거두지 않았으며
山雨冷冷睡未知 산에 내린 비로 차가워 잠을 잤는지 모르겠다.
一陣松風吹白袷 한바탕 소나무 바람이 흰 겹옷에 불어
乘凉起讀劍南詩. 서늘해 일어나 검남시劍南詩[32]를 읽는다.

라 했다. 낙빈서원시洛濱書院詩에 말하기를,

蒼苔寂寂有殘碑 푸른 이끼 쓸쓸하며 쇠잔한 비만 있어
此地雲烟萬古悲 이 땅의 안개는 긴 세월로 슬프게 한다.
山鳥自來林下語 산새도 와서 숲속에서 말을 하는데
東風花落六臣祠. 동풍에 꽃은 사육신의 사당에 떨어진다.

라 했으며, 송인送人에 말하기를,

東風送子賦東遊 동쪽풍이에 그대를 동유부東遊賦 짓게 보냈으니
楊柳依倚漢水流 버들은 늘어졌고 한강 물은 흐른다.
好取釣竿留待我 좋은 기분으로 낚싯대 가지고 나를 기다리겠는가
錦屛山下盡芳洲. 금병산 밑에 꽃다운 섬이 다할 때까지.

라 했으며, 운수암雲水菴의 오언율시五言律詩에 말하기를,

地淸還有月 땅이 맑더니 도리어 달이 있고
山癖復無塵 산을 좋아하니 다시 먼지가 없다.
麋鹿知僧面 고라니와 사슴은 스님 얼굴을 알고

---

32) 宋나라 문인 陸游의 시집.

蜘蛛上佛身　　거미는 부처 몸에 오른다.
落花空裡雨　　낙화는 공중에서 비처럼 내리고
流水世間春　　흐르는 물은 세간의 봄이라오.
一轉金剛偈　　한 번 굴러 금강게金剛偈[33]를 부르자
緣渠欲問眞.　　그를 인연해 진실을 묻고자 한다.

라 했으며, 송이상천보지홍주시送李相天輔之洪州詩에 말하기를,

送子折楊柳　　자네를 보내고자 버들가지를 꺾었으며
春風吹遠遊　　봄바람이 요동으로 유람 가는 사람에게 분다.
離心漢陽樹　　떠나고자 하는 마음은 한양의 나무에서였고
歸興渼陰舟　　돌아오고 싶은 흥은 미음渼陰의 배에서다.
兩纜投江店　　두 개의 배 닻줄은 강변 점포에 던졌고
烟花到郡樓　　아지랑이는 군의 다락에 이르렀다.
蓬萊自此去　　봉래산을 이로부터 가게 되었으니
尙可問丹邱.　　오히려 단구丹邱[34]를 묻는 것이 옳을 듯하오.

라 했는데, 작품마다 티끌세상을 벗어나고자 하는 뜻이 있다.

정린인鄭璘仁 장원壯元의 어머니는 문장에 능했으나 스스로 감추고 시험하고자 하지 않았고 하게 되면 매우 기이했다. 그 여인의 생질이 일찍 지어보기를 부지런히 청하자 부인이 말하기를 "부인이 할 말이 아니나 공公을 위해 한 번 보일 것이라" 하고 잇따라 벽에 걸려있는 태공조어도太公釣魚圖를 제목으로 하여 시를 지어 말하기를,

---

33) 불교에서 가장 강한 偈.
34) 신선이 살고 있다는 상상적인 곳.

鶴髮投竿客　　학발에 낚싯대 던져놓고 있는 손은
超然不世翁　　초연해 세상의 늙은이가 아니었소.
若非西伯黎　　만약 서백西伯[35]과 백성이 아니었다면
長作往來鴻.　　길이 오고가는 기러기가 되었을 것이오.

라 했다. 뒤에 중국 사신이 우리나라에 왔을 때 이 시를 보였더니 오랫동안 침음하다가 말하기를 부인의 솜씨가 있는 듯하다고 했다. 부인이 해야 할 일은 음식과 길쌈을 주로 할 따름인데 글과 글씨의 재주는 마땅한 것이 아니며 비록 재주와 자질이 뛰어난 자가 있다 할지라도 또한 숨기고 힘쓰지 않았을 것이다. 삼국三國 시대는 들리는 자가 없었고 고려 오백년에 단지 용성龍城 기생 우돌于咄과 팽원彭原 기생 동인홍動人紅이 시 짓는 것을 알았으며, 본조本朝에서 정씨鄭氏, 성씨成氏, 김씨金氏가 모두 세상에 전하는 시가 있는데 시들이 약하며 기운이 적다. 정씨鄭氏의 시에,

昨夜春風入洞房　지난밤 봄바람이 동방에 들어와
一張雲錦爛紅芳　한 장의 구름 같은 비단이 찬란하고 아름답다.
花才開處聞啼鳥　꽃이 겨우 피는 곳에 새 우는 소리 들려
一咏幽姿一斷腸.　한 번 그윽한 자세로 읊고 또 창자를 끊는다.[36]

라 했으며, 성씨成氏의 시에,

門外紅桃一時盡　문 밖에 붉은 복숭아가 일시에 다 떨어지고
愁中白髮十分新.　근심 가운데 백발이 모두 새롭다.

---

35) 周의 文王을 말함.
36) 이 작품은 대본에 시제를 쓰지 않아 이해에 어려움이 있다.

라 했으며, 김씨金氏의 시에,

境僻人來少　　지역이 깊숙해 오는 사람 적고
山深俗事稀　　산이 깊어 속된 일도 드물다.
家貧無斗酒　　집이 가난해 술이 많이 없어
宿客夜還歸.　　자던 손이 밤에 돌아간다.

라 한 구句는 사람의 뜻에 약간 그럴 듯(초가稍可)하다고 할 것이다.

미암眉巖 유희춘柳希春의 부인 송씨宋氏는 미암眉巖이 을사乙巳의 화에 연좌되어 정언正言으로서 종성鍾城에 유배가 되자 부인이 홀로 먼 길을 가서 종성에 이르러 미암眉巖을 좇았는데, 마천령摩天嶺을 지나면서 지은 시에 말하기를,

行行遂至磨天嶺　가고 가서 드디어 마천령에 이르니
東海無涯鏡面平　동해는 끝이 없고 거울처럼 평탄하다.
萬里婦人何事到　만 리 길을 부인이 무슨 일로 왔나뇨
三從義重一身輕.　삼종三從[37]의 의는 무겁고 한 몸은 가볍기 때문이요.

라 했는데, 가히 성정性情의 바름을 얻었다고 이르겠다.

이원李媛의 호는 옥봉玉峯이며 첨지僉知 조원趙瑗의 첩이었다. 노릉魯陵을 지나며 지은 시에 말하기를,

五日長關三日越　오 일이면 장관이요 삼 일이면 영월寧越인데
哀詞吟斷魯陵雲　슬픈 노래 노릉魯陵[38]의 구름에 끊어졌다.

37) 부인들이 지켜야 할 도리, 어릴 때는 아버지, 결혼 후에는 남편, 남편이 죽은 뒤에는 아들을 좇아야 한다는 것.

38) 영월에서 過魯陵이라 했으니 端宗陵이 분명하다. 端宗 능호는 璿源錄의 기

妾身亦是王孫女 이 몸도 또한 왕손의 딸로서
此地鵑聲不忍聞. 이곳의 두견새 우는 소리 차마 듣지 못하겠소.[39]

라 했으며, 송인여강시送人驪江詩에 말하기를,

神勒烟波寺 신륵사神勒寺는 안개가 낀 절이요
淸心雪月樓. 청심루淸心樓는 눈과 달이 비친 누라오.

라 했으며, 사인래시謝人來詩에 말하기를,

飮水文君宅 음수飮水[40]는 문군택文君宅이요
靑山謝眺廬 청산은 사조謝眺[41]의 집이오.
庭痕雨裡履 뜰에는 비 올 때 지나간 신발 흔적이 있고
門到雪中驢. 문 앞은 눈이 내리는데 나귀가 왔다.

라 했으며, 규정시閨情詩에 말하기를,

有約郞何晩 약속을 했는데 오는 것이 어찌 늦나뇨
庭梅欲謝時 뜰에 매화가 지고자 한 때였소
忽聞枝上鵲 갑자기 나뭇가지의 까치 소리 듣고
虛畵鏡中眉. 헛되게 거울 보고 눈썹을 그린다.

록에 따르면 莊陵이다. 그런데 魯陵이라 한 것은 端宗이 폐출된 직후 魯山君으로 작위를 내렸고 이 시를 지을 당시 陵號가 결정되지 않았기 때문이 아닌가 한다.

39) 異本에 따라 東風立馬魯陵雲이라 쓴 데도 있다.

40) 飮水는 그가 사는 곳이라 했다. 다음에 文君은 어떤 인물인지 알아보지 못했다.

41) 南齊 때의 문인. 시와 글씨로 유명했음.

라 했다. 조공趙公이 공사公事로 인해 서울에 갔는데 그때 북쪽의 오랭캐와의 관계가 복잡했다. 옥봉玉峯이 시를 지어 부쳤는데 그 시에 말하기를,

干戈縱異書生事 무기는 선비의 일과는 다른 것이나
憂國應須鬢髮蒼 나라 걱정으로 응당 살쩍머리가 희었을 것이오.
制敵此時思去病 이 때 적을 제어하는데 곽거병霍去病[42]을 생각하고
運籌今日憶張良 오늘날 나랏일의 계획에는 장량張良[43]을 기억한다.
源城流血山河赤 원성에 흘린 피로 산하가 붉었고
阿堡迷氛日月黃 아보의 아득한 기운으로 일월이 누렇다.
京洛音徽常不達 서울의 좋은 소식이 항상 오지 않아
滄潮春色亦凄凉. 창조滄潮[44]의 봄빛도 처량하다오.

라 했다. 낭군郎君이 집에 이르자 또한 절구絶句를 지어 말하기를,

柳外江頭五馬嘶 버들 밖의 강 머리에 다섯 마리 말이 울며
半醒愁殺下樓時 누에서 내려올 때 잠도 반쯤깨고 근심도 줄었다.
花紅欲痩羞看鏡 젊은 얼굴이 파리해 경대 보기 부끄러우나
試畵梅花却月眉. 매화에 비친 반달 같은 눈썹을 그려 보련다.

라 했는데, 두 시가 맑고 둥글며 힘이 있고 빛나 부인의 손에 나온 것이 아닌 듯하다. 어느 마을 부인이 그의 남편이 소도둑으로 관가에 잡혀 있었다. 이씨李氏가 소장을 써 주면서 끝에 첩의 몸이 직녀織女가 아닌데 낭군이 어찌 견우牽牛를 하겠는가 하니 태수太守가

---

42) 漢나라 武帝때 西域을 토벌하여 공을 세운 인물
43) 漢 高祖가 천하를 통일하는데 공이 많은 謀士.
44) 滄潮는 작가가 사는 곳의 물 이름.

보고 기이하게 여겨 바로 풀어주었다 한다.[45] 그의 즉경시卽景詩 한 구에 이르기를,

江涵鷗夢濶　　강물에 젖은 갈매기 꿈이 넓고
天入鴈愁長.　　하늘에 들어간 기러기의 근심은 길다.

라 했는데, 고금의 시인에서 미치는 자가 있지 않을 것이다. 그의 동생도 또한 시에 능했다. 일찍 한 절구絶句를 지었는데 아래 구句에 말하기를,

開窓步曉月　　창을 열고 새벽 달빛에 걸었고
露濕梅花枝.　　이슬에 매화 가지가 젖었다.

라 했다.

허씨許氏의 호는 난설헌蘭雪軒이며 엽曄의 딸이다. 김성립金誠立의 부인으로서 문집이 세상에 유행하고 있으며, 금세에 규수閨秀로서 제일이다. 일찍 요사했으며 평생에 금슬이 좋지 않았기 때문에 원망하고 그리워하는 작품이 많았다. 그의 채연곡采蓮曲에 말하기를,

秋淨長湖碧玉流　맑은 가을 긴 호수에 푸른 물이 흐르며
荷花深處繫蘭舟　연꽃 핀 깊은 곳에 작은 배를 매었다.
逢郎隔水投蓮子　사나이 만나 물 건너에 연밥을 던졌다가

45) 『堯山堂外記』에 李白이 소를 타고 지나가므로 縣令이 화를 내어 妻를 시켜 꾸짖게 하니 이백이 시로써 사례하며 말하기를,

若非是織女　　만약 직녀가 아니었다면
何得向牽牛.　　어찌 소 몰고 가는 것을 볼 수 있으랴.

라 했는데, 玉峰의 위의 시가 여기에서 나왔으나 도우盜牛가 더욱 기이하다.

遙被人知半日羞. 멀리서 사람이 알게 되자 반 일 동안 부끄러웠다.

라 했다. 그의 야좌시夜坐詩에 말하기를,

金刀剪出匧中羅 칼로써 상자 속의 비단을 잘라내어
裁取寒衣手槩呵 겨울옷을 만드는데 솜씨가 좋지 않다.
斜拔玉釵燈影畔 비녀를 빗겨 뽑아 등불 그림자 옆에 두고
剔開紅焰救飛蛾. 붉은 불꽃 발라내 나는 나방 구한다.

라 했다. 그의 남편이 강사江舍에서 독서할 때 보낸 시에 말하기를,

燕掠斜簷兩兩飛 제비는 빗긴 처마를 치며 쌍쌍이 날고
落花搖亂撲羅衣 떨어지는 꽃은 어지럽게 비단옷을 친다.
洞房極目傷春意 동방에서 슬픈 봄의 뜻을 다 보았으나
草綠江南人未歸. 강남에 풀은 푸른데 사람은 돌아오지 않는다.

라 했는데, 위의 채연곡采蓮曲이 이 시와 더불어 방탕한 것에 가까웠기 때문에 그의 문집에는 실리지 않았다고 하며, 기타의 악부樂府와 궁사宮辭 등의 작품은 고시古詩에서 절취한 것이 많다. 홍경신洪慶臣 참의參議와 許穡 정랑正郞은 모두 그와 한집안 사람이었는데 항상 말하기를 "난설헌蘭雪軒의 시에서 두서너 작품을 제외하고는 모두 차작借作이며 백옥루白玉樓 상량문上樑文도 또한 허균許筠이 이재영李再榮과 더불어 지은 바라" 했다. 현헌玄軒 신흠申欽이 일찍 말하기를 "자신이 젊었을 때 김성립金誠立과 기타 친구들과 더불어 집을 세내어 과거 공부를 하고 있었는데 어떤 친구가 근거도 없는 말로 김성립金誠立이 창루娼樓에 간다고 했더니 종들이 듣

고 허씨許氏에게 고했다. 허씨許氏가 듣고 좋은 안주와 술을 큰 병에 넣고 한 구句의 글을 써 넣었는데 그 글에 낭군이 본디 무심한데 어떤 사람이 잘못 듣고 두 사람의 사이를 좋지 않게 하기 위해 한 것이라" 했다. 이로써 허씨許氏가 시에 능하고 기상이 호걸스러움을 알았다고 했다. 『학삭초담鶴山樵談』에 자씨 姊氏가 평시에도 꿈에 시를 지었는데 이르기를,

碧海浸瑤海	파란 바다가 아름다운 바다를 적시며
青鸞倚彩鳳	푸른 난새가 채색 봉황에 의지했다.
芙蓉三九朶	연꽃 삼구三九 송이에
紅墮月霜寒.	붉은 꽃이 달빛 비친 찬 서리에 떨어진다.

라 했는데, 다음 해에 세상을 떠났다. 삼구三九는 이십칠二十七로서 세상을 떠날 때의 나이와 같았으니, 사람의 일은 앞에 정해졌다는 것을 어찌 가히 도망하겠는가.

봉래蓬萊 양사언楊士彦의 부인 정씨鄭氏는 바로 광해군光海君의 국구國舅인 유자신柳自新의 처형妻兄이며, 임당林塘 정유길鄭惟吉의 딸이다. 서빙고西氷庫 강사江舍에 나가 머물면서 지은 시가 있는데

來訪沙鷗約	사장 갈매기와 방문하기를 약속했으며
江皐木葉飛	강 언덕에 나뭇잎은 날고 있다.
園收芋栗富	동산에서 토란과 밤을 많이 거두었고
網擧蟹鮮肥	그물을 들어 싱싱하고 살진 게를 잡았다.
搴箔看山翠	발을 걷어 푸른 산을 바라보며
開樽對月輝	술통을 열며 밝은 달빛을 대한다.
夜凉淸不寐	밤이 서늘하고 맑아 잠을 자지 못했는데
松露滴羅衣.	솔잎의 이슬은 옷에 떨어진다.

라 했다. 일찍 궁중宮中에 이상한 일이 일어났음을 알려주자 꿈속에서 지은 서문도 있으나 생략하고 여기에는 단지 그 시만 기록하고자 한다. 그 시에 말하기를,

釵分一夕隔風塵 비녀를 나눈 저녁이 풍진에 막혔고
垂淚行忙石路新 눈물을 흘리며 바쁘게 가는 돌길이 새롭다.
天外玉樓留後約 하늘 밖의 옥루에 뒷 약속을 남기고
殷勤來訪武陵春. 은근히 와서 무릉의 봄을 찾는다.

라 했다. 뒤에 유공柳公이 성천쉬成川倅가 되었을 때 부인이 강선루降仙樓에 올랐는데 완연히 꿈에 본 지경과 같아 시의 뜻을 비로소 증험하게 되었다.

세상에 전하기를 어떤 여인이 시에 능했는데 그의 남편이 친구와 더불어 이야기하는데 어떤 기생을 보고자 계획하면서 그 이름을 숨기려고 혹은 그(其)라 말하기도 하고 혹은 궐(厥)이라 하니 그의 처가 바로 시를 지어 그의 남편에게 주었다. 그 시에 말하기를,

其者何人厥者誰 그는 어떤 사람이며 궐자은 누구냐
郎雖不語妾先知 낭군이 비록 말하지 않으나 첩이 먼저 알았다오.
光山城裡花猶在 광산성光山城46)에 꽃이 아직 있으니
早晩東風折一枝. 조만간 동풍에 한 가지가 꺾일 것이오.

라 했다. 근간에 시골 어떤 여인의 춘일시春日詩에 말하기를,

懶罷春眠刺繡遲 게으르고 봄 졸음으로 자수가 늦으며

46) 그 기생이 光山 사람이기 때문에 이른 것이라 한다.

碧挑花落聽黃鸝 복숭아 꽃 떨어지자 꾀꼬리 우는 소리 들린다.
結絲未結心先結 실을 맺지 못하고 마음을 먼저 맺었으니
誰識停針不語時. 누가 바늘을 멈추고 말하지 못할 때를 알리오.

라 했으니, 봄 생각으로 아득해 홍안紅顔이 늙겠다.

약천藥泉 남구만南九萬 상공相公의 서종제庶從弟 종만從萬의 처가 젊었을 때부터 시에 능했는데 늙었으면서도 오히려 시를 읊으므로 남상공南相公이 후하게 대우했다. 남상공南相公이 말년에 별실別室이 있었는데 해산을 하고자 하므로 남상공南相公이 안에 들어와서 약 끓이는 일들을 살피고 있었다. 그때 마침 서수庶嫂가 왔으므로 남상공南相公이 말하기를 "요사이도 시를 지을 수 있겠느냐" 하니 서수庶嫂가 대해 말하기를 "명령이 있으면 어찌 감히 힘쓰지 않겠습니까" 하므로 남상공南相公이 말하기를 "서수庶嫂가 부르는 운에 따라 즉시 시를 짓게 되면 면포綿布 몇 필을 상으로 주겠다"고 하고 직접 진盡과 산散 두 자字를 운자로 정하게 되었는데 대개 이 두 자는 우연히 부르게 된 것이며 본디 한 운은 아니다. 바로 대해 말하기를,

藥泉老相國 약천藥泉 나이 많은 정승을
誰云筋力盡 뉘가 근력이 쇠했다고 하느냐.
行年七十三 먹은 나이 칠십 삼 세인데
親煮佛手散. 직접 불수산佛手散[47]을 다린다오.

라 했다. 대개 공公이 나이 많으면서 가진 산육産育을 풍자하고자 한 것이다. 공公이 매우 칭찬하며 약속한 바와 같이 후하게 보냈다

47) 부녀들이 산후에 먹는 약이라 한다.

고 한다.

근세에 경씨부인慶氏婦人이 시에 능했다. 일찍 호수 가운데로 지나는 길을 가다가 지은 시가 있는데 말하기를.

遠樹霜初落	먼 나무에 서리가 처음 내리고
西天鴈自飛	서쪽 하늘에 기러기가 스스로 난다.
滄江愁獨去	넓은 강을 걱정하며 홀로 가면서
何日歸故國.	어느 날 고국으로 돌아가랴.

라 했다. 그의 춘일시春日詩에 이르기를,

田畝生潤水增波	밭이랑은 윤기가 나고 물은 물결이 많아져
農務應從夜雨多	농사일은 응당 밤에 내리는 비를 좇아 많아진다.
庭草漸長花落盡	뜰에 풀은 점점 자라고 꽃은 다 떨어져
一年春色夢中過.	일 년의 봄빛이 꿈속에서 지나간다.

라 했는데, 이곳은 바로 참판參判 경최일慶最一의 집이다.

『학산초담鶴山樵談』에 이르기를 우리나라에 부인으로서 시에 능한 자가 적었다. 경번景樊(난설헌蘭雪軒의 자字)은 하늘에 있는 신선 같은 재주이며, 이옥봉李玉峯도 또한 대가大家였기 때문에 족히 논의할 것이 없다. 선비인 정문영鄭文榮의 처가 남편을 대신해 사람에게 준 시에 말하기를,

風露瑤臺十二層	바람과 이슬 내린 요대의 열두 층에
步虛聲斷綵雲稜	발자국 소리 끊어지고 채운이 짙게 끼었다.
松間欲寄相思字	소나무사이에서 서로 생각한다는 글자를 부치려하나
多病長卿臥武陵.	병이 많은 장경長卿[48]이 무릉武陵에 누웠다오.

라 했다. 생원生員 신순일申純一의 처가 글에 능했고 시도 잘 지었다. 사람들이 전하는 한 절구에 말하기를,

雲險天如水　구름은 험하고 하늘은 물과 같으며
樓高望似飛　누가 높아 바라보면 나는 듯하다.
無端長夜雨　무단히 긴 밤에 내리는 비는
芳草十年思.　방초가 십 년 동안 기다렸다오.

라 했고, 또 전하는 모인某人의 처妻의 시에 말하기를,

幽澗冷冷月未生　깊숙한 시내는 차갑고 달은 뜨지 않았으며
暗藤垂地少人行　어두운 덩굴이 길에 드리워 다니는 사람이 적다.
村落知在前峰外　마을이 앞산 봉우리 밖에 있음을 아는 것은
淡霧踈星一杵鳴.　맑은 안개 성긴 별빛 아래 다듬이 소리 들린다.

라 했는데, 이러한 작품들을 일일이 다 들 수 없다. 문풍文風의 성함이 당唐나라 사람들에 부끄러움이 없으니, 또한 국가의 좋은 일이라 아니할 수 없다.

양사기楊士奇의 첩은 산문과 시에 능했다. 사기士奇가 풍천부사豊川府使로 가서 편하고 즐거워 돌아오지 않았는데 그의 첩이 시를 부쳐 말하기를,

悵望長途不掩扉　슬프게 먼 길 바라보며 사립문을 닫지 않았는데
夜深風露濕羅衣　깊은 밤 이슬에 비단옷이 젖었겠다.
楊山館裡花千樹　양산관楊山館[49] 속에 꽃나무가 많아

48) 漢나라 司馬相如의 字.
49) 楊山 安岳의 다른 이름이라 했다.

日日看花歸不歸. 날마다 꽃을 보느라 돌아오지 못하나뇨.

라 했다. 그의 추한시秋恨詩에 말하기를,

秋風摵摵動梧枝 가을바람이 우수수 오동나무 가지를 흔들고
碧落冥冥鴈去遲 푸른 하늘은 어두워 기러기가 천천히 간다.
斜倚綠窓人不見 창에 기대었으나 사람은 보이지 않고
一眉新月下西池. 눈썹 같은 초승달이 서쪽 못으로 떨어진다.

라 했다.

이즙李楫 평창平昌의 내실內室 심씨沈氏[50]는 십 세에 「사략史略」「시전'詩傳'」「소학'小學'」을 모두 배웠고 시 짓는 생각이 뛰어났다. 아버지 응교공應教公이 광해군 때로부터 고성固城에 유배되어 있었는데 심씨沈氏가 시를 부쳐 말하기를,

玉砌霜風起 섬돌에 서리 바람이 일고
紗窓月影寒 사창에 달그림자가 차다.
忽聞歸鴈響 갑자기 돌아가는 기러기 우는 소리 들려
千里憶南關. 천리의 남관을 생각한다오.

라 했다.

월곡月谷 오원吳瑗의 모부인母夫人은 농암農巖 김창협金昌協의 딸이다. 아버지로부터 오랫동안 듣고 배워 때때로 아름다운 시구詩句가 있었다. 선원사仙源祠를 지나다가 지은 시의 낙구落句에 말하기를,

---

50) 光世 應教의 딸이라 한다.

精忠染盡祠前樹　순수한 충성은 사당 앞의 나무를 모두 물들여
秋後霜風葉葉丹.　가을 후의 서리바람에 잎들을 붉게 한다.

라 했다.

어떤 부인의 시에 말하기를,

秋晩輕雲生海薄　늦가을 가벼운 구름이 바다에서 엷게 나고
夜深寒月上山遲.　밤이 깊자 차가운 달이 산에 더디게 오른다.

라 했는데, 그의 생애가 맑고 고되 스스로 가리지 못했다. 백하白下 윤정尹渟이 서교西郊에 물러나 있으면서 들으니 어느 마을 촌 여인이 시를 잘 짓는다는 말을 듣고 탈 것을 보내 오게 했는데, 그 여인의 오언절구五言絶句에 말하기를,

折楊鞭白馬　버들을 꺾어 말을 채찍하니
鶯失一枝春.　꾀꼬리가 봄에 한 가지를 잃었다.

라 했으며, 그가 가고자 하면서 또 한 절구를 지었는데 말하기를,

溪路暮烟起　냇가 길에 저문 연기가 일고
斜陽白鷺前　사양에 백로가 앞에 있다.
君家去漸遠　자네 집에 가면 점점 멀어질테니
歸馬不忍鞭.　돌아가는 말을 차마 채찍하지 못하겠다.

라 했는데, 이 시도 또한 여자로서 뛰어난 것이다.(君字는 吾자 아닐까)

임천林川의 문신文臣 홍순언洪舜彦은 자신의 첩妾이 시에 능하다며 그녀가 지은 시를 외우는데, 그 시에 말하기를,

寶爐香銷欲曙天	향로에 향이 녹고 하늘은 새벽이 되고자 하는데
忽聞鳴鳥到窓前	갑자기 새가 창 앞에 와서 우는 소리 들린다.
沙頭夜過何山雨	사장 머리 밤에 어느 산에 비가 지나갔으며
柳外潮生極浦烟	버들밖의 넓은 포구에 안개가 조수처럼 생긴다.
別恨暗隨花影亂	이별의 한은 몰래 어지러운 꽃 그림자를 따라다니고
離愁長與錦紋牽	떠난 근심은 길이 비단 무늬와 같이 이끈다.
瑤箏彈罷江南曲	쟁으로 강남곡江南曲을 타다가 파하니
曲曲離亂又采蓮.	곡마다 떠나는 어지러움과 또 채연사采蓮詞라네.

라 했으며, 또 말하기를,

童報遠帆來	아이가 멀리서 돛이 온다고 알리자
忙登樓上望	바쁘게 누 위에 올라 바라보았다.
隨潮直過門	조수 따라 바로 문 앞을 지나가자
背立空怊悵.	뒤에 서서 매우 슬퍼한다오.

라 했다.

정효순丁孝舜은 첩妾이 있었는데, 시를 잘 지어 수백 편이 되었으며 일찍 죽었다. 정효순이 그 한 수를 기록했는데,

綵蝶風前舞	비단나비는 바람 앞에 춤을 추고
殘紅雨後啼	남은 붉은 등불은 비 온 뒤에 운다.
相思今夜夢	오늘 밤 꿈에 서로 생각하게 되면
月白小樓西.	달이 밝은 작은 누 서쪽일 것이오.

라 했다.

한 여인이 시에 능했는데 그 시에 말하기를,

白頭還墨羔毛筆 흰 머리 다시 검게 하는 데는 양털 붓이오

라 했는데 대對를 할 자가 없어 바로,

政如烟銷池塘柳. 바로 지당의 버들에 연기가 사라지는 것과 같다.

라 한 것과 같이 대對가 어려웠다. 또,

시골 어떤 여인이 구句를 지었는데 말하기를,

夢踏青山脚不勞. 꿈에 푸른 산을 밟았으나 다리가 고단하지 않다.

라 하며 대對를 짓는 사람이 원한다면 사위를 할 것이라 했는데, 끝내 대對를 짓는 사람이 없었으니 가소롭다.

계생桂生은 호가 매창梅窓이며 부안扶安 기생이다. 얼굴이 아름다워 한 시대의 유명한 인물들이 시를 지어주지 않은 사람이 없었으니 그의 사람됨을 알 만하다. 그의 시에 말하기를,

水村來訪小柴門 수촌에 와서 작은 싸리문을 방문하니
荷落寒塘菊老盆 연꽃은 찬 못에 떨어지고 국화는 분에서 시들었다.
鴉帶夕陽歸古木 갈까마귀는 석양을 띠고 고목으로 가고
雁含秋意度江雲 기러기는 가을 뜻을 머금고 강운을 건넌다.
休言洛下時多變 서울 세상이 많이 변했다고 말하지 말라
只願人間事不問 인간의 일은 묻지 않기를 원한다오.
莫向樽前辭一醉 술통 앞에서 한 번 취하는 것을 사양하지 말라
信陵豪氣草中墳. 신릉군信陵君[51]의 호기도 풀 속의 무덤이라오.

라 했으니 그의 재주를 알 수 있을 듯하다. 일찍 지나는 손이 그의 이름을 듣고 시로써 희롱하고자 하므로 계생桂生이 차운하여 말하기를,

平生不學東家食 평생에 동가식東家食[52]하는 것 배우지 못했고
只愛梅窓月影斜 단지 매창梅窓에 달빛 들어오는 것만 사랑한다오.
詞人未識幽閑意 사인詞人이 깊숙하고 한가한 뜻을 알지 못하고
指點行雲枉自多. 가는 구름 가리키며 부질없이 많다 한다.

라 하니 그 사람이 실심하고 갔다고 한다. 평생에 거문고와 시를 좋아하여 그가 죽자 거문고는 순장했다고 한다.

근간에 김성달金盛達 고성수高城守의 첩 이씨李氏는 무신武臣의 딸이었는데 시에 능했다. 그가 금곡별업金谷別業을 지나며 말하기를,

淸宵月色滿空林 맑은 밤 달빛이 빈숲에 가득하며
臥聽高梧滴露聲 누워 오동나무에 이슬 떨어지는 소리 듣는다.
臺榭依依人事變 집들은 그대로 있으나 인사는 변했으나
白雲流水古今情. 흰 구름 흐르는 물은 고금의 정이라오.

라 했다. 영수咏愁에 말하기를,

愁與愁相接 근심이 근심과 더불어 서로 만나니
襟懷苦未開 마음에 품은 것이 써 열리지 않는다.
黯黯無時盡 어두움이 다할 때가 없으니
不知何處來. 어느 곳에서 올지 알 수 없다오.

---

51) 춘추전국 때 魏 昭王의 작은 아들 信陵君의 봉작 이름이며, 食客이 삼천이나 되었다고 한다.

52) 東家食 西家宿으로 지조가 없는 사람을 말함.

라 했으며, 석조夕照에 대해 말하기를,

漁人款乃對潮歸 어부들은 노래하며 조수와 같이 돌아오고
山影倒江掩夕扉 산 그림자는 강에 거꾸로 있고 저녁에 사립문은 닫혔다.
知是來時逢海雨 돌아올 때 비를 만났음을 알 수 있는 것은
船頭斜搨綠簑衣. 뱃머리에 푸른 도롱이를 말리기 때문이다.

라 했으며, 강촌江村에 대해 말하기를,

江深晩潮色 강이 깊어 늦은 조수 빛도 변하고
村遠午鷄聲. 먼 촌에서 한낮 닭 우는 소리 들린다.

라 했는데, 모두 맑고 깨끗해 가히 고치지 못할 것이다.

얼현孼玄은 안동安東 권씨權氏 집 종이었는데 재주가 있고 얼굴이 고왔으며 스스로 호를 취죽翠竹이라 했다. 그는 시도 능했는데 그의 추사시秋思詩에 말하기를.

洞天如水月蒼蒼 동구의 하늘은 물 같고 달빛은 검푸르다.

라 했는데, 시를 뽑는 자가 잘못해 기생 취선翠仙의 시라 했다. 또 석전石田의 옛날 살던 곳을 방문했을 때 지은 시에 말하기를,

十年曾伴石田遊 십 년 전에 석전을 짝해 놀았으며
楊子江頭醉幾留 양자강 머리에서 몇 번이나 취해 머물렀던가
今日獨尋人去後 오늘 사람이 간 후 홀로 찾으니
白蘋紅蓼滿汀秋. 백빈과 홍료가 가을철 물가에 가득하다.

라 했는데, 이 시를 무명씨의 작품이라 하여 취죽翠竹의 이름이 전하지 않은 것이 아깝다.

천한 기생 취선翠仙은 호가 설죽雪竹이다. 시가 있는데 말하기를,

春粧催罷倚焦桐 봄 화장 재촉해 마치고 오동나무에 의지했더니
珠箔輕明日影紅 주렴은 밝고 해 그림자는 붉다.
春霞夜多朝露重 봄 안개 밤에 많아 아침 이슬 무거워
海棠花泣小墻東. 해당화가 작은 담장 동쪽에서 운다.

라 했고 또,

洞天如水月蒼蒼 동구의 하늘은 물 같고 달은 검푸르며
樹葉蕭蕭夜有霜 나뭇잎은 소소히 떨어지고 밤에는 이슬이 온다.
十二緗簾人獨宿 십이 폭 주렴에 홀로 자며
玉屛還羨畫鴛鴦. 병풍에 그려진 원앙새가 도리어 부럽다오.

라 했다.

정평定平 기생 취연翠蓮은 시재가 있었다. 회곡晦谷 윤양尹陽이 와서 북관北關을 안찰할 때 영중營中으로 불렀는데, 장마로 돌아가지 못해 근심하는 표정이 낯에 가득했다. 윤공尹公이 시를 지어보게 했더니 취연翠蓮이 바로 한 절구絶句를 지었는데 말하기를,

十日長霖苦未晴 십 일 동안 긴 장마 괴롭게도 개지 않아
鄕愁暗暗夢中驚 고향 근심 나도 모르게 꿈속에서 놀란다.
中山在眼如千里 중산中山[53]이 눈에 있는데 천 리 같아
悄倚危欄默數程. 슬프게 위태로운 난간에 의지해 길을 헤어본다.

---

53) 定平의 옛 이름이라 했다.

라 하니 윤공尹公이 기이하게 여겨 바로 말을 주어 보냈다. 취연翠蓮의 동생은 글씨를 잘 썼으며 이름을 소정蘇精이라 했다. 대개 소동파蘇東坡의 서법書法을 사모했기 때문이라 한다.

순묘純廟 익묘翼廟 사이에 화산華山 모씨母氏가 문장에 능했으나 스스로 숨기고 시험하지 않았으며 내어 보이면 문득 기이하고 매우 묘했는데, 그의 시가 북쪽 지방에서만 전하고 서울에는 전하지 않았다. 대개 화산華山 모씨母氏는 함산咸山 기생이었고 호는 추향루秋香樓였다. 어렸을 때부터 화산華山에 살다가 육칠 세 때 어머니와 각자 떨어져 살면서 부쳐 보낸 주머니에 사詞가 쓰여 있었는데 말하기를,

綠漢緞朱黃絲	푸른 신발[54]에 붉고 누런 실로 둘렀으며
寸寸回腸縷縷縈絲	마디마디 창자처럼 돌고 실과 실로 얽었다.
添將燭下淚	촛불 밑에 흐르는 눈물을 첨가해
繡與斑衣兒.	아롱진 옷 입은 아이와 더불어 수를 놓는다.[55]

라 했으며, 또 관등시觀燈詩에 말하기를,

生在人間可摘星 인간 세계에 있었다면 별은 딸 수 있을 것이다.

라 했으니, 아름답다고 하겠다.

양녕대군讓寧大君은 처음에 세자世子였다. 영락永樂 오 년에 명明나라에 사신으로 갔더니 명나라 임금이 어상御床에까지 올라오게 하고 손을 잡고 위로하며 일컬어 말하기를 "현명한 왕자"라 하

54) 이 句에 漢字는 어떤 의미로 사용된 것인지 알 수 없어 번역에서 제외했다.
55) 번역은 했으나 이해에 어려움이 없지 않다.

고 직접 칠언시를 지어 주었는데 말하기를,

浿水東邊舊封域	패수浿水[56] 동녘 옛 봉한 지역에
八條敎能遵古式	팔조八條[57]의 가르침을 옛 법대로 지켰다.
簡編自是鑑安危	이로부터 책에서 안위를 거울할 수 있고
淵藪何須更藏匿	사물이 모이는 것을 어찌 잠깐이라도 감추랴.
乾坤覆載無不容	건곤이 덮고 싣는 것은 용납지 아니함이 없으나
栽培槩拔皆天工	재배한 산뽕나무를 뽑는 것은 모두 하늘의 공교함이다.
時來難得苦易失	때가 오면 얻기도 어려우나 쉽게 잃는 것도 괴로운 것이며
三韓揮霍空遺踪	삼한은 빨리 휘둘러 큰 자취를 남겼다.
右渠肆誘逞險譎	우거右渠[58]는 방자하게 유인하다가 간사한 것으로 통했으며
過眼前看曾一瞥	전에 본 것도 지나고 보면 일찍 한 번 본 것이다.
溝婁水綠草萋萋	빈 개천에 푸른 풀이 무성하고
雲擁玄兎漢封埒	구름은 한나라가 봉한 성인 현토玄兎[59]를 보호했다.
爾家攄悃事朝廷	너의 집은 정성을 가지고 조정朝廷을 섬기며
男耕女織畺域寧	남녀가 밭 갈고 베 짜며 모든 지역이 편안하다.
吹蘆撾鼓日爲樂	갈대 불고 북 치며 날마다 즐거워하며
曠野人無佩犢行	넓은 들에 송아지 훔쳐 몰고 가는 사람 없다.
鴨綠江流賜卮酒	압록강 흐르는 물에 술잔을 주고
馬邑諸山連培塿	마읍馬邑의 모든 산에 연달아 두둑을 도운다.
試看往蹟已荒凉	지난 지취를 시험해 보라 이미 황폐했으니
名譽光華可長求	빛난 명예를 길게 구할 것이다.
秉心安得如金石	마음가짐을 어찌 금석 같지 아니하리오

56) 지금의 대동강 위의 水名, 永樂은 명나라 成祖의 연호.
57) 고대에 箕子가 우리나라에 와서 베풀었다는 여덟 가지의 법.
58) 고대 사람이름으로 알고 있는데, 그의 행적에 대한 기록은 보지 못했다.
59) 漢 武帝가 설치한 四郡의 하나.

堅確惟當愼朝夕 굳고 확실하게 해 마땅히 조석으로 조심하라.
驕盈只患鮮永終 교만함이 차면 길게 가는 것이 적은 것을 근심하며
孰解沈潛到幽頤 뉘가 드러나지 않고 깊숙한 데 몰래 이름을 모르랴.
昔年王子來朝享 지난 해 왕자가 조회하러 오고자 할 때[60]
車騎蕭蕭出平壤 수레가 소소히 평양성을 나왔다네.
淸霜殺柳水凝氷 맑은 서리에 버들이 시들고 물은 얼면 얼음이 된다
回首寒郊連茫蒼 찬 들로 머리 돌리니 연다라 넓고 질펀하다.
爾禔修貢萬里來 너 제禔[61]는 공물貢物을 가지고 만 리에서 왔고
年過十五堪成才 나이 열 다섯에 재주가 견디게 이루어졌다.
讀書學道勿自棄 글 읽고 도 닦는 것을 스스로 포기하지 말라
勉旃毋使家聲頹 힘써 가문의 명성을 무너짐이 없게 하라.
從來禍福無偏私 전부터 화와 복은 편사가 없었으며
倚伏之机乘善惡 궤에 의지해 엎드리어 선악을 다스린다.
高山可礪海可移 높은 산도 갈 수 있고 바다도 옮길 수 있으니
萬古忠誠是郛郭. 만고의 충성은 이 큰 성곽이라오.

라 하고, 잇따라 배신陪臣 이천우李天佑 등에 명령하여 화시和詩를 내게 하고 세자世子가 돌아가면서 곡부曲阜를 거쳐 공자孔子 사당을 배알하게 했다.

세종世宗은 나면서부터 성인의 덕이 있어 백성들의 마음이 돌아갔고, 세자世子도 마음으로 알고 거짓으로 미친 듯하며 멀리 도주하기도 하여 사양했다. 일시의 사람들이 태백泰伯과 우중虞仲[62]에 빗겼다. 어렸을 때부터 문장에 능했으나 인해 알지 못하는 듯하여

60) 太宗이 世子였을 때 중국에 사신으로 갔는데 明나라 成祖는 그때 燕王으로 있으면서 태종을 후하게 대우했기 때문에 이른 것이라 했다.
61) 조선조 太宗의 큰아들 讓寧大君의 이름.
62) 우중은 周나라 太王의 둘째 아들인데 형 泰伯과 함께 동생 季歷을 위해 왕위 계승을 피했다고 한다.

비록 태종太宗도 또한 알지 못했다. 나이 많아 제승축題僧軸에 말하기를,

山霞朝作飯　　산의 안개를 아침에 밥을 하고
蘿月夜爲燈　　덩굴의 달은 밤에 등불을 했다.
獨在孤菴下　　홀로 외로운 암자 밑에 있으니
猶存塔一層.　　오히려 한 층의 탑이 있다.

라 했는데, 비록 문장으로 이름 있는 자라 할지라도 반드시 나을 것이라고 못할 것이다.

주계군朱溪君은 이름이 심원深源이고 자는 백연伯淵이며 호는 성광醒狂이다.[63] 그는 비단 이학理學에 밝을 뿐만 아니라 또한 시에도 능했다. 그의 우후만망시雨後晩望詩에 말하기를,

一犂春雨杏花殘　보습 깊이 봄비에 살구꽃은 쇠잔하고
處處人耕白水間　곳곳에 농부는 물이 있는 논을 간다.
獨坐滄茫江海上　홀로 넓은 강해상江海上에 앉아
不勝惆悵望三山.　슬픔을 이기지 못해 삼산을 바라본다.

라 했고, 도운한사시到雲漢寺詩에 말하기를,

樹陰濃淡石盤陀　비탈진 바위에 나무 그늘이 짙고 맑은데

63) 成宗 때 나이 이십오 세 전후에 다섯 번 글을 올려 治道를 논했고, 또 姑母夫 任士洪이 잘못을 알아 마음이 변하고 뜻을 잃게 된 것을 바라고자 하다가 조부 寶城君이 불효하다고 말해 長湍으로 유배되었다가 또 伊川으로 유배되었다. 뒤에 成宗이 깨닫고 任士洪을 유배시켰다. 燕山君 때 士洪이 公을 무고하여 두 아들과 같이 죽였다.

一逕縈回透澗阿 한 가닥 길이 얽히고 돌아 시내 언덕으로 들어간다.
陣陣暗香通鼻觀 계속되는 짙은 향기 코를 통해 들어와
遼指林下有殘花. 멀리 숲 밑에 남은 꽃이 있음을 가리킨다.

라 했다.

안평대군安平大君의 이름은 용瑢이고 자는 청지淸之며 호는 비해당匪懈堂이다.[64] 일찍 사신 일행과 중국이 갔더니 한 각로閣老가 초청하여 잔치를 베풀었는데 술에 취하자 각로가 말하기를 "내가 여덟 폭의 그림이 있는데 천하에 뛰어난 보배"라 하고 인해 병풍을 열어 그려진 그림을 보이는데 바로 청산青山, 죽림竹林, 오작烏鵲, 시문柴門의 만경晩景과 개가 사람을 보고 짖다가 돌아가는 형상이다. 잇따라 청해 말하기를 "자네가 나를 위해 절구絶句 한 수를 지어 이 병풍에 써달라"고 했다. 안평安平이 바로 붓을 잡고 쓰고자 하니 각로가 말하기를 "내가 여덟 폭 병풍의 그림에 모두 절구를 쓰고자 하니 자네가 가능하겠느냐." 안평安平이 취해 먹물을 몇 곳에 흘렸더니 각료가 크게 놀라며 화를 내자 안평安平이 웃으며 두 구句를 썼는데 말하기를,

萬疊青山遠 만첩의 푸른 산은 멀고
白屋三間貧. 초라한 집 삼 칸은 가난하다.

라 했는데, 단지 산과 집만 말했고 다른 경치는 들어가지 않았다. 각로가 좋지 않게 여겼는데 안평安平이 또 결구結句를 써 말하기를,

64) 안평대군은 글씨 그림 비파도 잘했다고 하며 北門 밖에 武夷精舍, 南湖 위에 淡淡亭을 세웠고 端宗廟에 入節했다.

竹林烏鵲晚　　대나무 숲에 오작은 늦게 오며
一犬吠歸人.　　한 마리의 개가 가는 사람을 짖는다.

라 하여 과연 모든 경치가 그려졌고 먹물이 떨어진 것도 또한 그림과 글씨 가운데 다 들어갔다. 각로閣老가 크게 칭찬하며 이것이 참으로 삼절三絶이라 했다.

무풍도정茂豊都正의 이름은 총揔이고 자는 백원百源이며 호는 구로주인鷗鷺主人[65]이다. 타고난 바탕이 세상에 뛰어났으며 서사書史를 읽지 않았는데 지은 시문詩文은 크게 기이했다. 일찍 추강秋江 남효온南孝溫과 보제원普濟院에서 이별하며 다른 손들은 모두 노래하고 춤을 추었으나 백원百源은 부채에 시를 써 말하기를,

相知八年內　　서로 알게 된 것이 팔 년이 가까운데
會少別離多　　만남은 적고 헤어짐이 많았다.
臨分千里手　　먼데 가는 손으로 헤어짐에 다다라
掩泣聞淸歌.　　눈물 닦으며 맑은 노래 듣는다.

라 하니 좌중의 사람들이 놀라서 물러나며 붓을 놓았다. 중균仲均이 이 시를 보고 탄식해 말하기를 "크게 좋고 매우 뛰어났다"고 했다. 일찍 양화도楊花渡 위에 별따로 농막을 짓고 건너는 곳에 작은 배와 그물을 갖추어 시인과 소객騷客들을 날마다 초치하여 좋은 시가 무려 천백 편이나 되었는데 신용개申用漑의 시에 말하기를,

沙暖集羣鳥　　모래가 따뜻하니 뭇새들이 모이고

---

65) 그는 형 文湖와 동생 而直 而悅 公擇 公幹이 모두 올바른 사람이다. 燕山君 때 從父 牛山君을 따라 형을 받으면서 태연했다고 한다.

江淸浮太極. 강물이 맑으니 태극이 떴다.

라 한 구는 당시의 으뜸이 된다 했고, 여경餘慶은 탄식하며 말하기를 "이 사람의 이 시는 성당盛唐의 운韻이라" 했다.

명양정鳴陽正의 이름은 현손賢孫이며 자는 세창世昌이다. 깨끗해 티끌 세상을 벗어난 듯했다. 글을 좋아하여 그의 견의시遣意詩에 말하기를,

小雨茆齊濕 적은 비가 갯버들을 고루 적시고
新晴枕席凉 새로 개자 잠자리가 서늘하다.
水衣緣礎上 물에 젖은 옷은 주춧돌 위에 있고
庭草過墻長 뜰에 풀은 길어 담장을 지났다.
露浥苽花淨 교미꽃은 이슬에 젖어 깨끗하고
風含蕙葉香 바람은 혜초 향기를 머금었다.
悠然午眠罷 태연하게 낮잠에서 깨니
林梢淡斜陽. 나뭇가지가 사양에 깨끗하다.

라 했으며, 추일시秋日詩에 말하기를,

白露園林淨 이슬은 동산 숲을 깨끗이 했고
高風草木衰 높은 바람에 풀과 나무들이 쇠했다.
覆杯踈竹葉 성긴 대나무 잎으로 잔을 덮었고
汲井煮桑枝 우물 물 길어 뽕나무 가지를 삶는다.
落日鴈橫塞 해가 지자 기러기가 새방 쪽으로 날아가고
秋窓虫吐絲 가을 창에 벌레가 실을 토한다.
誰憐貪病客 누가 병든 나그네 탐해 어여쁘게 여기랴
長咏楚人詞. 길이 초인사楚人詞[66]를 읊고자 한다.

라 했다. 또 말하기를,

空盤堆馬齒	큰 상에 마치馬齒[67]가 쌓였고
荒園長鷄腸	거친 채전은 닭 창자처럼 길다.
水閣青奴冷	수각水閣에 청노青奴[68]가 서늘하고
巖田腐婢香	돌밭에 부비腐婢[69]도 향기롭다.
莓苔侵礎遍	이끼가 주춧돌에 넓게 깔렸고
蓬艾繞窓長.	쑥이 창에 길게 얽혔다.

라 했으며, 또

紫蘇葉帶回風響	자소엽에 도는 바람 소리를 띠었고
紅蓼花含返照明	붉은 여뀌 꽃이 돌아오는 밝은 빛을 머금었다.
溪禽帶雨全身濕	시내 새는 비를 맞고 전신이 젖었으며
山柿經霜半臉紅.	산에 감은 서리가 내리자 반쯤 빰이 붉다.

라 했다. 그는 몸에 파리한 병이 있어 삼십이 되지 못하고 세상을 떠났다. 그의 감회시感懷詩에서 그가 오래 살지 못할 것을 볼 수 있는데 그 시에 말하기를,

光陰如電瞥	광음은 전기처럼 얼핏 볼 수 있고
歲月不貸余	세월은 나에게 빌려주지 않는다.
成名雖及時	이름을 이루는 것은 비록 때가 미쳐야하나
畢竟皆空虛	결국 모두 허망한 것이오.

---

66) 屈原과 宋玉 등이 지은 시가들을 지칭한 것이 아닌가 한다.
67) 말의 나이, 자신의 나이를 낮추어 말할 때 마치라 함.
68) 竹夫人의 다른 이름.
69) 小豆 오곡의 하나인 팥.

形骸非我有	형체는 내 것으로 있는 것이 아니며
一朝無復餘	하루아침에 남는 것이 없다.
榮華豈足賴	영화를 어찌 충분히 믿으며
天地是廬籧	천지는 대자리 집이라오.
笑彼窮途人	저 궁한 사람을 웃노니
痛哭終何如.	통곡한들 결국 어찌 하겠는가.

라 했다.

해원군海原君의 이름은 건健이고 호는 규창葵窓이며 선조宣祖의 왕손王孫이다. 그는 시의 가락이 맑고 깨끗하며 글씨와 그림도 묘해 세상에서 삼절三絶이라 일컬었다. 열다섯 살에 가화家禍를 입어 탐라耽羅로 유배되어 시 짓는데 전념했다. 지은 시에 말하기를,

故國夢千里	고국은 꿈에서도 천리이며
海山天一涯	바다와 산으로 하늘 한 모퉁이라오.
滿庭春夜月	봄철 밤에 달빛은 뜰에 가득하고
風動碧桃花.	바람에 푸른 복숭아꽃이 떨어진다.

라 했고, 또 말하기를,

耽羅城裡一茅廬	탐라성의 한 띠집에서
誰識王孫七載居	왕손이 칠 년 동안 살았다는 것을 누가 알겠는가.
黃鳥玄鳥春暖後	꾀꼬리와 제비는 따뜻한 봄이 지난 뒤에 오고
綠楊紅杏日長初	푸른 버들 붉은 살구꽃은 해가 처음 길 즈음 핀다.
家鄉渺渺千山外	고향집은 아득한 많은 산 밖에 있고
道路茫茫萬里餘	길을 멀고멀어 만 리도 넘는다.
莫遣男兒愁遠謫	남아를 근심스러운 먼 곳에 귀양 보내지 마오
百年憂樂本來虛.	한평생 근심과 즐거움이 본래 허망한 것이오.

라 했고, 또 춘규원春閨怨에 말하기를,

深院無人春晝遲 깊은 집에 사람은 없고 봄 낮이 더디며
東風欲老海棠枝 동풍에 해당화 가지가 늙고자 한다.
枕邊恨結雙行淚 베개 가에 한 맺힌 두 줄의 눈물이 흐르고
鏡裡愁纏八字眉 거울 속에 근심으로 팔자의 눈썹이 얽히었다.
繡闥早開邀紫燕 대문을 일찍 열어 제비를 맞이하고
珠簷忙捲聽黃鸝 처마를 바쁘게 말아 꾀꼬리 소리 듣는다.
抱琴莫奏江南曲 거문고 안고 강남곡을 타지 마오
曲到江南更可悲. 곡이 강남에 이르면 다시 슬프게 한다.

라 했으며, 강상송객시江上送客詩에 말하기를,

放達何人似謫仙 적선謫仙 같이 방달放達[70]한 사람이 누구인가
風流文彩炯秋天 멋과 문장의 채색은 가을하늘처럼 빛난다.
離情和雨連江樹 떠나는 정은 비와 함께 강변 나무와 연했고
別夢隨雲落暮烟 이별의 꿈은 구름 따라 저문 연기와 떨어진다.
千古浮生如過鳥 천고의 인생은 지나가는 새와 같고
一年殘景又寒蟬 일 년에 남은 경치에 또 차가운 매미라오.
知君此去應多憶 자네가 가면서 응당 생각이 많으리니
回首青山月幾圓. 청산에 머리 돌리며 달이 몇 번 둥글었을까.

라 했다.

금산군錦山君의 이름은 유瑜이고 자는 景實이며 호는 매창梅窓이다.[71] 『학산초담鶴山樵談』에 이르기를 공자公子는 자신의 중씨仲氏

70) 謫仙은 李白을 지칭하며 放達은 내용을 보면 인물의 성격을 말한 것인데 送客의 손을 말한 것이 아닌가 한다.

71) 그는 西宮의 변이 일을 때 宗室인 龜川君 睟 등 십팔 인과 더불어 李爾瞻

에게 시를 배웠는데 시는 온정균溫庭筠과 이상은李商隱[72]의 시를 좋아하여 그 체재에 맛을 얻었다. 그의 향렴시香奩詩에 말하기를,

芙蓉城外蘂珠宮 부용성 밖의 예주궁蘂珠宮에서
鸞御來迎許侍中 난새를 타고 와서 허시중許侍中[73]을 맞이한다.
鸚鵡賦吟明月夜 밝은 달밤에 앵무부鸚鵡賦를 읊었고
鷫鷞裘掛錦屛風 鷫상[74]의 갖옷은 비단 병풍에 걸었다.
寒重繡幕添香獸 매운 추위로 비단 장막에 향수를 첨가했고
夢罷銀燈結玉虫 꿈을 깨자 은등에 옥충玉虫[75]이 얽히었다.
傳語雪衣煩搗客 눈 묻은 옷이 자주 손을 도와준다고 전해주고
莫敎雲雨散忽忽. 운우雲雨가 흩어지는 것을 바쁘게 하지 말아다오.

라 했으며, 항아시姮娥詩에 말하기를,

雲母屛寒寶帳虛 운모雲母로 만든 병풍이 차고 보장이 비었으며
露華偏濕玉蟾蜍 옥으로 만든 두꺼비가 이슬에 흠벅 젖었다.
姮娥縱得長生藥 항아가 오래 사는 즐거움은 얻었으나
爭奈年年恨獨居. 해마다 혼자 사는 한[76]을 다툰들 어찌하랴.

의 죄임을 논하다가 光海君의 노여움으로 海南에 유배되어 사 년 동안 圍籬되었다가 근심과 분함으로 세상을 떠났다.

72) 두 사람 모두 唐나라 때 이름 있는 시인이다.

73) 許筠의 「鶴山樵談」에 따르면 금산군은 시를 자신의 仲氏에게 배웠다고 했다.

74) 神鳥라 하면 봉황에 또는 기러기에 속한다고 햇는데 분명하지 않지만 司馬相如가 갖옷을 잡히고 술을 먹었다고 하니 전고에 있는 말임에는 틀림없는 듯하다.

75) 등불의 심지.

76) 활을 잘 쏘는 羿가 西王母로부터 받은 不死藥을 몰래 먹고 신선은 되었으나 있으면 남편이 죽일 것 같아 달나라로 도망을 갔다고 한 중국의 옛 설화를 반영한 것이다.

라 했는데, 매우 부귀를 이룰 아름다운 기상이 있었다. 임진왜란 때 어버이를 떠나 임금을 모시었으니 그 배운 바를 저버리지 않았다. 소암疎菴 임숙영任叔英이 시로써 울며 말하기를,

海雨蠻烟恨獨居 바다 비와 오랑캐 연기에 홀로 사는 것을 한했는데
冤魂萬里倘歸歟 원혼이 만 리에서 진실로 돌아올 수 있으랴.
幾年强進惠州飯 몇 년 동안 혜주밥을 억지로 먹었으며
連歲曾看湓浦書 해마다 분포의 편지를 보았다.
天意亦如憎逐客 하늘도 또한 축객을 미워한 듯하고
主恩猶許貢舊墟 임금의 은혜로 옛터에 묻히게 허락했다.
無由一哭孤墳下 까닭 없이 외로운 무덤에 곡을 하니
淚向東風自滿裾. 눈물이 동풍을 향해 스스로 옷에 가득하다.

라 했다.

영안도위永安都尉 홍주원洪柱元의 호는 무하당無何堂이며 만영창대군환장시挽永昌大君還葬詩에 말하기를,

遺敎終無賴 남긴 가르침이 끝내 도움이 없었으며
深冤孰不哀 깊게 원통함을 누군들 슬퍼하지 않으랴.
人生八歲盡 인생을 여덟 살에 다했고
天道十年廻 천도는 십 년 만에 돌아왔다.[77)]
白日重泉哀 대낮에 깊은 곳에서 슬퍼했고
靑山永宅開 푸른 산에 길이 있을 집을 열었다.
千秋永樂殿 길이 영락전永樂殿[78)]에서는
應作望恩臺. 분명히 망은대를 지었을 것이다.

---

77) 광해군이 仁穆大妃를 폐출하고 永昌大君을 죽일 때 영창대군의 나이 여덟 살이었다. 仁祖反正 후 바로 개장을 했는데 그 사이가 십 년이다.
78) 永樂殿은 仁穆大妃가 있었던 곳이 아닌가 한다.

라 했는데, 읽게 되면 사람들의 눈물을 흘리게 한다.

해숭위海嵩尉 윤신지尹新之 호는 현주玄洲이다. 그의 숙한주오미헌시宿安州五美軒詩에 말하기를,

湖山歷歷曾相識　호수와 산은 분명히 일찍 서로 알았고
鬢髮星星半已明　살쩍머리 희뜩희뜩 반이 이미 희었다.
人世十年知走馬　인간세계의 십년은 달리는 말 같음을 알겠고
江樓五月又流鶯　강루의 오월에 또 꾀꼬리가 난다.
輕陰垂野草連渚　경음은 들에 드리워 풀이 물가까지 연했고
急雨驅潮波撼城　급한 비는 파도를 몰아 성을 흔든다.
會待天仙高宴罷　천선天仙들의 잔치 파하기를 기다려
御風長擬下蓬瀛.　바람을 몰고 길이 봉래와 영주로 가려 한다.

라 했는데, 유창해 군색하지 않다.

금양군錦陽君 박미朴瀰의 자는 중연仲淵이다. 사신으로 요양遼陽을 지나다가 지은 절구絶句가 있는데 말하기를,

亭亭白石塔　우뚝한 흰 돌의 탑은
無語立斜陽　말 없이 사양에 섰다.
爲報遼東鶴　요동의 학으로 알려주기는 하나
于今城郭非.　지금은 성곽이 아니라오.

라 했다.

『동인시화東人詩話』에 이르기를 고려말에 스님이 포은圃隱 정몽주鄭夢周에게 준 시에 말하기를,

江南萬里野花發　넓은 강남에 들꽃이 피었으니

何處春風無好山. 어느 곳 봄바람에 좋은 산이 없으랴.

라 했는데, 대개 자취를 감추게 권한 것이다. 포은圃隱이 눈물을 흘리며 말하기를 오호嗚呼라 늦었다고 했다.

혜문선사惠文禪師의 호는 송월松月이다. 일찍 운문사雲門寺에 머물렀는데 사람됨이 강직해 일시의 이름 있는 사대부士大夫들과 많이 어울렸으며 시 짓는 것을 좋아했다. 일찍 보현사普賢寺에서 지은 시에 말하기를,

爐火烟中演梵音 화롯불 연기 속에 범음梵音을 익히고
寂廖生白室沈沈. 고요하게 맑고자 하나 방안은 침침하다.
路長門外人南北 먼 길에 문밖은 남북의 사람들이고
松老巖邊月古今 바위 가에 나무는 늙었으나 달은 고금으로 있다.
空院曉風饒鐸舌 큰 절은 새벽바람에 염불과 목탁 소리 요란하고
小庭秋露敗蕉心 작은 뜰에 가을 이슬이 파초를 시들게 한다.
我來奇傲高僧榻 내가 와서 고승의 자리에 거만하게 붙어 앉아
一夜淸談直萬金. 하룻밤 청담은 값이 만금이라오.

라 했다. 『용재총화慵齋叢話』에 이르기를 둔우屯雨는 환암幻菴의 동생이다. 어렸을 때부터 힘써 배워 내외內外의 경전을 연구하지 않은 것이 없어 그 뜻을 정밀하게 연구했다. 또 시에도 능해 목은牧隱 이색李穡, 도은陶隱 이숭인李崇仁 등 여러 선생들과 시로써 서로 수창하여 사방의 학자들이 구름처럼 모여 승려와 사림士林의 대표가 되었다. 내 백씨와 중씨가 회암사檜庵寺에서 같이 공부를 하고 있었는데 들어가서 대사를 보니 그때 대사의 나이 구십여 세였으나 얼굴이 맑고 파리했으며 간혹 하루 동안 먹지 않아도 배고파하

지 않았으며, 간혹 먹을 밥을 가져오면 몇 그릇의 밥을 먹었으나 배불러하지 않고 다만 궤에 기대 앉아 있었다. 벽에 등불을 달고 새벽까지 자지 않고 책을 보면서 눈을 감지 않았으며 벽에 기대어 있으면서 사람들이 옆에 있는 것을 허락하지 않았다. 만약 사람을 부를 일이 있으면 작은 종으로 소리 내어 부르며 제자들이 시키는 대로 응하기 때문에 큰소리로 말하지 않았다. 일본日本의 중인 문계文溪가 벼슬한 수십 명의 인사들에 시를 지어줄 것을 구했는데 대사도 명령을 받아 시를 지었는데 그 시에 말하기를,

水國古精舍	수국水國의 옛 정사精舍에
灑然無位人	놀랍게도 지위가 없는 사람이라오.
火馳應自息	불은 빨리 번지나 스스로 꺼질 것이며
柴立更誰親	울타리처럼 서있으니 다시 누구와 친하랴.
楓岳雲生屐	풍악楓岳에 구름은 발밑에서 오르고
盆城月滿闉	분성盆城[79]의 달빛은 성문에 가득하다.
風帆海天濶	돛에 바람이 불자 바다와 하늘이 넓고
梅柳故國春.	고국은 매화와 버들의 봄이겠다.

라 했다. 그때 춘정春亭 변계량卞季良이 자리에 있다가 쇄연무위인灑然無位人을 소연절세인蕭然絶世人으로 고치니 대사가 말하기를 "공公은 참으로 시를 모른다. 소연蕭然이 어찌 쇄연灑然과 같으며 절세絶世가 어찌 무위無位와 같을 수 있느냐. 이것은 자연스럽고 무위無位는 취미를 상하게 하는 것이다." 하고 문인들을 보면 슬퍼했다고 하며, 문집이 세상에 유행했다.

---

79) 慶南 金海의 옛 이름인데 이 시는 시제도 밝히지 않았고 내용에도 김해와 상관된 것이 없는 듯하므로 김해의 옛 이름이 사용된 것인지 단언하기 어려운 듯하다.

본조本朝에서 승려로서 시에 능한 자가 매우 드물었는데 오직 삼료參廖가 가장 으뜸이었다. 그의 증인시贈人詩에 말하기를,

水雲踪跡已多年　수운水雲[80]의 종적이 이미 많은 해였는데
針芥相投喜有緣　침개針芥[81]를 주고받으니 인연이 있음을 기뻐한다.
春日客軒春寂寞　봄날 손이 있는 마루가 적막하고
落花如雪雨餘天.　꽃은 눈처럼 떨어지고 비는 하늘에 남았다.

라 했는데, 준걸스러운 맛이 있다.

『사재척언思齋摭言』에 이르기를 어떤 상사上舍가 친구 몇 사람을 데리고 광양光陽의 작은 암자에 가서 공부를 하고 있었는데, 어느 날 두 스님의 호가 현각玄覺과 원혜圓惠라는 자들이 작은 전대를 지고 잇따라 와서 한 스님이 선방에 먼저 들어가고 또 한 스님이 연달아 와서 내가 이 암자에 오기 전에 이미 이 방에 마음이 있었다. 내가 주인인데 네가 어찌 먼저 들어가느냐 하니 다른 스님이 말하기를 "하늘과 땅 사이에 있는 물건은 본디 주인이 없다 누가 주인이며 누가 나그네냐 하물며 내가 너보다 먼저 정하지 않았는가 어찌 네가 이 방에 먼저 마음이 있음을 알 수 있었겠는가. 너 자신도 너에 있는 것이 아닌데 하물며 밖에 있는 물건을 말할 수 있느냐." 하고 두 스님은 서로 잡고 싸우는 형상이 몽둥이로 이마를 쳐 피가 많이 흐르며 그 형상도 기괴하고 말은 달통해 평범한

80) 정처 없이 떠돌아다니는 것을 말함. 불가에서 중이 동냥하는 것을 탁발 또는 운수라 함. 일반적으로 雲水라고 하는데 水雲으로 바꾼 것은 漢詩에서 高低와 상관이 있는 것이 아닌가 한다.

81) 좋은 것과 좋지 않은 것을 바꾼다고 하니 서로 정의가 좋은 것을 의미한다고 함.

스님과 달라 밖으로는 싸우는 것 같으나 실질적으로는 희극이었다. 상사上舍가 괴이하게 여겨 모르게 그 고을 주쉬主倅에게 사람을 보내 잡아가서 싸우는 이유를 알아보라 했더니 주쉬主倅가 바로 용맹스러운 군졸 사오 명을 보내 두 스님을 잡고자 하니 두 스님이 주먹으로 잡고자 하는 군졸을 치고 문밖으로 달아났는데, 그 문밖에는 바위가 중발을 엎어 놓은 것과 같았다. 두 스님이 그곳을 가리키며 도망쳤다. 그들이 가리키는 바위에 가서 보니 오언시五言詩 한 수와 사詞 한 편이 있는데 필적이 또한 기이했다. 그 시에 말하기를,

屠龍費千金	용을 잡으려면 비용이 많이 들며
學成何處用	학문을 이룬들 어느 곳에 쓰랴.
魏瓢雖濩落	위의 표주박이 비록 떨어져 흘러 다니나
無人可與共	같이 더불어 할 사람이 없다.
經欲反古道	경전을 옛 것으로 돌리고자 하는 것은
不異生於宋	송宋나라에 태어나는 것과 다름이 없다.
寧處深山中	차라리 깊은 산중에 있으면서
時將古書誦	때때로 옛 책을 외우겠다.
窮居本不損	궁하게 사는 것이 본디 해롭지 않으며
物理自有統	사물은 스스로 거느림이 있다.
誰能昧秉彝	누가 능히 잡고 있는 떳떳함을 어둡게 하랴
務外誇僕從	외부에 힘쓰며 종들의 따름을 자랑한다.
偉哉馬老宰	크구나 마씨 노재상이
不獨懷祿俸	홀로 녹봉만을 생각하지 않았다.
惻然冤枉民	원통한 백성들을 불쌍히 여기며
志在平其訟	뜻은 그 송사를 공평하게 하는 데 있었다.
梧桐鳳所棲	오동에는 봉황이 쉬는 곳인데
揭來觀彌縫	가고 오면서 쉽게 주선하는 것을 볼 수 있었다.

親逢款大人　　직접 대인을 정성스럽게 만나
聊試作戲蹤　　희롱으로는 자취를 시험해 보게 했다.
咄咄習氣在　　놀랍게도 습기習氣가 있어
待我以惕恐　　무서워하는 것으로 나를 대하고자 한다.
和足尙須刖　　화합은 꼭 발을 베어야만 족한가
不如還山重.　　다시 산으로 돌아가는 것만 같지 못하다.[82]

라 했다. (다음에 계속되는 사詞는 형식과 내용에 주목할 바가 없고 불교적인 용어가 많아 난해하여 번역하지 않았다.)

스님 처연處然은 부르는 운韻에 때라 모려牡蠣에 대해 지은 시에 말하기를,

前身自是大夫平　그로부터 전신은 대부 평平[83]이었는데
魚腹忠魂變化成　충혼은 고기 뱃속에서 변해 이루어었다.
衰俗亦知尊敎意　쇠한 풍속에서도 높은 가르침의 뜻을 알아
只稱其姓不稱名.　단지 그의 성만 말하고 이름은 말하지 않았다.

라 했다.[84]

묘정妙靜은 이상한 중이었다. 나이 구십여 세였으나 얼굴 모습이 쇠하지 않았고 두발이 이마를 덮었으며 겨울과 여름에 입는 옷이 다르지 않고 엷었다. 혹 한 달 동안 먹지 않았으나 배고파하지 않았다. 여러 산을 두루 다니면서 한 곳에 정해 사는 곳이 없었으며 경사經史를 넓게 통했다. 세상에 전하기를 지리에 신기하게 알고

82) 이 작품은 내용에 어려운 말이 있어 이해가 쉽지 않다.
83) 우리나라 方言으로 牡蠣를 굴이라 하기 때문에 이른 것이다.
84) 춘추전국시대 楚나라 大夫를 한 屈原의 字. 그는 임금에게 충간을 했으나 듣지 않으므로 汨羅水에 몸을 던져 죽었다.

있으나 일찍 사람들에 알려주지 않았다 한다. 그의 시가 있는데 말하기를,

青鸞驚叫鶴飛還 난새가 놀라 울고 학은 날아 돌아오며
月出扶桑大樹間 달은 동쪽 큰 나무 사이에서 뜬다.
半夜淸光移白晝 밤중에 맑은 빛이 대낮을 옮겨 놓은듯
碧桃花外露三山. 푸른 복숭아꽃 밖에 三山이[85] 솟았다.

라 했다.

스님 태능太能의 호는 직요당直遙堂이다. 태천苔川 김지수金地粹가 태능太能에게 준 시에 말하기를,

黃葉水西村 누런 잎은 물 서쪽 마을에 있고
蒼苔秋掩門 푸른 이끼는 가을철에 문을 닫았다.
山僧冒雨至 스님이 비를 맞고 와서
夜坐講玄語. 밤에 앉아 깊은 말을 강한다.

라 했는데, 태능太能이 읊고 말하기를 첫 구는 당시唐詩에 가깝고 삼사 구는 송시宋詩의 영향이 있다고 했다. 김지수金地粹가 태능에게 지은 시를 외워보게 했더니 태능이 한 편의 절구를 외웠는데,

夜深霜氣重 밤이 깊자 서리 기운이 무겁고
天遠鴈聲高 하늘이 멀어 기러기 소리도 높다
客宿西亭月 손은 서정의 달빛 아래 자다가
還山秋夢勞. 산에 돌아오니 가을 꿈에 괴롭다.

---

85) 三山이 다른시에서도 나오는데 산이름인지, 세개의 산을 말하는 것인지 알아보지 못했다.

라 하니, 김지수金地粹가 말하기를 자네 시는 네 구가 모두 당시唐詩라 하고 칭찬해 마지 않았다.

휴정休靜의 호는 청허당淸虛堂이며 서산대사西山大師다. 을축년乙丑年 옥사獄事에 이름이 적신賊臣의 공초에 나왔으나 사정을 참작해 용서되었다 하며 얼마 후 바로 방면되었다. 다음 날 선조宣祖가 편전便殿에서 불러보고 하교下敎해 말하기를 "일찍 볼 수 없었던 역옥逆獄을 만나 산림山林의 중에게 뜻밖에 닥쳐오는 재앙을 이루었으니 가탄스럽다." 하고 가지고 있던 부채에 직접 묵죽墨竹을 그려 주자 서산西山이 머리를 두드리며 울다가 한 절구를 지어 사례하고자 드렸는데, 그 시에 말하기를,

瀟湘一枝竹	소상의 한 가지 대나무가
聖主筆頭生	성주의 붓 끝에서나왔다.
山僧香爇處	산승의 향불 사르는 곳에
葉葉皆秋聲.	잎마다 모두 가을 소리라오.

라 했는데, 선묘宣廟가 보고 크게 칭찬하고, 또 향다香茶 백저포白苧布를 주었다. 임진왜란이 일어났을 때 선조가 서쪽으로 몽진을 하자 서산西山이 승군僧軍 오백을 이끌고 평양에서 선묘宣廟를 맞이하니 선묘가 수레를 멈추고 눈물을 흘리며 하교下敎해 말하기를 "뜻하지 않았는데 다시 이곳에서 보게 되었다"고 했다.

백암대사栢菴大師는 총명하고 시를 잘 지었다. 호서의 푸른 산으로 가는 사람을 보내며 지은 시에 말하기를,

湖外青山矚目多	호서의 푸른 산은 눈에 볼만한 것이 많아
送君歸去路岐賒	그대를 보내니 길이 높고 멀다.

青山若是君歸處 그대 가는 곳 청산도 이와 같을 것이니
何處青山不是家. 어느 곳 청산인들 집이 아닐 수 있으랴.

라 했는데, 자못 의취가 있다.

백암栢菴의 수제자인 수연秀演도 또한 시를 잘 지었다. 순천順天 송광사松廣寺에 있으면서 답인시答人詩에 말하기를,

我從智異山中至 나는 지리산 산중으로부터 왔는데
願向吾君大略云 그대를 향해 대략 일러주기를 원하네.
巖下白飛溪射石 바위 밑에 나는 듯한 흰 냇물은 돌을 쏘고
月邊清落磬穿雲 달 주변의 맑게 떨어지는 경쇠 소리 구름을 뚫었다.
日斜谷口烟如織 해가 비낀 곡구에 연기는 짜놓은 듯하고
風網潭心水自紋 못 가운데 그물은 물이 스스로 만든 무늬라오.
自是仙家眞活計 이로부터 선가에서 참으로 살 계획인데
欲分其半未能分. 그 반을 나누고자 하나 나누지 못했다.

라 했다.

옛날 시를 잘 짓는 스님이 있었다. 그가 여러 선비들이 공부하는 곳에 갔더니 선비들이 운을 나누어 시를 지으며 괴로워하면서도 스님을 무시하자 스님이 드디어 절구 한 수를 써주었는데 그 시에 말하기를,

天女何年一乳亡 천녀가 어느 해 젖을 하나 잃었는데[86]
偶然飛下落文房 우연히 날아 문방에 떨어졌다.
年少儒生爭手撫 나이 젊은 선비들이 다투어 손으로 어루만지자
不勝羞愧淚滂滂. 부끄러움을 견디지 못해 눈물을 많이 흘린다.

---

86) 이 구의 내용은 전고典故에 있는 말인지 이해가 쉽지 않다.

라 하니 여러 선비들이 붓을 던지고자 했다.

어떤 문사가 길을 지나가면서 해진 옷을 입었으나 시에 능하므로 어려운 운을 불러 시험해 보고자 했더니 그 문사가 바로 대해 말하기를,

麻朴猶甘豈厭糟 마박麻朴도 오히려 단데 어찌 지게미를 싫어하랴
世間名利退如鼇 세상의 명예와 이익은 가재처럼 뒤로 간다.
懸鶉弊衲眞吾分 기운 옷과 해진 장삼은 참으로 내 분수이며
洗濯清流不用鏊. 맑게 흐르는 물에 세탁하는 데 소기燒器는 쓰지 않는다.

라 하니 있었던 사람들이 크게 놀라며 고향과 이름을 물었으나 대답하지 않고 가버렸다.

신두병申斗柄이 이르기를 강릉江陵 월정사月精寺 뒤 산 꼭대기의 작은 암자에 스님이 있는데 나이 백 세에 가까우나 얼굴이 젊고 밤에도 볼 수 있으며 밥은 물리치고 먹지 않고 사람 만나는 것을 좋아하지 않기 때문에 산 아래로 내려가지 않았다. 귀한 손이 와서 보게 되나 더불어 말하지 않았다. 그런데 신두병申斗柄만은 홀로 좋아해 경치가 좋은 산들을 같이 유람했다. 스스로 말하기를 오백리 내에 있는 사람들 집의 길흉을 안다고 했다. 일찍 두병斗柄의 시의 화시和詩에 말하기를,

天地籠中日月忙 천지의 상자 속에 세월이 빨리 흘러
古今人物盡亡羊 고금의 인물들이 모두 제 갈 길을 가지 못했다.
西方必有金仙子 서쪽에 반드시 김선자[87]가 있어
使爾乘槎入帝鄕. 너를 배 태워 제향에 들어가게 하리라.

---

87) 어떤 인물을 지칭한 것인지, 아래 帝鄕은 天上의 玉皇上帝가 있는 곳이 아닌가 한다.

라 했는데, 글자는 대나무 죽순 같고 필법도 기이하고 예스러웠으며, 수십 년 후에 화거化去했다.

근간에 어떤 선비가 배를 타고 가면서 운韻에 따라 매미에 대해 시를 짓고 있었는데 다 짓기 전에 같은 배를 탄 스님이 골돌하게 생각하는 표정을 보고 제목과 운자를 묻더니 바로 지어 입으로 불러 말하기를,

脫殼塵埃幻爾形 티끌에서 껍질을 벗어 너 형상을 바꾸고자 했는데
欲窮天造政宜宜 하늘이 만든 것처럼 다하고자 했으니 마땅하구나.
弱翎烏帽霜紗薄 약한 날개 검은 모자에 흰 비단은 얇고
淸韻銅壺玉漏零 맑은 울림은 동아리에 물 떨어지는 소리오.
待急雨休高閣靜 급한 비가 그치고 높은 집이 고요할 때를 기다려
趂夕陽噪暮山靑 석양이 다다르면 저문 산 푸른 데서 운다.
蛛絲鳥喙俱奇禍 거미줄과 새 입도 모두 화가 되는데
胡乃飛騰不暫停. 어찌 날아오르며 잠깐도 쉬지 않느냐.

라 하니, 그 선비는 기가 꺾여 겨우 한 편을 지었는데 그 한 편에 말하기를,

南畝勸耘秦野綠 남쪽 땅은 갈게 권하고 진나라 들은 푸르며
夕陽歸別楚山靑. 석양이 되자 이별하고 가려는데 초나라 산은 푸르다.

라 하니, 그 스님이 말하기를 재사才士라 이르는 것이 옳겠다 하고 지팡이를 날리며 갔다.

- 此篇終 -

대본 趙鍾業編의 韓國詩話叢編 卷8 필사영인본

찾아보기

ㅇ

ㅌ

ㅍ

ㅎ

차용주(車溶柱)

경남 창원 출생
문학박사(고려대)
계명대학교 국문학과 교수와 서원대학교 국문학과 교수 및
청주사범대학 학장과 서원대학교 총장 역임

저서

『몽유록계구조의 분석적연구』, 『옥루몽연구』, 『고소설논고』, 『한국한문소설사』, 『한국한문학사』, 『한국한문학작가연구』, 『허균연구』, 『한국한문학작가연구 2』, 『한국한문학작가연구 3』, 『한국위항문학작가연구』, 『개정증보 한국한문소설사』, 『한국한문학의 이해』, 『농암김창협연구』, 『개고 한국한문학사』, 『한국한문학작가연구 1』, 『속한국한문학작가 연구 1』

역주

『창선감의록』, 『역주 시화총림』, 『역주 시화류선』, 『역주 소화시평·시평보유』 『역주 한국한시선』, 『역주 청구풍아·국조시산』

초역

『한국고전문학전집 9』: 소호당집 외

편저

『연암연구』, 『한국한문선』

譯註 詩話抄成·海東詩話

2019년 8월 12일 초판 인쇄
2019년 8월 22일 초판 발행

저 자	차용주
발 행 인	한정희
발 행 처	경인문화사
편 집 부	한명진 김지선 유지혜
마 케 팅	전병관 하재일 유인순
출판신고	제406-1973-000003호
주 소	파주시 회동길 445-1 경인빌딩 B동 4층
대표전화	031-955-9300 팩 스 031-955-9310
홈페이지	http://www.kyunginp.co.kr
이 메 일	kyungin@kyunginp.co.kr

ISBN 978-89-499-4829-4 93910
값 26,000원